"十二五"职业教育国家规划教材
经全国职业教育教材审定委员会审定

全国高职高专规划教材·财经系列

统计学基础（第二版）

王瑞卿　主　编
秦玉权　陈令军　副主编
陈永顺　由建勋　主　审

内 容 简 介

《统计学基础》(第二版)是一本统计学基础教材,阐述如何通过统计调查、搜集和整理统计资料进行统计研究分析。其主要内容包括统计概述、统计调查、统计整理、综合指标、动态数列、抽样推断、相关与回归分析、统计指数、国民经济核算以及Excel统计实践10个项目。

本书紧密结合我国高等职业教育的特点,突出了学生实践操作能力的培养,体现"实用、适用、先进"的编写原则和"通俗易懂、精练、可操作"的编写风格,在适度的基础知识与理论体系覆盖下,注重理论指导下的实践技能操作,培养学生解决实际问题的能力。

本书可作为高职高专院校经济、管理、人文等相关专业的基本教材,以及自学考试、网络教育、成人教育的统计入门教材,也可供广大统计工作者及有关人员学习参考。

图书在版编目(CIP)数据

统计学基础/王瑞卿主编. —2版. —北京:北京大学出版社,2013.9
(全国高职高专规划教材·财经系列)
ISBN 978-7-301-22944-6

Ⅰ.①统… Ⅱ.①王… Ⅲ.①统计学–高等职业教育–教材 Ⅳ.①C8

中国版本图书馆CIP数据核字(2013)第179681号

书　　　名:	统计学基础(第二版)
著作责任者:	王瑞卿　主编
责 任 编 辑:	李　玥　(liyue102@vip.sina.com)
标 准 书 号:	ISBN 978-7-301-22944-6/F·3701
出 版 发 行:	北京大学出版社
地　　　址:	北京市海淀区成府路205号　100871
网　　　址:	http://www.pup.cn　新浪官方微博:@北京大学出版社
电　　　话:	邮购部 62752015　发行部 62750672　编辑部 62765126　出版部 62754962
电 子 信 箱:	zyjy@pup.cn
印 刷 者:	北京飞达印刷有限责任公司
发 行 者:	北京大学出版社
经 销 者:	新华书店
	787毫米×980毫米　16开本　16.5印张　368千字
	2009年7月第1版
	2013年9月第2版　2016年2月第9次印刷(总第17次印刷)
定　　　价:	34.00元

未经许可,不得以任何方式复制或抄袭本书之部分或全部内容。
版权所有,侵权必究
举报电话:010-62752024　电子信箱:fd@pup.pku.edu.cn

第二版前言

《统计学基础（第二版）》是在传承第一版主要体系的基础上，广泛吸收国内外教学研究的优秀成果，融汇编者多年统计教学实践经验编写而成。教材编写充分贯彻教育部关于高职教育要突出"工学结合"的精神，突出以"项目任务"为导向，体现"高等教育"和"职业教育"双重特色，与时俱进，适应社会发展的需要。

本书内容由五个模块共10个项目构成：模块一为基础知识，包括项目1统计概述；模块二为基础技能，包括项目2统计调查和项目3统计整理；模块三为分析技能，包括项目4综合指标、项目5动态数列、项目6抽样推断、项目7相关与回归分析、项目8统计指数；模块四为国民经济统计，包括项目9国民经济核算；模块五为统计实验，包括项目10 Excel统计实践。

本书的编写坚持"理论以必需、够用为度，重视实践技能，重视学生应用能力培养"的原则，突出"教、学、做一体化"，教材突出了以下特色：

1. 教材内容简明适用，采用一体化格式设计，突出应用性，坚持理论联系实际。为使学生更好地掌握主要的统计思想、统计方法和统计技能，安排了知识交流、经典案例分享、讨论交流、经验交流、应用范例、统计实践等。这些案例来自于生活，紧密联系实际，使学生将科学知识与社会紧密联系起来，从而激发学生的学习兴趣及探索知识的愿望。

2. 将统计方法与现代信息技术相结合。本教材中加入Excel统计实践，实现了统计方法和计算机技术的结合，强化学生统计信息现代化处理技能的培养。

3. 与第一版相比，增加了统计实践，突出对学生实践技能的培养；调整了技能训练题量，完全能满足教师教学和学生理论和技能训练的需要。

4. 教材选用的数据都是最新数据，便于读者掌握最新的经济信息，更好地分析当今社会的经济现象。

本书由王瑞卿担任主编，秦玉权、陈令军担任副主编。教材编写分工为：项目1、3、4、5由王瑞卿编写，项目2由王丽敏编写，项目6由秦玉权编写，项目7由陈令军编写，项目8由赵汉伟、王奎编写，项目9由王丽敏、赵广军编写，项目10由王瑞卿、王丽敏、秦玉权、陈令军、王奎、赵汉伟等老师共同编写，全书结构体系及统编定稿由王瑞卿完成，内容由陈永顺教授和由建勋教授主审。

在编写过程中借鉴和参考了大量相关教材和著作，其中绝大部分列于参考文献中。但由于时间仓促，有些参考资料未列于参考文献中，在此深表歉意，一并表示衷心的感谢。

由于编者水平所限，教材中存在疏漏不当之处，恳请各位同行和读者批评指正，以便不断改进与完善。

编 者
2015年5月

本教材配有教学课件，如有老师需要，请加QQ群（279806670）或发电子邮件至zyjy@pup.cn索取，也可致电北京大学出版社：010-62765126。

目 录

模块一　基础知识 ………………… 1
 项目1　统计概述 ………………… 2
  第1讲　统计的基本问题 ……… 2
   1.1.1　统计实践的起源与发展 …… 2
   1.1.2　统计理论的产生和发展 …… 3
   1.1.3　统计的含义 ……………… 4
   1.1.4　统计学的性质 …………… 5
  第2讲　统计学的研究对象和研
     究方法 ……………………… 6
   1.2.1　统计学的研究对象 ……… 6
   1.2.2　统计的工作过程 ………… 7
   1.2.3　统计学的研究方法 ……… 8
  第3讲　统计学的几个基本概念 … 9
   1.3.1　统计总体和总体单位 …… 9
   1.3.2　标志和变量 ……………… 11
   1.3.3　统计指标和指标体系 …… 13
  第4讲　统计实践 ………………… 15
  第5讲　统计视野 ………………… 16
  思考与应用技能训练 …………… 19

模块二　基础技能 ………………… 23
 项目2　统计调查 ………………… 24
  第1讲　统计调查概述 …………… 24
   2.1.1　统计调查的含义 ………… 24
   2.1.2　统计调查的种类 ………… 25
   2.1.3　统计调查的方式 ………… 26
  第2讲　统计调查的方案设计 … 30
  第3讲　统计调查的方法 ………… 32
  第4讲　调查问卷的设计 ………… 33
   2.4.1　调查问卷设计的结构 …… 33
   2.4.2　调查问卷设计的方法 …… 36
  第5讲　统计实践 ………………… 38
  思考与应用技能训练 …………… 42
 项目3　统计整理 ………………… 45

  第1讲　统计整理概述 …………… 45
   3.1.1　统计整理的意义 ………… 45
   3.1.2　统计整理的内容和步骤 … 46
  第2讲　统计分组 ………………… 46
   3.2.1　统计分组的概念 ………… 46
   3.2.2　统计分组的作用 ………… 47
   3.2.3　统计分组的类型 ………… 48
   3.2.4　数量分组中常用的几个
      概念 ……………………… 49
  第3讲　分配数列 ………………… 50
   3.3.1　分配数列的概念 ………… 50
   3.3.2　分配数列的种类 ………… 51
   3.3.3　分配数列的编制 ………… 51
  第4讲　统计表和统计图 ………… 53
   3.4.1　统计表 ……………………… 53
   3.4.2　统计图 ……………………… 55
  第5讲　统计实践 ………………… 57
  思考与应用技能训练 …………… 58

模块三　分析技能 ………………… 63
 项目4　综合指标 ………………… 64
  第1讲　总量指标 ………………… 64
   4.1.1　总量指标的含义和作用 … 64
   4.1.2　总量指标的种类 ………… 65
   4.1.3　总量指标的计算方法 …… 67
   4.1.4　计算和应用总量指标应注意
      的问题 …………………… 67
  第2讲　相对指标 ………………… 68
   4.2.1　相对指标的含义和作用 … 68
   4.2.2　相对指标的计算 ………… 69
   4.2.3　相对指标分析时注意的
      问题 ……………………… 73
  第3讲　平均指标 ………………… 74
   4.3.1　平均指标的概念和作用 … 74
   4.3.2　平均指标的计算 ………… 75

4.3.3	算术平均数、中位数和众数的关系	84
第4讲	标志变异指标	85
4.4.1	标志变异指标的概念和作用	85
4.4.2	常用的标志变异指标	85
第5讲	统计实践	90
思考与应用技能训练		93

项目5 动态数列 ……………… 101

第1讲	动态数列概述	101
5.1.1	动态数列的概念	101
5.1.2	动态数列的种类	102
5.1.3	动态数列的编制原则	103
第2讲	动态数列的水平分析	104
5.2.1	发展水平	104
5.2.2	平均发展水平	104
5.2.3	增长量	109
5.2.4	平均增长量	109
第3讲	动态数列的速度分析	110
5.3.1	发展速度	110
5.3.2	增长速度	110
5.3.3	平均发展速度和平均增长速度	111
5.3.4	增长1%的绝对值	113
第4讲	动态数列的趋势分析	113
5.4.1	动态数列的因素构成	114
5.4.2	长期趋势分析	115
5.4.3	季节变动分析	119
第5讲	统计实践	121
思考与应用技能训练		122

项目6 抽样推断 ……………… 128

第1讲	抽样推断概述	128
6.1.1	抽样推断的含义	128
6.1.2	抽样推断的特点	129
6.1.3	抽样推断的应用	130
6.1.4	抽样推断中的基本概念	130
6.1.5	抽样方法和样本可能数目	131
6.1.6	抽样推断的组织形式	133
第2讲	抽样误差	135

6.2.1	抽样误差的含义及其产生原因	135
6.2.2	抽样平均误差	135
6.2.3	抽样极限误差	138
6.2.4	抽样误差的概率度	138
第3讲	抽样估计	139
6.3.1	参数的点估计	139
6.3.2	参数的区间估计	139
第4讲	样本容量的确定	142
6.4.1	必要样本容量的确定公式	142
6.4.2	影响样本容量的主要因素	143
第5讲	统计实践	144
思考与应用技能训练		145

项目7 相关与回归分析 ……… 149

第1讲	相关分析	149
7.1.1	相关关系的概述	149
7.1.2	简单线性相关分析	151
第2讲	回归分析	155
7.2.1	回归分析	155
7.2.2	一元线性回归方程	157
7.2.3	估计标准误差	159
7.2.4	回归模型的预测及应用	161
7.2.5	应用回归分析应注意的问题	162
第3讲	统计实践	162
思考与应用技能训练		165

项目8 统计指数 ……………… 170

第1讲	统计指数的概念和种类	170
8.1.1	统计指数的概念和作用	170
8.1.2	统计指数的种类	171
第2讲	综合指数	172
8.2.1	综合指数的概念	172
8.2.2	数量指标指数的编制	173
8.2.3	质量指标指数的编制	174
第3讲	平均指数	176
8.3.1	平均指数的概念	176

8.3.2 加权算术平均指数 …… 176
  8.3.3 加权调和平均指数 …… 177
  8.3.4 平均指数的应用 …… 178
 第4讲 指数体系及其因素分析 …… 181
  8.4.1 指数体系的概念与作用 …… 181
  8.4.2 指数体系的种类 …… 182
  8.4.3 总量指标指数体系及其因素分析 …… 182
  8.4.4 平均指标指数体系及其因素分析 …… 185
 第5讲 常用的统计指数 …… 188
  8.5.1 常用物价指数 …… 188
  8.5.2 股票价格指数 …… 191
  8.5.3 工业生产指数 …… 194
  8.5.4 采购经理指数 …… 195
 第6讲 统计实践 …… 196
 思考与应用技能训练 …… 197

模块四 国民经济统计 …… 201
 项目9 国民经济核算 …… 202
 第1讲 国民经济核算概述 …… 202
  9.1.1 国民经济核算体系 …… 202
  9.1.2 国民经济核算的基本概念与分类 …… 203
  9.1.3 国民经济核算的基本内容 …… 205
 第2讲 国民经济总量核算及指标 …… 207
  9.2.1 生产核算及主要指标 …… 207
  9.2.2 分配核算及主要指标 …… 209
  9.2.3 相关指标 …… 211
 第3讲 国民经济其他核算及指标 …… 213
  9.3.1 投入产出核算及指标 …… 213
  9.3.2 资金流量核算及指标 …… 214

  9.3.3 国际收支核算及指标 …… 215
  9.3.4 资产负债核算及指标 …… 216
  9.3.5 核算体系附属表及指标 …… 216
 思考与应用技能训练 …… 217

模块五 统计实验 …… 221
 项目10 Excel统计实践 …… 222
 第1讲 Excel统计功能概述 …… 222
  10.1.1 Excel概述 …… 222
  10.1.2 Excel常用的统计函数 …… 223
 第2讲 Excel统计实践 …… 224
  10.2.1 利用Excel进行统计数据的统计和整理 …… 224
  10.2.2 利用Excel制作统计图 …… 228
  10.2.3 利用Excel统计函数计算平均指标 …… 230
  10.2.4 利用Excel测定离中趋势 …… 233
  10.2.5 利用Excel计算描述统计量 …… 234
  10.2.6 利用Excel进行区间估计 …… 236
  10.2.7 利用Excel进行相关分析 …… 237
  10.2.8 利用Excel进行回归分析 …… 239
  10.2.9 利用Excel进行动态数列的统计分析 …… 239
  10.2.10 利用Excel进行统计指数分析 …… 244
  10.2.11 利用Excel进行长期趋势分析 …… 246

附录一 常用统计术语汉英对照表 …… 247
附录二 正态分布概率表 …… 251
参考文献 …… 253

模块一 基础知识

本模块的主要任务是学习和掌握统计的基本概念和基础知识，包括项目1统计概述。

通过本模块的学习，学生需要掌握的岗位知识要求如下：

1. 统计的含义和统计的研究对象；
2. 统计的工作过程、统计学的研究方法；
3. 掌握总体、总体单位、指标、指标体系、标志、变量等统计基本概念。

通过该模块的学习，学生应掌握的方法和实践技能如下：

1. 能描述统计学的研究对象、特点、研究方法；
2. 能解释说明统计总体和总体单位、指标和标志、变异和变量的概念；
3. 能分辨常见社会经济现象属于哪种统计指标；
4. 能为企业设计考核统计指标和指标体系。

项目1 统计概述

学 习 目 标

 知识目标

1. 了解统计学的基本问题；
2. 正确理解统计学的研究对象和方法；
3. 掌握统计中常用的基本概念。

 能力目标

1. 能描述统计学的研究对象、特点、研究方法；
2. 能解释说明统计总体和总体单位、指标和标志、变异和变量的概念；
3. 能分辨常见社会经济现象属于哪种统计指标；
4. 能为企业经营活动设计考核指标和指标体系。

 重点难点

1. 统计的含义及其研究对象；
2. 统计中的几个基本概念。

在诺贝尔经济学获奖者中，三分之二以上的研究成果与统计和定量分析有关。著名经济学家萨缪尔森在其经典的教科书《经济学》（第12版）中特别提到："在许多与经济学有关的学科中，统计学是特别重要的。"我国著名经济学家马寅初也对统计的重要地位做了精辟的概述："政治家不能离开统计而施政，教育家不能离开统计而究学，企业家不能离开统计而管理。"

本项目主要任务是认识统计和统计学，学习统计的基本知识，为后面的学习打下基础。

第1讲 统计的基本问题

1.1.1 统计实践的起源与发展

统计起源于人类最初的统计实践活动，对统计发展的历史可以追溯到远古的原始社会。在古代奴隶社会，由于国家在赋税、徭役、征兵等方面的需要，就开始了人口、土地等基本国情的登记和计算工作。

据历史记载，我国在夏禹时代（公元前22世纪）就开始了人口统计。《书经·禹贡篇》记述了九州的基本状况，被西方经济学家推崇为"统计学最早的萌芽"。在中国封建社会，户籍统计和田亩统计等都有很大的发展，其制度、方法和组织都居于当时世界先进水平。

在地中海沿岸及其他国家，统计活动也有悠久的历史。但直到 18 世纪，统计才得到快速发展。除了人口、税收、土地等传统内容外，商业、航运、外贸和工业、经济和管理等领域的统计应用也非常普遍。

1.1.2 统计理论的产生和发展

在资本主义社会统计实践活动发展到一定阶段时，人们开始逐步对统计活动进行理论研究，逐渐产生了统计学。由于统计学者们所处的历史环境不同，对统计的认识不同，产生了不同的统计学学派和统计理论。

1. 国势学派

国势学派又称记述学派，产生于 17 世纪的德国，其主要代表人物是德国的康令（H. Conring，1606—1681）和阿亨瓦尔（G. Achenwall，1714—1772）。他们在大学开设了"国势学"课程，对国家重要事项进行记录，并首先使用了"统计学（statistics）"这个名词。国势学派关于国家组织、人口、军队、领土、居民职业以及资源财产等事项的记录，几乎完全偏重于品质的解释，而忽视了量的分析。

该学派被称为"有统计学之名，无统计学之实"。

2. 政治算术学派

政治算术学派起源于 17 世纪的英国，主要代表人物是英国的约翰·格朗特（J. Graunt，1620—1674）和威廉·配第（W. Petty，1623—1687）。威廉·配第在他所著的《政治算术》一书中，对当时的英国、荷兰、法国三国的实力进行数量上的计算和比较，从数量方面来研究社会经济现象，为统计学的创立奠定了方法论基础。马克思称威廉·配第为"政治经济学之父，在某种程度上也可以说是统计学的创始人"。

该学派被称为"无统计学之名，有统计学之实"。

3. 数理统计学派

数理统计学派产生于 19 世纪的比利时，主要代表人物是比利时统计学家、数学家、天文学家阿道夫·凯特勒（A. Quetelet，1796—1874），他完成了统计学和概率论的结合，发现了大量现象的统计规律并创造了大量的统计方法，对样本数据进行误差计算和分析，逐步形成了"数理统计学"。

4. 社会统计学派

社会统计学派产生于 19 世纪后半叶的德国，由德国大学教授尼斯首创，主要代表人物为恩格尔（L. E. Engel，1821—1896）和梅尔（G. V. Mayer，1841—1925）。他们认为，统计学研究的对象是社会现象，目的在于明确社会现象内部的联系和相互关系；统计方法应当包括社会统计调查中资料的搜集、整理，以及对其分析研究。在社会统计中，全面调查包括人口普查和工农业调查，居于重要地位，而抽样调查在一定范围内有实际意义和作用。

讨论交流

从统计理论的发展来看，统计学、数学、数理统计学之间是一种什么关系？

中国文化与中国的统计科学

华夏文化是世界上有数的几大文明之一,有关统计的方法,统计思想及统计工作,与中国的古文化渊源紧密相联,都可以往上追溯到远古时代。

早在四千多年的夏王朝,就有了统计工作。《书经·禹贡篇》(《书经》,汉代以后称《尚书》)这篇文章把当时的中国分为九州,分别叙述了各地的物产、交通、植物特征等情况,又依照土质不同,按照复合分组的方式把田地及贡赋分为九等,这种描述与17世纪德国的国势派对一个国家国情的记述是很相似的,但前者较后者早了三千多年。

以后的周王朝,在统计方面更为完善,不仅制定了乡的定期报表制度,在统计方法上还应用了专门调查,统计图示及账册,当时的中国人就知道并运用了统计分组、平均数、相对数等近代统计方法。

进入了封建时代,随着朝廷统治的需要,统计工作进一步完善,并且一些杰出的思想家提出过不少科学的统计思想和先进的统计方法。如汉代司马迁在他编的《史记》中多次用到统计表,晋代在分组上所采用的两端开口组,宋代中位数的应用等,这一切远远走在当时的西欧诸国之前。

尽管如此,中国统计工作却始终没有发展成为一门系统的现代科学,犹如一条流入沙漠的河流,慢慢地消失、衰亡了。早在威廉·配第时代,中外统计的发展就已拉开了距离,各自循着本身的轨迹发展,中国的统计日见衰落,而西欧的统计却日新月异。到了凯特勒时代,统计学进入了现代统计学,受当时的自然科学、哲学、数学发展的巨大影响,统计学家们大量引进了概率与数理统计方法。两者更是不能同日而言了。以致到了鸦片战争之后,中国当时最完善、最先进的统计,是由英国人赫德所把持的海关统计。当时的英国政府通过掌握的中国海关统计将中国的国力国情,即政治、经济、军事、社会情况弄得清清楚楚。而作为主人的清政府对自己的家底的了解却是一片混乱。

1.1.3 统计的含义

"统计"一词是由英语 statistics 翻译过来的。而统计一般具有统计工作、统计资料和统计学三种含义。

1. 统计工作

统计工作即统计实践,是对社会经济现象以及自然现象的总体数量进行搜集、整理和分析的活动过程,包括统计设计、统计调查、统计整理、统计分析等环节。

统计工作是统计一词最基本的含义,是人们对客观事物的数量表现、数量关系和数量变化进行描述和分析的一种计量活动。例如,自1949年中华人民共和国成立后,我国共进行了6次人口普查。每次人口普查,都要设计详细的调查方案,统计人员深入各乡镇、农村、家庭户就人的基本情况、迁移流动状况、人口素质情况、就业和社会保障状况、婚姻生育状况等进行登记,并对调查的数据进行整理、分析和总结等工作,这些工作都是统计工作。

2. 统计资料

统计资料即统计数据,是统计工作的成果,是统计工作过程中所取得的反映社会经济实际情况和变化过程的数字资料,是社会经济信息的主体,也是国家制定政策、计划和实行科学管理的重要依据。统计资料不是单个事物的个别数据,而是对大量同类现象的个别数据经过统计汇总后的综合数据。例如,据初步核算,我国2013年全年国内生产总值568 845亿元,比上年增长7.8%。其中,第一产业增加值52 377亿元,增长4.5%;第二产业增加值235 319亿元,增长8.1%;第三产业增加值231 626亿元,增长8.1%。2012年年末全国内地总人口为135 404万人,比上年年末增加669万人,其中城镇人口为71 182万人,占总人口比重为52.6%,比上年年末提高1.3个百分点。这些由文字和数字共同组成的数字化信息就是统计资料。

3. 统计学

统计学是研究统计工作的理论与方法的一门方法论科学,是长期统计工作实践经验和相关理论的科学概括和总结。

统计的三种含义之间有着密切的联系。统计资料是统计工作实践的成果;统计学来源于统计工作,是统计工作经验的理论概括,又用理论和方法指导统计工作,推动统计工作不断提高。随着统计工作的进一步发展,统计学不断地充实和提高,二者是理论和实践的关系。由于统计工作、统计资料和统计学联系紧密,所以习惯上把这三者通称为统计。

讨论交流

分析以下日常生活中人们常提到的"统计"一词的含义。

(1) 据统计,今年我市全年的GDP增长率比去年高1个百分点。

(2) 小赵在大学学过统计。

(3) 老王是搞统计的。

(4) 王总让小李统计一下这个月手机的销售额。

(5) 昨天顺达公司的统计去市统计局递交资料了。

知识交流

《不列颠百科全书》对统计的定义:

Statistics: the science of collecting, analyzing, presenting and interpreting data.

中文翻译为:统计学是收集、分析、表述和解释数据的科学。

1.1.4 统计学的性质

统计学历经三百多年的发展,现在已经成为一门横跨社会科学、自然科学等领域的综合性学科。

统计学的性质从原理上看,主要研究关于统计学的基本理论、基本原则和基本统计方法,这些方法既可用于对社会现象数量方面的研究,也可用于对自然现象数量方面的研究。它是各种应用统计学的共同基础。

统计学的性质从经济学角度看,是在统计学的发展过程产生、分离出来的,主要包括微观经济统计和宏观经济统计两个方面。

统计学的性质从社会学角度看，主要以社会现象为研究对象。例如，应用于管理领域的管理统计学，应用于社会学研究和社会管理中的社会统计学，应用于人口学中的人口统计学等。

作为经济和管理类专业的核心专业课，统计学是一门以社会经济现象的数量方面作为研究对象的应用学科。

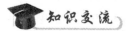

《中华人民共和国统计法》第二条规定："统计的基本任务是对国民经济和社会发展情况进行统计调查、统计分析，提供统计资料，实行统计监督。"

概括而言，统计的基本任务是服务与监督。

第2讲 统计学的研究对象和研究方法

1.2.1 统计学的研究对象

1. 统计学研究对象的含义

统计学的研究对象是统计研究所要认识的客体。由统计学的发展史可知，统计学是从研究社会经济现象的数量开始的，因此统计学的研究对象为大量现象的数量方面，包括现象的数量表现、现象之间的数量关系和质量互变的数量界限。

就性质来说，统计学是一门适用于自然现象和社会现象的方法论学科。统计学是一门应用科学，与理论科学不同，它不能直接阐明社会经济规律，而只是为从社会现象数量表现、数量关系及其发展趋势中研究经济规律提供原理、原则和方式方法。因此，统计学只是认识社会的方法、工具或手段。

社会经济统计学的研究对象是大量社会经济现象总体的数量方面。社会经济现象包括自然现象以外的政治、经济、文化、人民生活等社会领域的各种现象。例如，财政与金融、生产与消费、投资与经济增长、劳动与就业、教育与科学技术、人民的物质文化生活水平等。通过对这些基本的社会经济现象的数量方面的认识，达到对整个社会的基本认识。

2. 统计学研究对象的特点

（1）数量性

统计学的研究对象为大量现象的数量方面，通过数量研究来揭示自然现象和社会现象的本质和发展规律。社会经济现象的数量方面包括现象的规模、水平、大小、内部结构、比例关系、平均水平、差别程度、普遍程度、相关关系、发展速度等。初步核算，2013年上半年我国国内生产总值248 009亿元，按可比价格计算，同比增长7.6%。其中，一季度增长7.7%，二季度增长7.5%。分产业看，第一产业增加值18 622亿元，增长3.0%；第二产业增加值117 037亿元，增长7.6%；第三产业增加值112 350亿元，增长8.3%。从环比看，二季度国内生产总值增长1.7%。这些数据表明了2013年上半年我国国内生产总值的规模、三大产业增加值、增长速度及相关比例的关系。

（2）总体性

统计研究虽然是从对个别单位的具体表现进行观察研究入手，但是其目的是为了达到认识总体数量特征。例如，我国进行人口普查，虽然是对每个常住的公民进行调查登记，但是目的并不是研究某一个具体的人的基本状况，而是通过每个人的具体资料或数据归纳出我国人口的规模、年龄结构、性别比例、受教育水平、就业等状况，对总体的数量表现和数量变化的规律做出统计上的解释。

（3）变异性

统计研究的是同质总体的数量特征，其前提是总体中各单位的特征表现存在着差异，而这些差异不是由某些特定的原因事先给定的。例如，研究某高校的教师队伍状况，教师在年龄、工作年限、学历、职称、工资报酬等方面存在差异，正是由于这些差异的存在，就有必要研究该高校教师的平均年龄、平均工资报酬、学历分布等。如果各个体不存在差异，也就没必要进行统计了。

（4）具体性

具体性是指统计研究对象是自然、社会现象在一定的时间、空间条件下的数量，不是纯数量的研究。例如，据国家统计局提供的统计资料：2012年年末，全国就业人员76 704万人，其中城镇就业人员37 102万人。全年城镇新增就业1 266万人。2012年年末城镇登记失业率为4.1%，与上年年末持平。全国农民工总量为26 261万人，比上年增长3.9%。其中，外出农民工16 336万人，增长3%；本地农民工9 925万人，增长5.4%。这里的76 704万人和4.1%等数值都明确表示出时间、地点和具体事物。

1.2.2 统计的工作过程

一项完整的统计工作过程一般可以分为统计设计、统计调查、统计整理和统计分析四个阶段。

1. 统计设计

统计设计是统计工作的准备阶段。它是按照统计研究的目的和现象的性质与特点，对统计工作的各方面、各环节预先作通盘的考虑和安排。例如，统计指标和指标体系的设计、统计资料搜集方法的设计、统计整理方案的设计等。

在统计工作的各环节工作中，统计设计在统计工作中起决定性的作用。在任何统计工作开始前，都必须进行统计设计，制订具体的统计方案。

2. 统计调查

统计调查，即统计资料的搜集，是在统计设计的内容、指标和指标体系的基础上，有目的、有计划、有组织地对所研究的总体的各个单位进行观察、登记，准确、及时、系统、完整地搜集原始资料的过程。统计调查是统计认识事物的起点，统计定量研究的开始。统计调查的工作质量在很大程度上决定着统计工作全过程的质量，它不仅直接影响到统计整理的结果，还关系到统计分析结论正确与否，最后决定统计工作的质量。

3. 统计整理

统计整理，即统计数据的整理与显示，运用科学的方法对调查资料进行汇总、整理，使之条理化、系统化的工作过程。通过统计整理的资料不再是反映各个单位的现象特征的调查资料，而是反映总体的综合特征的统计资料，为统计分析提供必要条件。统计整理是统计调查的必然继续，又是统计分析的必要前提。

4. 统计分析

统计分析是在统计整理的基础上，根据统计研究的目的和任务，利用各种统计分析方法，研究现象总体相关的数量特征，认识和揭示所研究的现象的本质特征和规律，做出科学结论的工作过程。统计分析一方面对统计资料计算分析，解释统计研究对象的状况、特点、问题、规律性等，从本质上用数据显示结果；另一方面将统计数字和现象紧密结合起来，在对现象有客观、准确的把握的基础上，运用恰当的统计方法对统计资料进行分析，并对结论进行准确表述。

统计工作过程的各个环节虽然相对独立，但它们彼此之间是一个紧密联系、不可分割的有机整体。

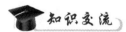

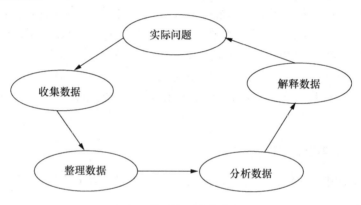

统计工作过程流程解析图

1.2.3 统计学的研究方法

统计学是通过对大量的社会经济现象总体的数量方面进行研究，获得对社会经济现象总体性的认识。在长期实践经验的基础上，经过不断地概括和总结，统计形成了一系列具体的研究方法。最常用的研究方法有：大量观察法、统计分组法、综合指标法、动态数列分析法、指数分析法、抽样推断法、相关与回归分析法等，其中大量观察法、统计分组法和综合指标法贯穿统计研究的全过程，是统计研究的基本方法。

1. 大量观察法

大量观察法是对所研究的经济现象总体中的全部单位或足够量的单位进行调查研究，以认识社会经济现象发展变化的规律性的一种统计研究方法。

社会经济现象总体是由大量相互联系、相互制约的个别单位组成的整体。个别单位由于受偶然性因素的影响，其品质属性和数量特征有很大的差异，只有对现象总体进行大量观察，研究全部单位或足够量的单位，影响个别单位的偶然量就会相互抵消，现象的一般特征才能显示出来。当然，对现象总体进行大量观察，并不排斥对个别典型或重点单位的调查研究，大量观察与个别研究相结合，能起到更好的调查效果。

 知识交流

通过大量观察发现规律——新生婴儿的性别比是1:1吗？

一般人认为，新生婴儿的男女性别比为1:1，实际上，数百年前，人们对新生婴儿的性别进行"大量观察"，已经发现男孩稍多于女孩，大致比例为107:100。这就是新生儿性别的数量规律性，古今中外都大致相同，它是由人类社会长期遗传和发展所决定的。人类社会要发展，就要保持男女人数的大致相同，那么，新生儿男多于女，是不是性别不平衡了？但是，由于男孩的死亡率要高于女孩，到了中青年时期，男女人数就大致相同了。进入老年后，男性的死亡率仍高于女性，男性平均预期寿命比女性短，老年男性反而少于女性。

从全人类看，婴幼儿时男多于女，中青年时大致相同，老年时女多于男。这样，在中青年结婚生育时性别大致平衡，总人口上性别也是大致平衡的，保证了人类社会的进化与发展。

2. 统计分组法

在研究社会经济现象时，由于总体各个单位不仅存在数量上的差别，而且还存在着属性上的差别，因此必须根据现在内在的性质以及统计研究的目的和要求，将总体各单位按照某种标志划分为若干组成部分，这种统计研究方法就是统计分组法。例如，如调查某高校某个班级的学生，可以按照性别分组，也可以按照学习成绩分组，还可以按照年龄或者生源地分组。按照不同的标志分组，以满足不同的统计研究目的或要求。

3. 综合指标法

综合指标法是指运用各种综合指标，对大量社会经济现象的各个方面进行综合分析，来反映总体一般数量特征的统计分析方法。主要的综合指标有总量指标、相对指标、平均指标、变异指标等，它们从静态和动态上反映社会经济现象的总规模、水平、结构、速度等数量特征。统计实践中也常常用若干个相互联系的统计指标组成的统计指标体系来反映社会经济现象总体的一般数量特征。

第3讲　统计学的几个基本概念

统计学在研究社会经济现象时，统计总体、总体单位、标志、变量、统计指标、统计指标体系等基本概念贯穿于统计学各个部分，本讲对这些基本概念作简要介绍。

1.3.1　统计总体和总体单位

1. 统计总体

统计总体简称总体，就是我们要调查或统计的某一现象的全部数据的集合。例如，研究某大学在校学生的学习情况，该校所有的在校生就构成了统计总体；研究

某池塘中的鱼的成长情况，该池塘中所有的鱼构成了统计总体；研究我国工业企业产值情况，我国所有的工业企业就构成了统计总体。

2. 总体单位

总体单位是构成总体的各个个别单位，它是组成统计总体的基本单位，也是各项调查项目的直接承担者。例如，研究某市纺织企业的职工现状，那么该市纺织企业的所有员工构成统计总体，而其中的每一个职工就是一个总体单位；调查某大学在校学生的生活情况，那么每一个在校学生就是一个总体单位。根据研究目的的不同，总体单位可以是一个地区、一个事件、一个企业、一个村庄、一件产品等。

3. 样本

样本是从统计总体中随机抽取出来的部分总体单位，代表总体的那部分总体单位的集合，样本的总体单位数称为样本容量，通常用 n 来表示。与总体的总体单位数 N 相比，n 则是很小的数。通常样本容量达到或超过30个则称为大样本，而在30个以下称为小样本。绝大多数抽样推断采用大样本。

4. 统计总体的特征

作为统计研究对象的统计总体应该同时具备三个特征：同质性、大量性、差异性。

（1）同质性

同质性是指总体中的每一个单位必须具有某种共同的性质。例如，我国工业企业总体中，尽管每个企业在经营规模、经营方向、人员数量、所在地区、产值等都不相同，但有一点是相同，那就是每个企业都具有工业企业这一属性。

（2）大量性

大量性是指构成总体的总体单位必须是大量的。总体的本质和规律是对大量个别现象的数量表现加以综合汇总而得到的，个别或少量现象由于受偶然因素的影响，无法表现总体的综合特征，也就不能构成统计总体。

（3）差异性

差异性是指同一总体中的总体单位除了保持同质性外，在其他很多方面必须存在差异。差异性是统计研究的基本前提，如果总体中的各个单位不存在差异，也就没有必要进行统计了。例如，我国的每一个工业企业除了具有工业企业这一属性外，在经营规模、经营方向、人员数量、所在地区、产值等存在差异。

5. 统计总体的分类

根据统计总体中总体单位的数量是否可数，统计总体分为有限总体和无限总体。

有限总体是指统计总体中总体单位的数量是有限的，可数的。例如，我国的人口数，某地区的商店个数、企业个数等。

无限总体是指统计总体中总体单位的数量是无限的或者在实际生活中不可计数的。例如，海洋里面鱼的数量；连续生产的流水线上的零件数，只要零件连续生产下去，这一总体就会无限扩大下去，因而是无限总体。

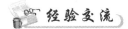

总体与总体单位的联系与区别

总体与总体单位的概念是相对而言的,随着研究目的和总体范围不同而相互变化。同一研究对象,在一种情况下是总体,但在另一种情况下又变成了总体单位。例如,调查我国2013年度所有高校毕业生就业率情况,全国所有高校就构成总体,每一所高校就是总体单位;而当要研究某个高校的毕业生就业率情况时,该高校就成了总体,而每个二级学院、系就是总体单位。

1.3.2 标志和变量

1. 标志的含义

标志是用来说明总体单位特征或属性的名称。每个总体单位从不同的角度考虑,都具有许多特征。例如,在研究某市某年工业企业的基本情况时,该市该年末每一个工业企业所具有的特征(年末职工人数、产值等)就是标志。

标志和标志表现是两个不同的概念。尽管总体单位都具有共同的标志,但每个总体单位对该标志的具体表现却可能不同,而总体单位在特定时间、地点条件下的具体表现是统计最关心的问题。品质标志表现只能用文字、语言来描述。例如,职业是品质标志,教师就是"职业"这个品质标志的具体表现。性别是品质标志,男性或女性则是这个品质标志的具体表现。数量标志表现是用数值来表示的。例如,身高是数量标志,160 cm、175 cm、187 cm等都是数量标志表现。数量标志表现又称为标志值。

2. 标志的分类

(1) 标志按照其性质可以分为品质标志和数量标志。

品质标志是表明总体单位品质特征的标志,只能用文字来描述。例如,对某企业职工按性别分组,性别就是品质标志。在该企业中,不同的职工,性别就表现为或男或女,这就是可变的品质标志。有时为了研究问题的方便,可以把品质标志数量化(如对具有某种属性特征的总体单位标志值用数值"1"表示,不具有某种属性特征的总体单位标志值用数值"0"表示),但这种标志仍为品质标志。

数量标志是表明总体单位数量特征的标志,是用数量来表现的。例如,张明同学的年龄是21岁,其中"年龄"为数量标志,21岁为标志值;对某市工业企业按年度销售额分组,年度销售额就是数量标志。该市不同的工业企业,年度销售额是不尽相同的,年度销售额就是可变的数量标志。

(2) 标志按照在不同的总体单位之间是否有变化,可分为不变标志和可变标志。

不变标志是在不同的总体单位之间不发生变化的标志。统计总体就是在总体单位某一不变标志的基础上集合而成的。例如,当研究某市国有企业的状况时,则企业都具有国有企业这一特征(标志),这一标志在不同的总体单位之间是不变的,称为不变标志。确定一个统计总体的不变标志只有一个。对于不同的统计总体,不

变标志有的表现为质的特征，有的则表现为量的特征。

可变标志是在不同的总体单位之间发生变化的标志。例如，在我国的国有企业总体中，不同企业的职工人数、年产值、利润、资产等都是不尽相同的，都是可变标志。

3. 变量的含义

数量标志在总体单位之间的数量差异称为变量，是可变的数量标志的概念，变量所表现的具体数值称为变量值。变量是形成可变的数量标志的基础。例如，某企业职工组成的统计总体中，某职工年收入 2.6 万元，其中，"年收入"为变量，"2.6 万元"为变量值。

无论是品质标志还是数量标志，具体表现在每个具体单位上，都存在一定的差异，这种可变标志在各个总体单位上所表现出来的差别，称为变异。例如，"身高"在每个人身上表现为不同的身高数值；"性别"的具体表现有男、女之别等，这些差异都称为变异。可见，一个变量有若干个变量值。

4. 变量的分类

（1）变量按其变动规律可分为定性变量和随机变量。

定性变量：变量的变化呈现一定的规律性，在一定程度上人们可以预知的变量称为定性变量，也称确定性变量。定性变量受确定性因素的影响而变动，确定性因素因变量不同或多或少，其变动的方向有正有负。人们对定性变量的变动规律是可以通过科学的方法进行预测的。例如，某一国家的 GDP（国内生产值）就是一个定性变量。它受如下确定性因素的影响：长期人口出生率、科学技术的发展水平、劳动生产率、消费需求状况、投资状况等。人们通过对这些确定性因素影响的测定与预测，就可以在一定的程度上对 GDP 的变动做出估计。

随机变量：变量的变动没有一定的规律，人们不能预知其变动结果，这种变量称为随机变量。例如，投掷一枚正面有国徽、背面有 1 元标志的硬币，是正面朝上还是背面朝上，这是遵循随机原则的变量，我们不可预知其投掷正面或背面朝上的结果，这种变量就是随机变量。通过足够数量的投掷试验，硬币正面朝上或背面朝上的几率接近相等，利用这种规律，随机抽取总体中的样本，能够使样本在总体中接近正态分布，具有广泛的代表性，从而通过样本指标推断总体指标具有一定的可靠程度。所以随机变量在统计实践中具有十分重要的意义。

（2）变量按其数值特征可分为连续变量和离散变量。

连续变量：数值特征呈现连续状态的变量称为连续变量。例如，用长度、重量等计数的，表现为可以无限精确的数值特征，数与数之间是连续的，我们称为连续变量。在统计整理中，对连续变量分组，形成变量分配数列时，必须采用组限重叠的组距才能保证不遗漏数据。因此，对于连续变量的取值，必须是连续计数的。例如，企业年收入、储蓄存款余额。

离散变量：数值特征呈现离散状态的变量称为离散变量。例如，人以"个"为单位、树以"棵"为单位、机器以"台"为单位、企业以"家"或"个"为单位，这类变量呈现离散状态，都是以客观的整数形式存在的，我们称为离散变量。在统计整理中，对离散变量形成分配数列时一般可以采用单项式（单变量）、或组限不重叠的组距式进行分组。

1.3.3 统计指标和指标体系

1. 统计指标的概念

统计指标简称指标，是反映同类社会经济现象总体综合数量特征的范畴及其具体数值。一个完整的统计指标应包括四个要素：指标名称、指标数值、指标所属的时间、指标所属空间范畴和环境条件。例如，2012年我国的国内生产总值为519 322亿元。这就是一个完整的统计指标，其中指标名称为"国内生产总值"，指标数值为"519 322"，计量单位为"亿元"，所属时间为"2012年"，空间范围和环境条件为"我国"。

2. 统计指标的类型

（1）统计指标按其反映对象的数量特点不同，分为数量指标和质量指标。

数量指标是反映现象的总体规模和总体水平的统计指标，一般用绝对数表示。例如，国内生产总值、工资总额、企业职工人数等。由于数量指标总是反映经济现象的总体规模、总体水平或工作总量，所以又称为总量指标，其数值大小与总体所包括的范围有直接关系。

质量指标是说明现象的相对水平或工作质量的统计指标，一般用相对数或平均数表示。例如，人口密度、计划完成程度、家庭平均收入等。质量指标是数量指标的派生指标，常常用来反映经济现象的内部结构、比例、发展程度、现象的一般水平等，其数值大小与总体所包括的范围无直接关系。

（2）统计指标按其计算形式不同，分为总量指标、相对指标和平均指标三种。关于这些指标的具体计算方法我们会在项目4综合指标中详细介绍。

> **讨论交流**
>
> 举例说明你所了解的统计指标，分别说明哪些是数量指标，哪些是质量指标。

3. 统计指标和标志的区别和联系

（1）二者的区别。

第一，统计指标是说明总体数量特征的，而标志是说明总体单位（即个体）特征的。例如，某地区国有工业总产值是统计指标，该地区每个国有企业则是标志。第二，统计指标都必须可量，而标志未必都可量，例如品质标志就不可量。

（2）二者的联系。

第一，统计指标的数值是由总体单位的数量标志值进行直接汇总或间接计算分析而来的。例如，某企业职工年工资总额是由该企业的所有职工年工资汇总得到的，而职工年平均工资则是经过间接计算得到。第二，统计指标和数量标志之间存在着转换关系。随着研究目的和任务不同，原来的统计总体可能变为总体单位，相应的反映总体数量特征的指标也就变为反映总体单位的数量标志了。例如，对某地区某个工业企业生产情况进行研究时，该企业的总产值就是统计指标；但当对该地区所有工业企业生产情况进行研究时，这个企业就变成了总体单位，而其总产值就变成了数量标志。

4. 统计指标体系

统计指标是反映现象总体数量特征的概念，但单个指标只能说明现象的某一方面的数量特征，若要全面反映客观现象的全貌，描述现象发展的全过程，只有一个指标是不够的，需要采用统计指标体系。

统计指标体系是由一系列相互联系、相互补充的统计指标组成的一个整体，用以说明总体各方面的相互联系和相互制约的关系。例如，为了考核某个企业的生产经营状况，就要设计由总产值、利润率、劳动生产率、产品合格率、资产负债率、增长率等指标构成的企业生产经营指标体系。

根据统计研究的内容不同，可以建立综合性指标体系，如国民经济和社会发展统计指标体系，还可以建立专题性指标体系，如经济效益指标体系。

根据统计研究的范围不同，统计指标体系可分为宏观统计指标体系和微观统计指标体系。宏观统计指标体系是反映整个现象大范围的统计指标体系，如国民经济综合平衡指标体系、社会指标体系、科技指标体系等。微观统计指标体系是指反映现象小范围的统计指标体系，如反映企业生产经营的指标体系。

在现实统计工作中，国家统计部门和各地统计部门都设计了一些标准的社会经济方面的统计指标体系，其中有些作为制度下发执行，研究社会经济问题时可以直接运用或者借鉴这些统计指标体系。

讨论交流

我国进行农业经济普查时常用的指标有：总户数、总人数、土地总面积、耕地总面积、果园面积、粮食总产量、油料作物播种面积、牛奶总产量、烟叶总产量、汽车总数量、农用汽车总数量、人均收入、人均住房面积、农业总产值、农业总收入等。

讨论：上述指标哪些是质量指标，哪些是数量指标？

经验交流

考核企业生产经营活动常用的统计指标体系

（1）企业营运能力指标包括：总资产周转次数、流动资产周转次数、存货周转次数等；

（2）企业生产经济效益指标包括：资本收益率、销售利润率、资金利税率等；

（3）企业负债水平和偿债能力指标包括：流动资产负债率、总资产负债率、流动比率、速动比率等；

（4）企业产品生产经营质量指标包括：市场占有率、优等品率、产品综合质量系数、市场销售率等；

（5）企业资源投入、社会效益等方面的指标。

只有综合考虑各种指标，才能对企业的生产经营状况做出一个客观真实的评价。

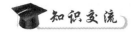

我国常用的两个经济效益评价指标体系

一、财政部制定的企业经济效益评价指标体系

销售利润率、总资产报酬率、资本收益率、资本保值增值率、资产负债率、流动比率、应收账款周转率、存货周转率、社会贡献率、社会积累率。

二、国家统计局制定的工业企业综合经济效益评价指标体系

总资产贡献率、资本保值增值率、资产负债率、全员劳动生产率、成本费用利润率、流动资产周转率、产品销售率。

提供统计数据的部分中国政府网站

中国政府及相关机构	网　　址	数据内容
国家统计局	http://www.stats.gov.cn	统计年鉴、统计月报等
国务院发展研究中心信息网	http://www.drcnet.com.cn	宏观经济、财经、货币金融等
中国经济信息网	http://www.cei.gov.cn	经济信息及各类网站
华通数据中心	http://data.acmr.com.cn	国家统计局授权的数据中心
中国决策信息网	http://www.juece.gov.cn	决策知识及案例
三农数据网	http://www.sannong.gov.cn	三农信息、论坛及相关网站

第4讲　统计实践

实践训练：为清方物流公司设计一套指标体系

要求：以小组为单位，提出统计研究目的，列出为此开展统计研究的总体、总体单位，并同时列出其中的标志（包括：数量标志、品质标志、不变标志、可变标志、标志值），变量（包括：变量值、连续变量、离散变量），统计指标（包括：数量指标、质量指标）等，并尝试列出一套指标体系。

任务案例背景：

清方物流公司主要经营公路零担货物运输、公路整车货物运输、货物快递、综合物流、农业物流、物流园区，同时可提供代收货款、代签回单、保价运输等增值业务。目前已在东北、华北、华东、华南、西北、西南共18个省级区域设有923个服务网点；并以此为依托，辐射全国各地，真正实现货通中国；公司在华东第一个成功实现了小批量、多频次订单的无盲点配送服务，为电子商务交易模式提供了物流配送方面的保证。

公司的快速发展，尤其是分公司和加盟店的快速膨胀，公司对下属企业的监管

和考核也出现了一些问题。自 2013 年 1 月份开始，公司总部对下属企业和营业网点进行了一系列的指标考核。

任务：

明确统计的基本概念，为该公司设计一套指标体系，并对各个指标进行简要分析。

第 5 讲　统计视野

2010 年第六次全国人口普查主要数据公报[1]

中华人民共和国国家统计局

2011 年 4 月 28 日

根据《全国人口普查条例》和《国务院关于开展第六次全国人口普查的通知》，我国以 2010 年 11 月 1 日零时为标准时点进行了第六次全国人口普查[2]。在国务院和地方各级人民政府的统一领导下，在全体普查对象的支持配合下，通过广大普查工作人员的艰苦努力，目前已圆满完成人口普查任务。现将快速汇总的主要数据公布如下：

一、总人口

全国总人口为 1 370 536 875 人。其中：

普查登记的大陆 31 个省、自治区、直辖市和现役军人的人口[3]共 1 339 724 852 人。

香港特别行政区人口[4]为 7 097 600 人。

澳门特别行政区人口[5]为 552 300 人。

台湾地区人口[6]为 23 162 123 人。

二、人口增长

大陆 31 个省、自治区、直辖市和现役军人的人口，同第五次全国人口普查 2000 年 11 月 1 日零时的 1 265 825 048 人相比，10 年共增加 73 899 804 人，增长 5.84%，年平均增长率为 0.57%。

三、家庭户人口

大陆 31 个省、自治区、直辖市共有家庭户[7] 401 517 330 户，家庭户人口为 1 244 608 395 人，平均每个家庭户的人口为 3.10 人，比 2000 年第五次全国人口普查的 3.44 人减少 0.34 人。

四、性别构成

大陆 31 个省、自治区、直辖市和现役军人的人口中，男性人口为 686 852 572 人，占 51.27%；女性人口为 652 872 280 人，占 48.73%。总人口性别比（以女性为 100，男性对女性的比例）由 2000 年第五次全国人口普查的 106.74 下降为 105.20。

五、年龄构成

大陆 31 个省、自治区、直辖市和现役军人的人口中，0~14 岁人口为 222 459 737

人，占 16.60%；15～59 岁人口为 939 616 410 人，占 70.14%；60 岁及以上人口为 177 648 705 人，占 13.26%，其中 65 岁及以上人口为 118 831 709 人，占 8.87%。同 2000 年第五次全国人口普查相比，0～14 岁人口的比重下降 6.29 个百分点，15～59 岁人口的比重上升 3.36 个百分点，60 岁及以上人口的比重上升 2.93 个百分点，65 岁及以上人口的比重上升 1.91 个百分点。

六、民族构成

大陆 31 个省、自治区、直辖市和现役军人的人口中，汉族人口为 1 225 932 641 人，占 91.51%；各少数民族人口为 113 792 211 人，占 8.49%。同 2000 年第五次全国人口普查相比，汉族人口增加 66 537 177 人，增长 5.74%；各少数民族人口增加 7 362 627 人，增长 6.92%。

七、各种受教育程度人口

大陆 31 个省、自治区、直辖市和现役军人的人口中，具有大学（指大专以上）文化程度的人口为 119 636 790 人；具有高中（含中专）文化程度的人口为 187 985 979 人；具有初中文化程度的人口为 519 656 445 人；具有小学文化程度的人口为 358 764 003 人（以上各种受教育程度的人包括各类学校的毕业生、肄业生和在校生）。

同 2000 年第五次全国人口普查相比，每 10 万人中具有大学文化程度的由 3 611 人上升为 8 930 人；具有高中文化程度的由 11 146 人上升为 14 032 人；具有初中文化程度的由 33 961 人上升为 38 788 人；具有小学文化程度的由 35 701 人下降为 26 779 人。

大陆 31 个省、自治区、直辖市和现役军人的人口中，文盲人口（15 岁及以上不识字的人）为 54 656 573 人，同 2000 年第五次全国人口普查相比，文盲人口减少 30 413 094 人，文盲率[8]由 6.72% 下降为 4.08%，下降 2.64 个百分点。

八、城乡人口

大陆 31 个省、自治区、直辖市和现役军人的人口中，居住在城镇的人口[9]为 665 575 306 人，占 49.68%；居住在乡村的人口为 674 149 546 人，占 50.32%。同 2000 年第五次全国人口普查相比，城镇人口增加 207 137 093 人，乡村人口减少 133 237 289 人，城镇人口比重上升 13.46 个百分点。

九、人口的流动

大陆 31 个省、自治区、直辖市的人口中，居住地与户口登记地所在的乡镇街道不一致且离开户口登记地半年以上的人口为 261 386 075 人，其中市辖区内人户分离的人口[10]为 39 959 423 人，不包括市辖区内人户分离的人口为 221 426 652 人。同 2000 年第五次全国人口普查相比，居住地与户口登记地所在的乡镇街道不一致且离开户口登记地半年以上的人口增加 116 995 327 人，增长 81.03%。

十、登记误差

普查登记结束后，全国统一随机抽取 402 个普查小区进行了事后质量抽样调查。抽查结果显示，人口漏登率为 0.12%。

十一、大陆各地区常住人口（2011年4月29日公布）

现将2010年第六次全国人口普查分地区的常住人口有关数据公布如下：

地 区	人口数（人）	比重（%） 2000年	比重（%） 2010年
全国合计	1 339 724 852	100	100
北京市	19 612 368	1.09	1.46
天津市	12 938 224	0.79	0.97
河北省	71 854 202	5.33	5.36
山西省	35 712 111	2.60	2.67
内蒙古自治区	24 706 321	1.88	1.84
辽宁省	43 746 323	3.35	3.27
吉林省	27 462 297	2.16	2.05
黑龙江省	38 312 224	2.91	2.86
上海市	23 019 148	1.32	1.72
江苏省	78 659 903	5.88	5.87
浙江省	54 426 891	3.69	4.06
安徽省	59 500 510	4.73	4.44
福建省	36 894 216	2.74	2.75
江西省	44 567 475	3.27	3.33
山东省	95 793 065	7.17	7.15
河南省	94 023 567	7.31	7.02
湖北省	57 237 740	4.76	4.27
湖南省	65 683 722	5.09	4.90
广东省	104 303 132	6.83	7.79
广西壮族自治区	46 026 629	3.55	3.44
海南省	8 671 518	0.62	0.65
重庆市	28 846 170	2.44	2.15
四川省	80 418 200	6.58	6.00
贵州省	34 746 468	2.78	2.59
云南省	45 966 239	3.39	3.43
西藏自治区	3 002 166	0.21	0.22
陕西省	37 327 378	2.85	2.79
甘肃省	25 575 254	2.02	1.91
青海省	5 626 722	0.41	0.42
宁夏回族自治区	6 301 350	0.44	0.47
新疆维吾尔自治区	21 813 334	1.52	1.63
现役军人	2 300 000		
难以确定常住地	4 649 985		

注释：

[1] 本公报中数据均为初步汇总数。

[2] 普查登记的对象是指普查标准时点在中华人民共和国境内的自然人以及在中华人民共和国境外但未定居的中国公民，不包括在中华人民共和国境内短期停留的港澳台居民和外籍人员。"境内"指我国海关关境以内，"境外"指我国海关关境以外。

[3] 大陆31个省、自治区、直辖市和现役军人的人口数据不包括居住在境内的港澳台居民和外籍人员。

[4] 香港特别行政区的人口数为香港特别行政区政府提供的2010年年底的数据。

[5] 澳门特别行政区的人口数为澳门特别行政区政府提供的2010年年底的数据。

[6] 台湾地区的人口数为台湾地区有关主管部门公布的2010年年底的户籍登记人口数据。

[7] 家庭户是指以家庭成员关系为主、居住一处共同生活的人组成的户。

[8] 文盲率是指大陆31个省、自治区、直辖市和现役军人的人口中15岁及以上不识字人口所占比重。

[9] 城乡人口是指居住在我国境内城镇、乡村地域上的人口，城镇、乡村是按2008年国家统计局《统计上划分城乡的规定》划分的。

[10] 市辖区内人户分离的人口是指一个直辖市或地级市所辖的区内和区与区之间，居住地和户口登记地不在同一乡镇街道的人口。

（资料来源：国家统计局网站，http：//www.stats.gov.cn）

讨论与分析

（1）公报中运用了哪些统计学基本概念和统计基本方法来反映我国第六次人口普查的综合情况？

（2）公报中使用了哪些统计指标？试简要分析它们的特点。

思考与应用技能训练

一、填空题

1. 现代统计的含义包括三个方面：_____、_____和_____。

2. 一个完整的统计工作过程可以划分为_____、_____、_____和_____四个阶段。

3. 总体是由许多具有_____的个别事物组成的整体，总体单位是_____的组成单位。

4. 标志是说明总体单位的特征的名称，按表现形式不同分为_____和_____两种。

5. 统计指标按其所说明的总体现象内容的不同，可分为_____和_____。

二、单项选择题

1. 统计总体的同质性是指（　　）。

  A. 总体各单位具有某一共同的品质标志或数量标志

  B. 总体各单位具有某一共同的品质标志属性或数量标志值

  C. 总体各单位具有若干互不相同的品质标志或数量标志

D. 总体各单位具有若干互不相同的品质标志属性或数量标志值

2. 某地区有800家工业企业，要研究这些企业的产品生产情况，总体单位是（   ）。
   A. 全部工业企业　　　　　　　B. 每一家工业企业
   C. 每一件产品　　　　　　　　D. 800家工业企业的全部工业产品

3. 要了解某班50名学生的学习情况，则总体是（   ）。
   A. 50名学生　　　　　　　　　B. 50个学生的学习成绩
   C. 每一个学生　　　　　　　　D. 每一个学生的学习成绩

4. 一个统计总体（   ）。
   A. 只能有一个标志　　　　　　B. 可以有多个标志
   C. 只能有一个指标　　　　　　D. 可以有多个指标

5. 某工人月工资为2 550元，工资是（   ）。
   A. 品质标志　　B. 数量标志　　C. 变量值　　D. 指标

6. 在调查设计时，学校作为总体，每个班作为总体单位，各班学生人数是（   ）。
   A. 变量　　　　B. 指标　　　　C. 变量值　　D. 指标值

7. 某班三名学生金融考试成绩分别为70分、80分、86分，这三个数字是（   ）。
   A. 标志　　　　B. 指标值　　　C. 指标　　　D. 变量值

8. 工业企业的职工人数、职工工资是（   ）。
   A. 连续型变量
   B. 离散型变量
   C. 前者是连续型变量，后者是离散型变量
   D. 前者是离散型变量，后者是连续型变量

9. 某学院2009级新生的平均年龄是18.56岁，这是（   ）。
   A. 数量标志　　B. 数量指标　　C. 质量指标　　D. 品质标志

10. 对某财会班新生的家庭状况进行调查，下列标志中属于不变标志的是（   ）。
    A. 年龄　　　　B. 专业　　　　C. 入学成绩　　D. 身高

三、多项选择题

1. 全国第四次人口普查中（   ）。
   A. 全国人口数是统计总体　　　B. 总体单位是每一个人
   C. 全部男性人口数是统计指标　D. 人口的性别比是总体的品质标志
   E. 人的年龄是变量

2. 下列各项中，属于连续型变量的有（   ）。
   A. 基本建设投资额　　　　　　B. 岛屿个数
   C. 国民生产总值中三次产业比例　D. 居民生活费用价格指数
   E. 就业人口数

3. 下列指标中，属于数量指标的有（   ）。
   A. 国民生产总值　　　　　　　B. 人口密度
   C. 全国总人口数　　　　　　　D. 投资效果系数
   E. 工程成本降低程度

4. 下列标志中，属于品质标志的有（　　　　）。
   A. 工资　　　　　　　　　　B. 所有制
   C. 旷课次数　　　　　　　　D. 耕地面积
   E. 产品质量

5. 要了解 100 个工业企业生产情况，则统计指标是（　　　　）。
   A. 100 个工业企业的工业增加值　　B. 每一个工人的月工资
   C. 某一个工业企业的工资总额　　　D. 全部工业企业的劳动生产率
   E. 100 个工业企业平均增加值

四、判断题

1. 总体的差异性是指总体单位必须具有一个或若干个可变的标志。（　　）
2. 总体的同质性是指总体中的各个单位在所有标志上都相同。（　　）
3. 女性是品质标志。（　　）
4. 数量指标是指由数量标志汇总来的，质量指标是由品质标志汇总来的。（　　）
5. 品质标志和质量指标一般不能用数值表示。（　　）
6. 品质标志不能转变为统计指标数值。（　　）
7. 全国人口普查的总体单位是户。（　　）
8. 统计指标及其数值可以当做总体。（　　）
9. 所有总体单位与总体之间都存在相互转换关系。（　　）
10. 统计所研究的对象必须是可度量的现象。（　　）
11. 统计指标是客观事实的具体反映，不具有抽象性。（　　）
12. 要了解一个企业的产品生产情况，总体单位是每一件产品。（　　）
13. 数量标志可以用数值表示，质量指标不能用数值表示。（　　）
14. 商品的价格在标志分类上属于数量标志。（　　）
15. 某城市每个家庭拥有的汽车数是一个离散型变量。（　　）

五、简答题

1. 如何理解统计的含义？
2. 如何理解统计的研究对象？试述统计研究对象的特点。
3. 什么是统计总体？其基本特征是什么？什么是总体单位？
4. 举例说明标志和指标之间的关系。
5. 什么是统计指标和指标体系？统计指标的构成要素有哪些？

六、应用技能训练

1. 试将下列标志区分为数量标志和品质标志。
   性别　　　　民族　　　　轮胎寿命　　　GDP　　　产值
   教育水平　　型号　　　　功率　　　　　职业　　　产量

2. 试将下列指标区分为数量指标和质量指标。
   国内生产总值　　销售收入　　　人口数　　　　增长速度
   投入产出比　　　销售额　　　　人口密度　　　计划完成程度

轿车生产总量　　　经济发展速度　　人口出生率　　　安置再就业人数
恩格尔系数　　　　城镇居民人均可支配收入

3. 在为某商场进行市场调查期间，从持有该公司会员卡的所有顾客中，随机挑选了400名顾客进行电话询问，搜集到了有关的信息。其中，有一个调查问题是这样的：在过去的6个月里，你是否购买过该商场的商品？购买金额为多少？被询问者中有21%回答"是"，且这些人在过去的6个月里，平均购买额为2 978元。根据这个数据，经过统计方法分析，得到在一定可靠程度下，该商场持有会员卡的顾客购买比例及购买金额的区间范围。请指出题中的下列概念：总体、总体单位、样本、品质标志、数量标志、质量指标。

4. 若对校园中大学生关心的话题进行调查研究（例如，大学生上网状况调查、生活费支出、就业分配去向及初职预期收入调查等），你能说出调查中统计工作所涉及的统计总体、样本、标志、指标、指标体系吗？

模块二 基础技能

本模块主要任务是学习和掌握统计基础技能的有关理论、技能和方法，包括项目2统计调查和项目3统计整理。

通过本模块的学习，学生需要掌握的岗位知识要求如下：

1. 了解统计调查的概念、意义、种类和方法；
2. 掌握统计调查的方案设计；
3. 了解问卷调查的基本方法和应该注意的问题；
4. 正确理解统计整理的含义及其重要性；
5. 掌握数据分组的类型和方法、变量数列的含义和种类及编制方法；
6. 掌握统计表的构成和编制以及常用统计图的绘制等内容。

通过该模块的学习，学生应掌握的方法和实践技能如下：

1. 能够根据调查目的和客观事物的特点，确定选择合适的统计调查方法和方式；
2. 能够根据调查需要进行简单问卷的设计和调查方案的设计；
3. 会利用Excel进行数据统计；
4. 能对相关统计数据进行分组、编制变量数列；
5. 能手工熟练、准确地编制统计表及常用统计图的绘制；
6. 能熟练地使用Excel软件进行数据的整理，编制统计表、绘制统计图。

项目2　统计调查

学 习 目 标

1. 了解统计调查的概念、意义、种类和方法；
2. 掌握统计调查的方案设计；
3. 了解问卷调查的基本方法和应该注意的问题。

1. 能够根据调查目的和客观事物的特点，确定选择合适的统计调查方法和方式；
2. 能够根据调查需要进行简单的统计调查问卷的设计；
3. 能够根据统计调查需要设计统计调查方案；
4. 会利用 Excel 进行数据统计。

1. 制订统计调查方案；
2. 设计统计调查问卷。

从统计工作的全过程来看，统计调查处于基础阶段，是整个统计认识活动的基础，是搜集资料获得感性认识的阶段，它既是获取现象总体的真实资料的基础工作，又是下一阶段进行资料整理和分析的基本环节。如果调查工作做得不好，搜集到的资料残缺不全或有错误，都将影响到以后汇总和分析工作的进行，不能从中得出正确的结论。

第1讲　统计调查概述

2.1.1　统计调查的含义

1. 统计调查的含义

统计调查是按照统计的任务和调查的目的要求，运用科学的方法搜集或者收集被研究对象的各个标志值的过程。统计调查的基本任务是：按照所确定的指标体系，通过具体的调查，取得反映社会经济现象总体全部或部分单位以数字资料为主体的信息。

统计调查取得的资料包括原始资料和次级资料。原始资料，又称为第一手资料，是指向调查单位直接搜集的、未经加工整理保持原始状态的资料；原始资料一般比较准确可靠，但搜集工作量较大，成本较高。次级资料，又称为第二手资料，是指为其他目的已经整理加工过的资料；次级资料取得比较方便，但存在研究目的的不完全对应性。

2. 统计调查的意义

统计调查在整个统计工作中有非常重要的地位。从统计工作的全过程来看，统计调查处于基础阶段，是搜集资料获得感性认识的阶段，它既是获取现象总体的真实资料的基础工作，又是下一阶段进行资料整理和分析的基本环节。如果调查工作做得不好，搜集到的资料残缺不全或有错误，都将影响到以后汇总和分析工作的进行，不能从中得出正确的结论。统计调查和一般社会调查相同之处是都属于调查研究活动，不同于一般社会调查的主要特征是搜集到的是大量的、以数字资料为主体的信息。

总之，统计调查是开展统计研究的基础，是整个统计活动占有资料的阶段，是整个统计认识活动的基础，它直接影响着统计认识活动的成果。

3. 统计调查的要求

作为对总体现象感性认识的基础阶段，统计调查的基本要求如下。

（1）准确性

准确性是指统计调查所搜集的资料必须准确可靠，符合实际情况，就是统计资料如实地反映客观实际，这是统计调查最基本的要求，也是统计工作的生命。统计调查所取得的资料的准确性是衡量统计调查工作质量的重要标志。因此必须坚持统计制度和纪律，坚持实事求是，在调查中严肃认真，加强科学性，防止各种错漏发生。

（2）及时性

及时性就是要求按统计调查方案中规定的时间，及时完成各项调查的任务，以满足研究问题的需要，使决策者能及时得到信息。及时性是对统计资料的时间性限制。因为过时的资料，失去时效，犹如"雨后送伞"，起不到应起的作用。

（3）完整性

完整性是指无论是全面调查或非全面调查，都要按照调查计划的规定，对要调查的单位和项目的资料，毫无遗漏地进行搜集，如果调查资料残缺不全，就不能反映被调查事物的全貌，从而给统计整理和统计分析带来困难，这将直接影响统计工作的进程和质量，影响到统计的汇总和分析。

（4）系统性

系统性是指搜集的统计资料要符合事物的逻辑，不能杂乱无章，即所提供的统计资料，应该是便于整理、便于汇总的资料。

2.1.2 统计调查的种类

社会经济现象错综复杂，而且处于不断发展变化之中。为了准确、及时、完整地搜集到统计资料，根据调查的目的和被研究对象的特点，必须灵活地选择合适的统计调查方式和方法，根据不同的情况，统计调查可分为不同的类别，具体介绍如下。

1. 统计调查按组织形式，可分为统计报表和专门调查

统计报表是国家统计系统和专业部门为了定期取得系统、全面的统计资料而采

用的一种搜集资料的方式，目的在于掌握经常变动的、对国民经济有重大意义的指标的统计资料。专门调查是为了了解和研究某种情况或问题而专门组织的统计调查，包括抽样调查、普查、重点调查和典型调查等几种调查方法。

2. 统计调查按研究总体的范围，可分为全面调查和非全面调查

全面调查是对构成调查对象的所有单位进行逐一的、无一遗漏的调查，包括全面统计报表和普查；非全面调查是对调查对象中的一部分单位进行调查，包括非全面统计报表、抽样调查、重点调查和典型调查。

3. 统计调查按调查登记的时间是否连续，分为连续调查和非连续调查

连续调查是指对研究对象的变化进行连续不断的登记，如工业企业总产值、产品产量、原材料消耗量等，在观察期内连续登记。连续调查所得资料是现象在一段时间内的总量。不连续调查是指间隔一段相当长的时间对研究对象某一时刻的资料进行登记。如人口数、机器设备台数等资料短期内变化不大，没有必要连续登记资料。不连续调查所得资料体现现象在某一瞬间所具有的水平。

4. 统计调查按搜集资料的方法分为直接调查、凭证调查、采访调查、问卷调查

直接调查又称直接观察，由调查人员到现场对调查单位直接查看、测量和计量；凭证调查是以各种原始和核算凭证为调查资料来源，依照统一的表格形式和要求，按照隶属关系，逐级向有关部门提供资料的方法；采访调查是通过指派调查员对被调查者询问、采访，提出所要了解的问题，借以搜集资料；问卷调查是以问卷形式提问。

此外，也有人根据调查工作时间的周期长短，将统计调查划分为经常性调查和一次性调查。所谓经常性调查是指调查周期在一年以内的调查，间隔超过一年的为一次性调查。这种划分和调查对象没有关系，不要把经常性调查误以为是全面调查，也不要误以为经常性调查就是调查时期现象，而一次性调查就是调查时点现象。

2.1.3 统计调查的方式

统计调查的方式指的是调查者使用各种方式搜集调查对象原始资料的方法，也就是调查者向被调查者搜集答案的方式。常用的统计调查方式有统计报表、普查、抽样调查、重点调查、典型调查等，它们各有其特点。1994年全国统计工作会议提出要建立以必要的周期性普查为基础，经常性的抽样调查为主体，同时辅之以重点调查、科学推算和少量的全面报表综合运用的统计调查方法体系。

1. 统计报表

统计报表是按国家统一规定的表式、统一的指标项目、统一的报送时间，自下而上逐级定期提供基本统计资料的调查方式方法。我国大多数统计报表要求调查对象全部单位填报，属于全面调查范畴，所以又称全面统计报表。统计报表具有统一性、全面性、周期性、可靠性等特点。

目前我国统计报表，是由国家统计报表、业务部门统计报表和地方统计报表组成，其中国家统计报表是统计报表体系的基本部分。

2. 普查

普查是专门组织的不连续性全面调查。主要调查一定时点状况的社会经济现象

的总量，搜集那些不能够或者不适宜用定期全面报表搜集的统计资料，以搞清重要的国情国力。

普查的主要特点是不连续调查。普查的组织形式有两种：一是组织专门的普查机构，配备一定数量的普查人员，对调查单位直接进行登记；另一种是利用普查单位的原始记录和核算资料，颁发一定的调查表格由调查单位自填上报。

普查按资料汇总的特点分为一般普查和快速普查。前者逐级上报资料，后者越过中间环节，由基层单位将资料直接报送给最高领导机关。

普查和全面统计报表都属于全面调查，但二者并不能互相代替。普查属于不连续调查，调查内容主要是反映国情国力方面的基本统计资料；而全面统计报表属于连续调查，调查内容主要是需要经常掌握的各种统计资料。全面统计报表要经常填报，因此报表内容固定，调查项目较少；而普查是专门组织的一次性调查，在调查时可以包括更多的单位、分组更细、项目更多。因此，有些社会经济现象不可能也不需要进行经常调查，但又需要掌握比较全面、详细的资料时，就可通过普查来解决。普查花费的人力、物力和时间较多，不宜经常组织，取得经常性的统计资料还需要靠全面统计报表。

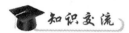

我国的周期性普查

我国目前实施周期性的普查制度，其明确规定人口普查、第三产业普查、工业普查、农业普查每10年进行一次，分别在逢0、3、5、7年份实施；基本单位普查每5年进行一次，在逢1、6的年份实施。

根据我国周期性的普查制度规定，每10年就有6次普查，每一次普查都需要2～3年时间，且其间还有一些小型普查及各种各样的调查，所以说"年年有普查"，一点也不为过。

（资料来源：国家统计局网站，http：//www.stats.gov.cn）

3. 抽样调查

抽样调查是按随机原则从总体中选取一部分单位进行观察，用以推算总体数量特征的一种非全面调查。

（1）抽样调查的特点

第一，既是非全面调查，又要达到对总体数量特征的认识。

第二，按随机原则去抽取调查单位。

第三，抽样调查具有经济性、时效性、准确性、灵活性等特点。

（2）抽样调查的作用

第一，能够解决全面调查无法或难以解决的问题。

第二，可以补充和订正全面调查的结果。

第三，可用于生产过程中产品质量的检查和控制。

第四，可用于对总体的某种假设进行检验。

抽样调查是非全面调查中最完善、最有科学根据的方法。抽样调查的基本形式有简单随机抽样、类型随机抽样、等距抽样、整群抽样。

例如，对大量食品进行质量检测；对显示器的耐用时间检测；对手表的抗震性能试验等。

4. 重点调查

重点调查是专门组织的一种非全面调查，它是对所要调查的全部单位选择一部分重点单位进行调查。

重点调查的关键是选择好重点单位。所谓重点单位，是从标志量的方面而言的，尽管这些单位在全部单位中只是一部分，但这些单位的某一主要标志量占总体单位标志总量的绝大比重。对这些单位进行调查，就可以了解调查对象的基本情况。

重点调查中重点单位的选择着眼于标志量的比重，因而重点单位的选择具有客观性。当调查目的是掌握现象的基本情况，而部分单位又能比较集中地反映所研究的项目和指标时，可用重点调查。重点调查可以定期进行，也可以不定期进行。重点调查实际上是范围比较小的全面调查，它的目的是反映现象总体的基本情况。

抽样调查和重点调查都是专门组织的非全面调查，具有调查单位少，省时省力的特点，在选取调查单位时不受主观因素的影响。但二者之间有明显的区别：首先是调查单位的意义和取得方式不同。重点调查是选择为数不多但标志量占总体标志总量绝大比重的单位进行调查；抽样调查中的样本单位是按照随机原则从研究总体中抽取的，具有较高代表性。其次，二者研究目的不同。重点调查是为了了解现象总体的基本情况，但不能推断总体总量；抽样调查的目的在于以样本量来推断总体总量。再次，适用场合不同。重点调查适用于部分单位能比较集中地反映所研究的项目或指标的场合；抽样调查最适合于不能或很难进行全面调查，而又需要全面数值的场合，在能进行全面调查的场合也有独到的作用。

例如，为了了解我国钢铁行业的状况，可以采用重点调查法，重点调查首钢、宝钢、鞍钢、山东钢铁等在整个钢铁行业的产量比重较高的企业即可，这些企业的产量占整个钢铁行业的产量70%以上。再如，为了掌握"三废"排放情况，就可选择冶金、电力、化工、石油、轻工和纺织等重点行业的工业进行调查。

5. 典型调查

典型调查是根据调查的任务目的，对所研究的现象总体进行初步分析的基础上，有意识的选择若干具有代表性的单位进行调查，借以认识事物发展变化的规律。典型调查的重点是选取典型单位。所谓典型单位是指在同一事物中最能充分、突出地体现总体共性的代表单位。

典型调查的中心问题是如何正确选择典型单位。选择典型单位必须依据正确的理论进行全面的分析，切忌主观片面性和随意性。它不仅要求调查者有客观的、正确的态度，而且要有科学的方法。根据不同的研究目的和要求，有以下三种选典方法。

（1）"解剖麻雀"的方法。这种选典方法适用于总体内各单位差别不太大的情况。通过对个别代表性单位的调查，即可估计总体的一般情况。

（2）"划类选典"的方法。总体内部差异明显，但可以划分为若干个类型组，使各类型组内部差异较小。从各类型组中分别抽选一两个具有代表性的单位进行调查，即称为划类选典。这种调查既可用于分析总体内部各类型特征，以及它们的差异和联系，也可综合各种类型对总体情况做出大致的估计。

（3）"抓两头"的方法。从社会经济组织管理和指导工作的需要出发，可以分别从先进单位和落后单位中选择典型，以便总结经验和教训，带动中间状态的单位，推动整体的发展。

典型调查的特点主要有以下两点：

第一，深入细致的调查，既可以搜集数字资料，又可以搜集不能用数字反映的实际情况；

第二，调查单位是有意识的选择出来的若干有代表性的单位，它更多地取决于调查者的主观判断和决策。

典型调查和重点调查相比，前者调查单位的选择取决于调查者的主观判断，后者调查单位的选择具有客观性；前者在一定条件下可以用典型单位的量推断总体总量，后者不具备用重点单位的量推断总体总量的条件。

典型调查在做总体数量上的推断时无法估计误差，推断结果只是一个近似值。

例如，在调查社会主义新型农村建设情况时，可以选择典型村庄进行调查；在调查企业改革情况时，可以选择改革成功的企业和改革失败的企业作为典型进行调查分析。

抽样调查和重点调查、典型调查的根本区别就在于选取调查单位的方法不同。

6. 各种调查方式的结合运用

不同的统计调查的方式方法，各有其特点和作用。在实际工作中，并非单用一种方式方法，而是多种方式方法的结合运用。这是因为：

第一，经济和社会发展情况复杂，国民经济门类众多，必须应用多种多样的统计调查方法，才能搜集到丰富的统计资料；

第二，任何一种统计调查方法，都有它的优越性与局限性，各有不同的实施条件，只用一种统计调查方法，不能满足多种需要。

讨论交流

从统计调查对象的范围、调查登记时间是否连续、搜集资料的方法是否相同等方面对以下统计调查实例分类，并指出各属于哪种统计调查方式。

（1）2004年，对我国的工业企业从业人数进行调查，各企业按上级部门要求填报统计表。

（2）2004年，对全国所有第二、三产业活动单位进行基本情况摸底调查，以2004年12月31日为标准时点，调查2004年度的资料。

（3）对进口的一批产品，抽检其中的少部分以对整批产品质量进行评价。

（4）要了解全国钢铁产量的基本情况，只要对全国少数几个重点钢铁企业如鞍钢、宝钢、首钢、武钢等进行调查，就能及时对全国钢铁产量的基本情况进行推断。

（5）为了探讨一项改革措施实施的效果，推广其成功经验，对已采取改革措施并效果明显的代表性单位进行调查。

第2讲 统计调查的方案设计

统计调查是一项繁重复杂、高度统一和严格的科学工作。为了使统计调查有目的、有计划、有组织地进行，就必须制订一个周密可行的统计调查方案。一个完整的调查方案，应包括以下基本内容。

1. 确定调查目的

统计调查方案首先要解决的问题就是确定调查目的。任何社会经济现象和过程都可以根据人们的需要，从不同方面、不同角度来搜集资料。只有目的明确，才能有的放矢。如果目的不明确，就无法确定向谁调查、调查什么、采用什么调查方法等一系列问题。调查目的应尽可能规定得具体明确，突出中心，否则，调查来的资料可能并不是需要的，而需要了解的情况，又得不到充分的反映。调查的目的，主要是根据社会主义建设的实际需要，并结合调查对象本身特点来确定的。在具体确定调查目的的同时，还应考虑以下几个问题：

（1）从统计工作的整体出发，立足于整个国民经济综合平衡发展的需要；
（2）国家和企业管理工作的需要；
（3）从调查对象的实际情况出发，把需要和可能有机地结合起来。

2. 确定调查对象和调查单位

有了明确的调查目的，就可据以确定调查对象和调查单位。确定调查对象和调查单位，是为了解决"向谁调查"和"由谁来具体提供统计资料"的问题。

所谓调查对象就是根据调查目的所确定的需要进行调查的某一社会现象的总体，它是由性质相同的许多个别单位组成的。统计总体这一概念在调查阶段称调查对象。调查单位也就是总体单位，它是调查对象的组成要素，即调查对象所包括的具体单位。例如，调查某超市128家连锁店的销售情况情况，调查对象是128家连锁店，调查单位是每一家连锁店。

报告单位也称填报单位，它是负责向上报告调查内容、提交统计资料的单位。调查单位与报告单位有时一致有时不一致。例如，进行工业设备普查，调查单位是每台设备，而报告单位是工业企业，这里调查单位与报告单位不一致；调查国营工业企业产品产量、成本、利税的情况时，调查单位与报告单位都是工业企业，这里调查单位与报告单位是一致的。

3. 确定调查项目和拟定调查表

调查项目又称调查纲要，是调查的主要内容，主要解决"向被调查者了解些什么问题"的问题，就是调查中依附于调查单位的基本标志，它完全由调查的目的和调查对象的性质特点所决定，包括由质量标志和数量标志所构成的标志体系。调查项目制定的正确程度如何，决定了整个工作的成败。因此，确定调查项目应该少而精，不必要和不可能得到资料的项目，就应该不列入。而且调查项目的含义要明确，项目之间尽可能做到相互联系、彼此衔接。调查项目确定之后，就要进一步拟定调查表。把调查项目用表格的形式表现出来，就是调查表。调查表的内容一般由表头、表体、表脚三部分组成。

（1）表头

表头在调查表的上方，包括调查表名称和填报单位的名称、地址、性质、隶属关系等。有的在汇总时有用，有的在汇总时不用或不完全用。

（2）表体

表体是调查表的主要部分，大多数调查项目在表体中，一般情况下，品质标志多放在表头，数量标志多放在表体中。

（3）表脚

表脚包括调查员或填表人签名、填报日期、上报日期等。

调查表的格式一般有两种，即单一表和一览表。单一表是在一张调查表上只登记一个调查单位的项目。它可以容纳较多的调查项目。一览表是在一张调查表上登记若干个调查单位的项目。一般来说，调查项目较多时，宜使用单一表；调查项目不多时，宜使用一览表。

4. 确定调查时间和调查期限

调查时间是指调查资料所属的时间。如果所调查的是时期现象，就要明确规定反映的调查对象的起讫日期；如果所调查的是时点现象，就要明确规定统一的标准时点。调查期限是指整个调查工作的时限，包括搜集资料及报送资料等整个工作所需要的时间。为了保证调查资料的及时性，任何调查都应尽可能缩短调查期限。例如，调查我国 2012 年的 GDP 情况，这是一个时期现象，调查时间是 2012 年 1 月 1 日至 2012 年 12 月 31 日；调查我国的家电库存情况，这是时点现象，调查时间只能是某一个时点（如 2013 年 4 月 30 日 0 时）。

调查方法，包括调查的组织形式和搜集资料的具体方法的选择。

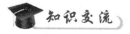

普查为什么要规定标准时点？我国第六次人口普查的标准时点是 2010 年 11 月 1 日 0 时，在 10 月 31 日 24 时之前死亡的人口和 11 月 1 零时之后出生的人口，是否应该进行登记？

我国农业普查的标准时间

所谓标准时间，就是规定一个时间点（时点），或一个时间段（时期），无论普查员何时入户或到单位访问，均填报的是这个时间点或时间段的情况。

第二次全国农业普查的普查时点为 2006 年 12 月 31 日 24 时。凡是普查表中提到的年末资料，如"2006 年年末耕地面积"、"2006 年年末拥有住房情况"等，均以普查时点数据为准。

（资料来源：国家统计局网站，http：//www.stats.gov.cn）

5. 确定调查工作的组织实施计划

为了保证调查工作的顺利进行，还必须制订调查的组织实施计划。计划的具体内容如下。

（1）组织领导机构和调查人员 统计调查特别是一些大型的全国或全省性的调

查，往往需要动员很多单位和个人参加，因此，必须要有严密的组织计划和工作安排。在组织实施计划中，要明确由什么机关来组织领导，哪些人员参加，成立专门组织机构与否等。

（2）确定调查的方式与方法。在实施方案中要明确采用什么方式方法取得统计资料，是被调查者自填或派人直接采访，还是组织开调查会方式搜集资料等。同时还要明确对资料采取什么方法汇总，逐级汇总或超级汇总，抑或两者兼用。

（3）调查经费。调查经费指开展调查工作所必需的工时费、补助费、会务费、材料费、宣传费等。事先要做好预算，并保证经费及时到位，以免影响调查工作的顺利进行。

（4）调查前的准备工作。除了上面所说的各项准备工作之外，还有宣传教育工作，调查人员和被调查者的培训工作，文件的印刷下发传达工作，必要时还要搞试点调查等。

第3讲 统计调查的方法

统计调查的方法是指统计工作确定调查方式之后，向客观实际搜集资料的具体方法。在统计调查中常用的调查方法有观察法、询问调查法、实验法、报告法、网上调查法等。

1. 观察法

观察法又称直接观察法，是由调查人员到现场亲自对调查对象进行观察、计量、登记，以取得第一手资料的方法。例如，为了调查行人闯红灯的情况，调查人员可亲自到路口进行观察，并进行记录。

2. 询问调查法

询问调查法又称直接调查法，是调查人员以询问为手段，从调查对象的回答中获得信息资料的一种方法。它是市场调查中最常用的方法之一。

询问调查法在实际应用中，按传递询问内容的方式以及调查者与被调查者接触的方式不同，有面谈调查法、电话调查法、邮寄调查法等方法。

（1）面谈调查法。是指调查人员同被调查者直接面谈，当面听取意见，收集市场反映，询问有关问题的方法。例如，我国人口普查中的人口登记。这种方法调查方法简便灵活，但是调查成本高，调查范围有限，且调查结果易受调查人员综合素质的影响。

（2）电话调查法。是指调查人员通过电话向被调查者进行问询，了解有关情况的一种调查方法。这种方法可以节省时间和费用，可能会遇到被调查者不合作的情况。一般适合于调查项目单一，问题简单明确，要求快速获得所需信息的调查。

（3）邮寄调查法。也称问卷调查法，是指将设计印制好的调查问卷，发给或者邮寄给被调查者，由被调查者根据要求填写后再寄回来的一种调查方法。例如，对产品品牌的问卷调查。这种方法调查范围比较广、成本低，对问卷质量要求高，问卷回收率低、回收时间长，调查结果的完整性往往不易控制。

3. 实验法

实验法是指通过某种实践活动的验证法去收集有关资料的调查方法。例如，1985 年 4 月份可口可乐公司推出新配方，结果相当不受欢迎，股价下跌，销售滑落。1985 年 7 月，可口可乐公司重新换回原来的配方。再如，临床上吸烟有害健康调查等。实验法的优点是能获得较为准确的信息和丰富的资料，但是要花费较多的人力、物力、财力和时间。

4. 报告法

报告法是由调查单位根据各种原始记录和核算资料，按照统一的表格及填报要求，及时向有关单位提供统计资料的一种调查方法。例如，统计报表制度就属于这种方法。这种调查一般是各地区、各部门、各单位按照有关法规的规定，必须对国家履行的一种义务。报告法的特点是：有统一项目、统一要求和统一上报程序；其资料来源于原始记录；可以同时进行大量的调查。

5. 网上调查法

网上调查法是一种利用因特网作为媒介的调查方式。它充分利用了因特网的互动性、实时性、方便性等优点。具体方式又可分为：E-mail 调查法、WWW 调查法（站点法）、主题调查法（视频会议、新闻组、BBS、聊天室）等。

网上调查具有自愿性、定向性、及时性、互动性、经济性与匿名性等特点。

网上调查具有组织简单、费用低廉、客观性好、不受时空与地域限制、速度快等优点。

网上调查具有网民的代表性存在不准确性、网络的安全性不容忽视、受访对象难以限制等缺点。

讨论交流

分析五种统计调查方法的适用范围及优缺点。

第 4 讲　调查问卷的设计

2.4.1　调查问卷设计的结构

1. 问卷的含义

问卷，又称调查表或询问表，是统计调查的重要工具，是一种以书面形式记载和反映被调查对象的反映和看法，从而获得所需资料和信息的表式。

问卷设计是根据调研目标和所需资料内容，按照一定的格式将调查问题有序排列，形成调查表的活动过程。

在统计调查过程中，获取足够的信息资料是实现调查目的的基础。在收集资料时，往往是通过问卷的方式进行。特别是在获取第一手资料时，问卷调查是其最基本方法。因此，问卷设计在整个调查活动中具有重要地位，问卷的设计水平则是提高统计调查质量的关键因素。设计完美的问卷能够帮助调查者全面准确地收集资料，而问题设计不当、结构不完整的问卷则往往造成所需资料的遗漏和偏差，降低了资料的可信度，甚至有些偏离调查主题，设计粗糙的问卷会造成统计调查的失败。所以，问卷设计是否完善，是否切合实际，将直接影响到统计调查的效果。许多调查人员在做统计调查时都十分重视问卷的设计工作。

2. 问卷的基本结构

一份优良的问卷，首先要有一个清晰的结构。尽管不同的市场调研问卷可以有不同的结构，但是一般而言，其基本的内容应该包括如下四个部分，即前言、主体、编码和结束语。其中主体是问卷的核心部分，是每一份问卷都必不可少的内容，而其他部分则根据设计者需要进行取舍。

（1）前言

前言是调查者向被调查者写的简短的说明性文字，主要说明调查的目的、意义、选择方法以及填答说明等，一般放在问卷的开头。

前言的具体内容包括调查的目的、意义、编号，调查者的自我介绍，问卷的填写说明，回复问卷的时间和方法等。为了给被调查者以良好的"第一印象"，前言的语气要谦虚、诚恳，文字要简洁、准确、有可读性。

（2）主体

问卷的主体部分包括各类问题、问题的回答方式及其指导语，是调查问卷的核心部分，也是调查者所要收集的主要信息。问卷中的问答题，从形式上看，可分为开放式、封闭式和混合型三大类。开放式问答题只提问题，不给具体答案，要求被调查者根据自己的实际情况自由作答。封闭式问答题则既提问题，又给出若干答案，被调查中只需在选中的答案中打"√"即可。混合型问答题，又称半封闭型问答题，是在采用封闭型问答题的同时，最后再附上一项开放式问题。同时需要注意的是：问题的形式根据调查目的的需要和被调查者的实际情况来确定。指导语，也就是填答说明，用来指导被调查者填答问题的各种解释和说明。主体部分主要是以提问的形式呈现给被调查者。

（3）编码

编码是将调查问卷中的调查项目以及备选答案给予统一设计的代码。编码既可以在问卷设计的同时就设计好，也可以等调查工作完成以后再进行。前者称为预编码，后者称为后编码。在实际调查中，常采用预编码。

编码一般应用于大规模的问卷调查中。因为在大规模问卷调查中，调查资料的统计汇总工作十分繁重，借助于编码技术和计算机，则可大大简化这一工作。

（4）结束语

结束语一般放在问卷的最后面，用来简短地对被调查者的合作表示感谢，也可征询一下被调查者对问卷设计和问卷调查本身的看法和感受。同时还可以包括一些被调查的基本情况、作业证明记录以及一些图表说明等。

例如，调查人：_____　　　调查时间：_____
　　　调查地点：_____　　　调查人联系方式：_____

3. 问卷设计的程序

问卷设计是统计调查研究的准备阶段的重要工作之一，同时又是一项创造型的活动，要提高其设计水平，使其既科学合理，又实际可行，就必须按照一定的逻辑程序来进行。为使问卷具有科学性、规范性和可行性，一般可以参照以下步骤或程序进行。

步骤1：确定调研目的、来源和局限阶段。

调研企业在提出调查研究项目时，一般只是有一个大致的指向，具体目标有时并不十分清楚，因此，首先要进一步明确调查主题及其资料范围。一般来说，就是要界定"5W1H"的内容，即 Who——谁需要资料？What——要什么资料？Where——在哪儿调查？When——要什么时间的资料以及什么时间调查？Why——为什么要调查？How——如何获取这些资料？通过对"5W1H"的界定，确定资料内容、来源、范围和收集资料的方法。如果在设计问卷时，还有不清楚的问题，那么应该进行询问。询问的目标应当尽可能精确、清楚，如果这一步做得好，下面的步骤会更顺利、更有效。

步骤2：分析样本特征，确定问卷类型阶段。

不同的调查对象具有不同的特点，需要采用不同的方法进行调查。为了使问卷的设计符合调查对象的特点，就必须对样本特征进行分析，明确调查对象是企业还是个人，是生产商还是经销商，是现实消费者还是潜在消费者等，并了解各类调查对象所处的社会阶层、社会环境、行为规范和观念习俗等社会特征；了解他们的需求动机和潜在欲望等心理特征；以及他们的理解能力、文化程度和知识水平等学识特征，并针对其特征确定问卷类型。

步骤3：确定数据收集方法阶段。

获得询问数据可以有多种方法，主要有人员访问、电话调查、邮寄调查与自我管理访问。每一种方法对问卷设计都有影响。事实上，在街上进行拦截访问比入户访问有更多的限制。街上拦截访问有着时间上的限制；自我管理访问则要求问卷设计得非常清楚，而且相对较短，因为访问人员不在场，没有澄清问题的机会；电话调查经常需要丰富的词汇来描述一种概念以肯定应答者理解了正在讨论的问题。对比而言，在个人访谈中访问员可以给应答者出示图片以解释或证明概念。

步骤4：确定问题回答形式阶段。

（1）开放式问题。开放式问题是一种应答者可以自由地用自己的语言来回答和解释有关想法的问题类型。也就是说，调研人员没有对应答者的选择进行任何限制。

（2）封闭式问题。封闭式问题是一种需要应答者从一系列应答项做出选择的问题。

（3）量表应答式问题。这种问题则是以量表形式设置的问题。

步骤5：决定问题的措辞阶段。

（1）用词必须清楚。

（2）避免诱导性的用语。

（3）考虑应答者回答问题的能力。

（4）考虑到应答者回答问题的意愿。

步骤6：确定问卷的流程和编排阶段。

问卷不能任意编排，问卷每一部分的位置安排都具有一定的逻辑性。有经验的调研人员很清楚问卷制作是获得访谈双方联系的关键。联系越紧密，访问者越可能得到完整彻底的访谈。同时，应答者的答案可能思考得越仔细，回答得越仔细。

步骤7：评价问卷和编排阶段。

一旦问卷草稿设计好后，问卷设计人员应再回过来做一些批评性评估。如果每一个问题都是深思熟虑的结果，这一阶段似乎是多余的。但是，考虑到问卷所起的关键作用，这一步还是必不可少的。

步骤8：获得各方面的认可阶段。

问卷设计进行到这一步，问卷的草稿已经完成。草稿的复印件应当分发到直接有权管理这一项目的各部门。实际上，调查主管人员在设计过程中可能会多次加进新的信息、要求或关注。不管主管人员什么时候提出新要求，经常的修改是必需的。即使主管人员在问卷设计过程中已经多次加入，草稿获得各方面的认可仍然是重要的。

步骤9：预先测试和修订阶段。

当问卷已经获得主管人员的最终认可后，还必须进行预先测试。在没有进行预先测试前，不应当进行正式的询问调查。通过访问寻找问卷中存在的错误解释、不连贯的地方、不正确的跳跃模型。为封闭式问题寻找额外的选项以及应答者的一般反应。预先测试也应当以最终访问的相同形式进行。如果访问是入户调查，预先测试应当采取入户的方式。

在预先测试完成后，任何需要改变的地方应当切实修改。在进行实地调研前应当再一次获得各方的认同，如果预先测试导致问卷产生较大的改动，应进行第二次测试。

步骤10：准备最后的问卷阶段。

预测试后，对出现问题的地方要进行修改。修改后，进行定稿、印刷。印刷时，首先，要注意选择质量合适的纸张。其次，要确定该问卷要印制多少张，即有多少调查对象。可以根据研究对象的多少、回复率、有效率的高低确定。

步骤11：具体实施阶段。

问卷填写完后，为从市场获得所需决策信息提供了基础。问卷可以根据不同的数据收集方法并配合一系列的形式和过程以确保数据可正确地、高效地、以合理的费用收集。这些过程包括管理者说明、访问员说明、过滤性问题、记录纸和可视辅助材料。

2.4.2 调查问卷设计的方法

问卷设计所应达到的总体要求是：问题清楚明了、通俗易懂、易于回答，同时能够体现调查目的，而且便于答案的汇总、统计和分析。

1. 问卷设计的格式

设计问卷，应根据具体情况采用不同的设计格式。格式的确定，是按问题如何提出以及列举什么样的答案供被调查者选择来确定的。一般而言，按照问题是否提供答案，问卷设计的格式可以分为开放式和封闭式两种类型。

（1）开放式提问

开放式提问是指在设计调查问题时，不设计答案，而是让被调查者自由回答。例如："您对现在的楼市有什么看法"、"您为什么要购买联想牌的笔记本电脑"、"您对您的收入水平满意么"等。

（2）封闭式提问

封闭式提问是指在设计调查问题的同时，还设计了各种可能的答案，让被调查者从中选定自己认为合适的答案。

2. 问卷设计要注意的问题

在问卷设计时，应做到：问题清楚明了，通俗易懂，易于回答，同时能体现调查目标，便于答案的汇总、统计和分析，以提高问卷的回收率和信息的质量。

（1）文字要表达准确，不应使填卷人有模糊认识。如调查商品消费情况，使用"您通常喜欢选购什么样的鞋？"就是用词不准确，因为"通常"、"什么样"的含义不同的人有不同的理解，回答各异，不能取得准确的信息。如改为具体的问题："您外出旅游时，会选购什么品牌的旅游鞋？"这样表达就很准确，不会产生歧义。

（2）问卷要避免使用引导性的语句。如设计问卷时，问"××牌的旅游鞋质优价廉，您是否准备选购？"这样的问题将容易使填表人由引导得出肯定性的结论或对问题反感，简单得出结论，这样不能反映消费者对商品的真实态度和真正的购买意愿，所以产生的结论也缺乏客观性，结果可信度低。

（3）问卷问句设计要有艺术性，避免对填卷人产生刺激而不能很好地合作。

（4）问卷不要提不易回答的问题。这里可能有两种情况：一种是涉及填卷人的心理、习惯和个人生活隐私而不愿回答的问题，即使将其列入问卷也不易得到真实结果。遇有这类问题，如果实在回避不了，可列出档次区间或用间接的方法提问。

（5）问题设计排列要科学。问题的排列要有合理的顺序，一般先要提出概括性问题，然后，由近及远，逐步启发，由简到繁，逐步深入，防止一下子提出复杂问题，使被调查者感到厌烦。

另外要注意先行问题对后续问题产生的影响。如果在某一问卷中有下列两个先后排列的问题："您洗衣服用肥皂么"和"您认为用肥皂和洗衣粉洗衣那种效果更好"。那么，大多数调查者对第二题的回答是"肥皂"。因为第一题在无形中对被调查者产生了影响。可将第一、二题的顺序倒换。

（6）使用统一的参考架构。参考架构是受访者回答问题时可参考的资料标准、观点或其他相关因素。问题的措辞可决定受访者回答问题的参考架构。

（7）有利于数据的处理。调查问卷按计算机的处理要求来设计，最好能直接被计算机读入，以节约时间和提高统计的准确性。

总之，理想的问句设计应能使调查人员能获得所需的信息，同时被调查者又能轻松、方便地回答问题。

3. 问题设计中存在的问题总结

在问卷的问题设计中，问卷的设计者很可能会忽视一些问题的设计，从而造成不必要的损失，现就其存在的问题总结如下。

（1）语言不规范。语言的问题很多，但主要还是设计者使用语言不规范。在问卷调查中，我们不能使用学术化语言，也不能用官方语言，我们的语言必须贴近被调查者的生活。

（2）问题有倾向性。问卷中的问题必须保持中立，不能提问带有倾向性的问题。

（3）问题引起回答者的焦虑。

（4）一题多义。一个问题只能提问一个方面的情况，否则容易使回答者不知如何作答。

（5）问题笼统。这是调查中存在的较多的问题。

（6）题支设计不合理。这包括设计的答案不穷尽、问题相同或处于同一维度等。

以上是问题设计中的存在的一些比较突出的问题，当然还有其他很多问题存在，有些是设计者难以预料的，这就要求设计者要反复斟酌，同时多征求他人的意见。

第5讲 统计实践

实践训练一：设计统计调查方案

某医疗保健公司市场调查策划方案

一、调查目的

为了抓住产品市场的脉搏，把企业的各种优点（理念、企业文化、优质产品等）与社会各界沟通，让策划的行动被所有人所了解，使以后策划的行动得以顺利进行。

二、调查日期

1. 主要调查：2013年5月1—20日。

2. 次要调查：2013年5月21日—7月30日，我们要进行为期7天的市场调查准备工作和60天的市场调研，确保万无一失。

三、调查内容

1. 主要调查内容

运用便利抽样以及配额抽样法，调查清楚以下几个主要问题：

（1）您是否知道"××营养片"这个传统品牌？

（2）"××营养片"最受欢迎的功能和服务承诺是什么？

（3）"××营养片"的消费心理价格定在每千克多少元比较合适？18元、28元、40元。

（4）您对"××营养片"最喜欢和担心的分别是什么？

（5）您的消费心理是什么？有何购买习惯？

（6）"××营养片"的独特卖点是什么？

（7）"××营养片"的包装是否受欢迎？

2. 次要调查内容（用观察、分析法）

（1）用户的特点调查：人口、规模、分布、构成、变动情况、城市、农村、主要用户、次要用户、地址、电话。

（2）影响用户因素：购买力大小、社会风俗、习惯、文化水平、民族特点、购买特点。

（3）用户的需要调查：现实需要，潜在需要，意识到但未及时购买，未意识到但以后会购买，不购买。

（4）产品在销售区是独家还是多家；产品是否满意？若不满意，原因是什么；

产品畅销或者滞销的原因。

（5）产品处于生命周期中哪一阶段？是否有危机感。

（6）价格在市场上有无竞争力？用户对价格的反映？市场中价格状况对哪些产品有利？对哪些产品不利？哪些产品好卖？哪些代销？价格波动有多大？发展趋势如何？

（7）企业销售量是否适应环境需求？现有渠道是否合理？如何扩大销售渠道减少中间环节？如何正确选择广告媒体，广告效果如何？营销组合策略是否妥当？效果如何？

（8）竞争环境如何？竞争的力量，竞争结构与规划，竞争内容与手段，对手基本情况。

四、调查地点

各地市场、经销商、经销点、商店。

五、进程对策

1. 5月1—3日，设计主要调查问卷、调查表，策划经理负责安排，设计师主办。

2. 5月1—2日，用文案调查法，进行与营销部沟通，说明调查原因和重要性，友好地与其配合，搞好营销工作，共同提高销售额，索取营销部门汇编的市场资料（客户订货单、销售额、销售分布、销售损益表、库存情况、产品成本等），进行调查登记，策划经理负责安排，策划主管主办。

3. 5月3—4日，用观察法，直接到市场、经销商、经销点、商店进行观察、拍数码照片、行为记录调查。作好工作日记，策划经理负责安排，策划主管主办。

4. 5月3—10日，用访问法，直接到经销商、经销点、商店、中老年用户处进行面谈访问，填调查表、调查问卷，做好工作日记，策划经理负责安排，策划主管主办。

六、问卷调查卡中可以加入以下一些问题。

1. 您是从哪里得知这一消息的？
2. 您是否听说过我们的新产品"××降压片"？
3. 您是否有过糖尿病史？
4. 您亲戚朋友是否有过糖尿病史？
5. 您是否希望尽快得到治疗？
6. 您是否希望帮助亲戚朋友尽快得到治疗？
7. 您对送礼送健康是否也有认同感？
8. 您愿意购买我们的"××营养片"吗？
9. 您的其他感想是什么？

请你留下患者的具体名字_____，年龄_____，地址_____，电话_____，以备日后我们赠送礼品和跟踪治疗。

谢谢你的参与，我们非常感激，请留下你的姓名_____，地址_____，电话_____，我们日后将不定期对你进行礼品赠送。

实践训练二：设计统计调查问卷

关于大学生对低碳消费认知状况的调查问卷

亲爱的同学：

您好！

为了更好地了解大学生对低碳经济，尤其是低碳消费的认识和理解，广泛宣传低碳消费理念，构建可持续发展城市，我们项目小组面向高校大学生开展了此次调研活动，希望能占用您的一点宝贵时间，认真回答问卷，您的支持将给我们的工作带来莫大的动力和鼓励，忠心感谢您的配合！

（请在每道题后的括号中填上所选答案的编号，根据问题可以单选或多选；问卷中如果选择的选项为"其他"或要求回答的问题，请务必写明内容，谢谢！）

您的性别：_____ 年龄：_____ 专业：_____

学历（　　）　A. 专科　　B. 本科　　C. 硕研　　D. 博研

1. 请问您对"低碳经济"这一概念的认识？（　　）
   A. 十分了解　　　　　　　　B. 比较了解
   C. 听过，不太关注　　　　　D. 没听过，不了解

2. 您是通过何种途径了解"低碳经济"的？（多选）（　　）
   A. 互联网　　　　　　　　　B. 报纸杂志
   C. 专题节目宣传　　　　　　D. 户外公益广告
   E. 专业学习

3. 请问您支持倡导"低碳消费"吗？（　　）
   A. 大力支持　　　　　　　　B. 保持中立
   C. "低碳消费"很难付诸行动　D. 反对

4. 您认为节能环保、绿色消费模式会带来什么影响？（多选）（　　）
   A. 促使公众改变传统消费方式和生活态度
   B. 促使城市的可持续发展
   C. 将会享受到更加自然、舒适、健康的生活环境
   D. 目前无法预估这种新的节能绿色方式会带来什么样的影响
   E. 会对现有生活方式带来观念上的冲击，但短时间难以改变适应

5. 哥本哈根气候峰会前夕，我国公布了2020年碳排放降低的目标，单位国内生产总值二氧化碳排放比2005年下降比例是多少？（　　）
   A. 20%～25%　B. 25%～30%　C. 35%～40%　D. 40%～45%

6. 在日常生活中，您会自觉拔下不用的手机充电器或其他充电器么？（　　）
   A. 会　　　B. 偶尔会　　C. 不太会　　D. 从没注意

7. 在日常学习生活中，您认为您和周围的同学、好友有无节能环保意识？（　　）
   A. 有意识并积极实践　　　　B. 有意识但缺乏积极主动性
   C. 偶尔会有　　　　　　　　D. 从没注意

8. 你认为你所在学校的水、电资源浪费现象严重吗？（　　）
   A. 非常严重　　　　　　　　B. 有些严重

  C. 使用正常，合理   D. 没有关心过

9. 您最常使用的交通方式是（ ）。
  A. 步行   B. 骑自行车   C. 坐公交车   D. 坐地铁
10. 您最近一年中参加过哪些形式的环保活动？（多选）（   ）
  A. 知识普及宣传   B. 募捐活动
  C. 植树等活动   D. 没有参加过
  E. 其他_____
11. 你觉得什么行为可能会对环境造成负面影响？（多选）（   ）
  A. 制造噪声   B. 出行不离汽车
  C. 过度使用空调   D. 经常使用一次性筷子
  E. 工作、学习中浪费纸张   F. 点菜不注意分量或经常打包
  G. 其他_____
12. 您认为减少碳排放的途径有哪些？（多选）（   ）
  A. 积极推广垃圾分类   B. 适时、有针对性的开征环境税（碳税）
  C. 加快发展公共交通   D. 严格审批高能耗、高污染等项目
  E. 加强宣传，广泛动员民众参与低碳行动
  F. 大力发展太阳能、风能等新能源
13. 您对"倡导低碳消费观念 构建可持续发展城市"大学生宣传行动计划有什么宝贵建议？

_____

_____

  ××学院2013年大学生创新活动项目之"倡导低碳消费观念，构建可持续发展城市"大学生宣传行动计划项目小组再次对您的支持参与表示衷心的感谢！

实践训练三：任选一调查项目，完成调查资料的搜集

  以学习小组为单位，完成对某一社会现象进行统计调查。
  具体安排如下：
  1. 设计调查方案，同时完成相关调查问卷的设计。每个小组可以选择的具体调查项目（小组之间不得相同，也可自拟题目）如下：
  项目1，我校食堂服务情况调查；项目2，我校大学毕业生择业志向调查；项目3，我校大学生选择专业情况调查；项目4，我校大学生恋爱观念调查；项目5，我校大学生服装生活费支出情况调查；项目6，我校大学生手机使用情况调查；项目7，我校大学生上网情况调查；项目8，我校大学生逃课情况调查；项目9，我校大学生电脑使用情况调查；项目10，我校大学生体育锻炼情况调查；项目11，我校大学生生活费支出状况调查；项目12，我校大学生学习状态调查；项目13，我校大学生暑假或寒假假期活动调查。
  2. 任务实施的具体要求。
  （1）以小组为单位进行，在实施前制订切实可行的调查方案。
  （2）问卷设计要符合要求，调查对象的选取要采取随机原则，争取调查到每个

院系、每个年级。调查问卷不得少于 200 份，有效问卷不得低于 180 份。

(3) 调查问卷问题不得少于 10 个，问题要跟调查项目指标紧密相关，问卷设计好后，小组长统一上交电子版。

(4) 具体调查实施时间和地点由小组全体成员具体决定，可以在食堂、宿舍、自习室、图书馆或校园里。

思考与应用技能训练

一、填空题

1. 统计调查的要求是：准确性、_____、_____和系统性。
2. 统计调查按组织形式可分为：_____和_____。
3. 统计调查按研究总体的范围可分为：_____和_____。
4. _____是专门组织的不连续型全面调查。
5. 普查的主要特点是：_____。
6. 非全面调查中，最完善、最有科学依据的方式方法是：_____。
7. 调查表的格式一般有两种，分别是：单一表和_____。
8. 调查问卷中问题的设计有两种，即_____问题和_____问题。

二、单项选择题

1. 从一批袋装奶粉中随机抽取 1000 包进行质量检验，这种调查是（   ）。
   A. 普查　　　　B. 重点调查　　　C. 抽样调查　　　D. 典型调查
2. 对家乐福超市全体员工进行身体健康状况调查，调查单位是（   ）。
   A. 每位员工　　　　　　　　B. 所有员工
   C. 所有员工身体情况　　　　D. 每一位员工身体情况
3. 普查人口 2010 年 11 月 1 日零时的状况，要求将调查单位的资料在 2010 年 11 月 10 日前登记完成，则普查的标准时间是（   ）。
   A. 2010 年 10 月 31 日 24 时　　B. 2010 年 11 月 10 日零时
   C. 2010 年 11 月 9 日 24 时　　　D. 2010 年 11 月 1 日 24 时
4. 某市 2012 年工业企业经济活动成果的统计的承报时间为 2013 年 1 月 31 日，则调查期限为（   ）。
   A. 一年　　　　B. 一年零一个月　　C. 一个月　　　　D. 一天
5. 非全面调查中，最完善、最有科学依据的方式方法是（   ）。
   A. 典型调查　　　B. 连续调查　　　C. 抽样调查　　　D. 时间调查
6. 调查大庆、胜利、大港中原的几个大油田，以了解我国石油工业生产的基本情况，这种调查属于（   ）。
   A. 普查　　　　B. 重点调查　　　C. 抽样调查　　　D. 典型调查
7. 下列情况的统计调查，哪一种属于一次性调查（   ）。
   A. 商品库存量　　B. 商品购进额　　C. 商品销售量　　D. 商品销售额
8. 下列调查中，调查单位与填报单位一致的是（   ）。

  A. 公司设备调查   B. 农村耕地调查

  C. 学生学习情况调查   D. 汽车养护情况调查

9. 要了解糖果包装的改变对销售的影响情况，则选定一个地区，将新旧两种包装的糖果投入市场进行试验对比，观察其销售量变化和消费者反映，获得数据作为新包装是否采用的依据，这种调查方法是（　　）。

  A. 观察法   B. 实验法   C. 报告法   D. 访问法

10. 要调查人群中经常上网浏览的人的年龄、性别、职业等情况，比较适应的调查方法是（　　）。

  A. 观察法   B. 访问法   C. 实验法   D. 网上调查

三、多项选择题

1. 要调查一个地区学校情况，每一个学校是（　　）。

  A. 重点单位   B. 调查单位   C. 调查对象   D. 总体单位

  E. 填报单位

2. 下列调查中，属于一次性调查的有（　　）。

  A. 第六次人口普查   B. 职工家庭收支变化调查

  C. 第三产业从业人数调查   D. VCD 库存量调查

  E. 对公司利润调查

3. 在工业设备普查中（　　）。

  A. 工业企业是调查对象   B. 工业企业的全部设备是调查对象

  C. 每台设备是调查单位   D. 每个工业企业是填报单位

  E. 每台设备是填报单位

4. 普查属于（　　）。

  A. 全面调查   B. 非全面调查   C. 经常性调查   D. 一次性调查

  E. 专门调查

5. 调查单位是（　　）。

  A. 需要调查的那些社会经济现象的总体

  B. 所需调查的社会经济现象总体的每个单位

  C. 负责项目的承担者

  D. 负责向上报告调查内容的单位

  E. 调查中所调查的具体单位

6. 统计报表的资料来源有（　　）。

  A. 原始记录   B. 调查问卷

  C. 基层单位内部报表   D. 基层单位统计报表

  E. 统计台账

7. 下列调查中属于直接调查搜集第一手资料的方法有（　　）。

  A. 观察法   B. 电话调查法   C. 实验法   D. 文献法

  E. 网上问卷调查

8. 要检查节日市场上肉制品质量，有关部门采用随机原则抽取波分肉制品进行调查，此项调查属于（　　）。

A. 全面调查　　B. 非全面调查　　C. 典型调查　　D. 抽样调查
E. 专门调查

9. 我国第六次人口普查的标准时间是 2010 年 11 月 1 日零时，下列情况应统计人口数的有（　　　　）。

A. 2010 年 11 月 2 日出生的婴儿　　B. 2010 年 10 月 31 日出生的婴儿
C. 2010 年 10 月 31 日晚死亡的人　　D. 2010 年 11 月 1 日 1 时死亡的人
E. 2010 年 10 月 31 日出生，11 月 1 日 5 点死亡的人

10. 网上调查与传统调查相比的优越性在于（　　　　）。

A. 费用低　　　　　　　　　　B. 无地域、时空限
C. 及时性　　　　　　　　　　D. 资料能反映所有用户的信息
E. 易获得更完整的统计资料

四、判断题

1. 调查单位同时又一定是填报单位。　　　　　　　　　　　　　（　　）
2. 我国经济普查今后每 10 年进行 2 次，它是一种经常性调查方法。（　　）
3. 调查时间就是调查工作所需要的时间。　　　　　　　　　　　（　　）
4. 要了解"十一"黄金周期间我国铁路旅客周转量，只需对全国几个大的铁路枢纽客运量进行调查，就可以掌握全国基本情况。这种调查属于非全面调查。
（　　）
5. 重点调查中的重点单位是根据进行调查时，当前工作的重点来确认的。
（　　）
6. 典型调查由于在选取典型单位时已对所研究对象进行了全面分析，故可以用典型调查的结果来精确地推断总体。　　　　　　　　　　　　　（　　）
7. 单一调查表就是在一张表上只登记一项调查内容的表格。　　　（　　）
8. 典型调查常用的有"解剖麻雀"和"划类选点"两种选典型单位的方法。
（　　）
9. 如果调查间隔时间相等，这种调查就是经常性调查。　　　　　（　　）
10. 传统统计调查方法都是直接调查第一手统计资料，网上调查可以搜集第二手统计资料。　　　　　　　　　　　　　　　　　　　　　　　　（　　）

五、应用技能训练

以你所在的班级为总体进行统计调查，总体单位是每一位同学，调查的有关标志是学生的身高、体重、性别和年龄，不出现姓名。

（1）请设计一个简单的统计调查方案。
（2）设计一个单一调查表，包括表头、表体和表脚。

项目 3 统计整理

学 习 目 标

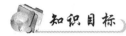

1. 正确理解统计整理的含义及其重要性；
2. 掌握数据分组的类型和方法、变量数列的含义和种类及编制方法；
3. 掌握统计表的构成和编制以及常用统计图的绘制等内容。

1. 能对相关统计数据按照某个标志进行分组、编制分配数列；
2. 能手工熟练地编制统计表及常用统计图的绘制；
3. 能熟练地使用 Excel 软件进行数据整理，编制统计表、绘制统计图。

重点难点

1. 统计分组的方法；
2. 变量数列的编制方法；
3. 统计表的编制规则。

在完成项目 2 的统计调查后，获取了很多原始调查资料，项目 3 就是在统计调查的基础上，对原始资料进行科学的加工整理，使之条理化、系统化，把反映总体单位的大量原始资料，转化为反映总体的基本统计指标。

第 1 讲 统计整理概述

3.1.1 统计整理的意义

根据统计研究任务的要求，对统计调查所搜集到的原始资料进行科学的加工整理，使之条理化、系统化，把反映总体单位的大量原始资料，转化为反映总体的基本统计指标，统计工作的这一过程，叫做统计资料的整理，也叫统计整理。

统计调查所取得的原始资料是反映总体各个单位的资料，这些属于有关标志的标志表现仅说明各个单位的具体情况，是不系统、分散的，还可能带有一定的片面性。统计所需要的是反映总体特征的统计指标，都是以数字表示的，因此需要进行统计整理。例如，我国进行人口普查，取得每个公民的性别、年龄、民族、文化程度、职业等具体资料，由于这些分散的原始资料无法表现我国人口的现状、特点，为了说明我国人口总体的综合特征，就必须对原始资料进行分类、汇总，形成系统化的资料，进而通过比较、分析和研究，来确立我国人口发展的策略及经济发展的重点。

统计资料的整理，属于统计工作的第三阶段。统计整理介于统计调查和统计分析之间，在统计工作中起到承上启下的作用，既是统计调查阶段的继续，又是统计分析的基础和前提，它实现从个别单位的标志值向说明总体数量特征的指标值过渡，是人们对社会经济现象从感性认识上升到理性认识的过渡阶段，是进一步进行统计分析的必要前提。可见，统计整理绝不是一个单纯的技术问题，而且是统计工作中一个极其重要的理论问题。

3.1.2 统计整理的内容和步骤

1. 统计整理的内容

（1）根据研究任务的要求，选择应整理的指标，并根据分析的需要确定具体的分组；

（2）对统计资料进行汇总、计算；

（3）通过统计表描述汇总的结果。在统计整理中，抓住最基本的、最能说明问题本质特征的统计分组和统计指标对统计资料进行加工整理，这是进行统计整理必须遵循的原则。

2. 统计整理的步骤由内容来决定，大体分为以下几个步骤

第一，设计整理方案。

整理方案与调查方案应紧密衔接。整理方案中的指标体系与调查项目要一致，或者是其中的一部分，绝不能矛盾、脱节或超越调查项目的范围。整理方案是否科学，对于统计整理乃至统计分析的质量都是至关重要的。

第二，对调查资料进行审核、订正。

在汇总前，要对调查得来的原始资料进行审核，审核它们是否准确、及时、完整，发现问题，加以纠正。统计资料的审核也包括对整理后次级资料的审核。

第三，进行科学的统计分组。

用一定的组织形式和方法，对原始资料进行科学的分组，是统计整理的前提和基础。

第四，统计汇总。

对分组后的资料，进行汇总和必要的计算，就使得反映总体单位特征的资料转化为反映总体数量特征的资料。

第五，编制统计表，绘制统计图。

统计表和统计图是统计资料整理的结果，也是表达统计资料的重要形式之一。根据研究的目的可编制各种统计表和绘制统计图。

第2讲 统计分组

3.2.1 统计分组的概念

统计分组是根据研究任务的要求和现象总体的内在特点，将统计总体按照一定的标志划分为性质不同而有联系的若干组成部分的一种统计方法。

从统计分组的性质来看，具有两方面的含义。对总体而言是"分"，即将总体分为性质相异的若干组成部分；而对于总体单位而言是"合"，即将性质相同的多个总体单位组合在一起。因此，统计分组实质上是对总体单位内部进行的一种定性分类，就分组资料而言，组内有共性，组间有差异。

统计整理中对原始资料的分组是按一定的标志进行的，这个分组标志就如同将数据资料进行划分的标准或依据。例如，工业企业是一个总体，根据研究目的不同，我们可以选择不同的标志进行分组，按经济类型，可以分为国有企业、集体企业、私营企业、外资企业、合资企业等；按照企业经营规模，可以分为小型企业、中型企业、大型企业、特大型企业等。

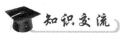

按照经济类型对企业进行分类是我国对企业进行法定分类的基本做法。根据宪法和有关法律规定，我国目前有国有经济、集体所有制经济、私营经济、联营经济、股份制经济、涉外经济（包括外商投资、中外合资及港、澳、台投资经济）等经济类型。相应我国企业立法的模式也是按经济类型来安排，从而形成了按经济类型来确定企业法定种类的特殊情况。

在实际统计工作时，可以按照经济类型对企业进行统计分组。

3.2.2 统计分组的作用

统计分组在统计研究中的重要作用，可从以下几个方面来说明。

1. 可以区分社会经济现象的类型

社会经济现象千差万别，要了解各种社会经济现象的特点及其相互关系，必须将社会经济现象根据某种标志区分为各个性质不同的组成部分，以认识社会经济现象的本质和规律性。例如，研究社会经济问题，按产业的性质不同划分为第一产业、第二产业和第三产业；按产品在社会再生产过程中的用途不同划分为生产资料生产部门和消费资料生产部门；按产品形态划分为物质资料生产部门和非物质生产部门；按所有制形式分为国有经济、集体经济、私营经济和其他经济等。

2. 可以研究总体内部结构

利用统计分组，可将社会经济现象分成若干个组成部分，计算出各组成部分的数值在总体中所占的比重，就可揭示总体的内部构成情况。在社会经济问题的分析与研究中，常用的结构有：产业结构、经济类型结构、产品结构、投资结构、消费结构、技术结构、人才结构、农业生产中的农林牧渔结构等。例如，某地区2008—2012年三次产业占GDP的比重情况，见表3-1。

表3-1 某地区2008—2012年三次产业占GDP的比重

单位：%

产业\年份	2008	2009	2010	2011	2012
第一产业	13.7	12.8	13.4	12.5	11.7
第二产业	44.8	46.0	46.2	47.5	48.9
其中：工业	39.4	40.5	40.8	42.0	43.3
建筑业	5.4	5.5	5.4	5.5	5.6
第三产业	41.5	41.2	40.4	40.0	39.4

3. 可以揭示现象之间的依存关系

社会经济现象之间都不是孤立的，而是相互联系、相互制约的。通过统计分组，可以揭示现象之间这种依存关系。例如，农作物的单位面积产量与施肥量的关系；产品的单位生产成本与产量的关系。下面通过分组来分析产品的单位成本和产量的关系，具体见表3-2。

表3-2　某市26家纺织企业的产量与单位成本情况表

月产量（万件）	企业数（家）	平均单位成本（元/件）
6	7	25.5
7	6	24.7
8	8	23.9
9	5	23.4

由表3-2中的分组资料可看出，产品与平均单位成本之间有明显的依存关系，产量越大，平均单位成本越低。

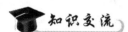

我国三大产业的划分范围

根据我国《国民经济行业分类》（GB/T4754-2002），一、二、三大产业划分范围如下：

第一产业是指农、林、牧、渔业；

第二产业是指采矿业，制造业，电力、燃气及水的生产和供应业，建筑业；

第三产业是指除第一、二产业以外的其他行业。第三产业包括：交通运输、仓储和邮政业，信息传输、计算机服务和软件业，批发和零售业，住宿和餐饮业，金融业，房地产业，租赁和商务服务业，科学研究、技术服务和地质勘察业，水利、环境和公共设施管理业，居民服务和其他服务业，教育，卫生、社会保障和社会福利业，文化、体育和娱乐业，公共管理和社会组织，国际组织。

3.2.3　统计分组的类型

按照分组标志的多少不同，统计总体可以采用简单分组，也可采用复合分组。

1. 简单分组

简单分组是对总体按一个标志进行分组。简单分组只反映现象在某一标志特征方面的差异情况。

对同一总体选择两个或两个以上的标志分别进行简单分组，就形成平行分组体系。

例如，为了了解某地区银行存款构成，可以分别选用存款性质、存款期限两个标志进行分组，得到以下平行分组体系：

$$\text{按存款性质分组}\begin{cases}\text{储蓄存款}\\\text{财政性存款}\\\text{企业存款}\end{cases}$$

$$\text{按存款期限分组}\begin{cases}\text{活期存款}\\\text{定期存款}\end{cases}$$

2. 复合分组

复合分组是指对总体用两个或两个以上的标志进行层叠分组。例如，为了了解某高校教师构成情况，可以按照性别、职称两个标志进行复合分组：

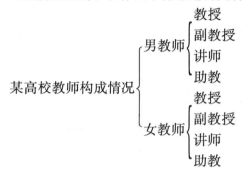

按照分组标志的性质不同，统计总体可以按品质标志分组，也可以按数量标志分组。

1. 品质分组

品质分组也叫字符型分组，是指选择反映事物属性差异的品质标志作为分组标志进行分组。例如，人口可以按照性别、民族、文化程度、职业等分组；企业可以按照经济类型、地区分组等。

2. 数量分组

数量分组也叫变量分组，是指选择反映事物数量差异的数量标志作为分组标志进行分组。例如，人口可以按照年龄分组；学生可以按照学习成绩分组；工人可以按照完成的产值分组等。

根据各组数值的表现不同，数量分组可以分为单项变量分组和组距分组。单项变量分组是各组以一个变量值来表示的分组，通常是在变量为离散型且变量取值不多的情况下使用。例如，储蓄所可以按照人数分组，划分为8人、9人、10人、11人等组；某班级学生按年龄分为18岁、19岁、20岁、21岁、22岁五个组。组距分组是各组采用变量值的一个变动范围来表示的分组，通常在变量取值较多的情况下使用，对离散型和连续型变量都适用。例如，某班级学生的成绩分为60以下，60～70，70～80，80～90，90～100五个组。组距分组又有等距分组和异距分组两种，各组的变量值变动范围都相等的称为等距分组，各组组距不尽相等的分组称为异距分组。

3.2.4 数量分组中常用的几个概念

1. 全距

全距也叫极差，是变量数列中所有变量变动的最大范围，常用 R 表示。

$$\text{全距}(R) = \text{最大变量值} - \text{最小变量值}$$

2. 组限

组限是各组变量值的变动界限，是组与组之间的分界点。各组变量的起点数值叫下限，终点数值叫上限。

重叠式组限是指相邻两组中，小组的上限和大组的下限是同一个数值。例如，上面的学生学习成绩按成绩分组。在实际统计分组时，一般连续型变量分组适宜采用重叠式组限，其优点是不会遗漏任何一个变量值。如果变量值恰好等于组限，则将该变量值归于下限所在组，即各组变量值"含下限不含上限"。

<u>特别说明：对于成本费用分组，如果变量值恰好等于组限，该变量值归于上限所在组更合理。</u>

衔接式组限是指相邻两组中，小组的上限和大组的下限是两个衔接的整数。在实际统计分组时，一般离散型变量适合采用衔接式组限，其优点是各变量值的归属清晰明确。

3. 闭口组和开口组

上限和下限都具备的组称为闭口组，例如（50，60）、（100，200）等。

只有上限或下限的组称为开口组，一般采用"……以上"、"……以下"来表示。

4. 组距

组距分组中，各组内变量值的变动范围称为组距，常用 d 表示。其计算方法如下：

$$采用重叠式组限的组距 = 上限 - 下限$$

例如，50～60，60～76 的组距分别为 10 和 16。

$$采用衔接式组限的组距 = 相邻大组的下限 - 本组的下限$$

例如，50～59，60～69 中前一组的组距为 60 - 50 = 10。

开口组的组距确定一般以相邻组的组距为准。

5. 组中值

各组变量值排序的中间值称为组中值，常常作为组内变量值的代表值。组中值的计算方法为：

$$组中值 = \frac{上限 + 下限}{2} = 下限 + \frac{组距}{2} = 上限 - \frac{组距}{2}$$

<u>注意：开口组以相邻组的组距作为该组的组距，确定其下限或上限，再计算组中值。</u>

第 3 讲 分配数列

3.3.1 分配数列的概念

在统计分组基础上，将总体单位按组归并排列，形成了总体单位在各组间的分布，称为分配数列，也称分布数列、次数分布。

分配数列是统计整理结果的一种重要表现形式，也是统计分析的一种重要方法。它表明总体单位分布的特征和结构状况，并在这一基础上进一步研究总体的特征。见表 3-3。

表 3-3　某高校财会二班学生的英语成绩分组表

按成绩分组（分）	频数（人）	频率（%）
60 以下	4	8
60～70	8	16
70～80	20	40
80～90	12	24
90 以上	6	12
合　计	50	100

分配数列由两个要素构成：①总体按某标志所分的组；②各组所占有的总体单位数，即次数或频数。

3.3.2　分配数列的种类

根据分组标志的不同，分配数列可以分为品质分配数列和变量分配数列。

1. 品质分配数列

按品质标志分组形成的分配数列称为品质分配数列。例如，表 3-1 所示的分配数列是品质分配数列。

2. 变量分配数列

按数量标志分组形成的分配数列称为变量分配数列。例如，表 3-2、表 3-4 所示的分配数列都是变量分配数列。

变量分配数列又有单项式数列和组距式数列之分，与变量分组分为单项式分组和组距式分组是一致的。

在变量数列中标志值构成的数列表示标志值的变动幅度，而频数构成的数列则表示相应标志值的作用程度。将各组单位数和总体单位数相比求得的频率表明各组标志值对总体的相对作用程度，也可以表明各组标志值出现的频率的大小。

讨论交流

（1）如果对你所在城市的家庭按每个家庭的成员数进行分组，应编制单项式还是组距式变量数列？为什么？

（2）如果对某地区所有工业企业按产值进行分组，应该编制什么样的变量数列？为什么？

3.3.3　分配数列的编制

编制分配数列的基本步骤如下所示。

第一步，将原始资料按其数值大小重新排列。

只有把得到的原始资料按其数值大小重新排列顺序，才能看出变量分布的集中趋势和特点，为确定全距、组距和组数做准备。

第二步，确定全距。

确定全距，主要是确定变量值的变动范围和变动幅度。如果是变动幅度不大的离散变量，即可编制单项式变量数列，如果是变量幅度较大的离散变量或者是连续变量，就要编制组距式变量数列。

第三步，确定组距和组数。

前面已经介绍过组距数列有等距和不等距之分，应视研究对象的特点和研究目的而定。

组距的大小和组数的多少，是互为条件和互相制约的。当全距一定时，组距大，组数就少；组距小，组数就多。在实际应用中，组距应是整数，最好是 5 或 10 的整倍数。在确定组距时，必须考虑原始资料的分布状况和集中程度，注意组距的同质性，尤其是对带有根本性的质量界限，绝不能混淆，否则就失去分组的意义。

在等距分组条件下，存在以下关系：组数 = 全距/组距。

第四步，确定组限。

组限要根据变量的性质来确定。如果变量值相对集中，无特大或特殊小的极端数值时，则采用闭口式，使最小组和最大组也都有下限和上限；反之，如果变量值相对比较分散，则采用开口式，使最小组只有上限（用"××以下"表示），最大组只有下限（用"××以上"表示）。

在采用闭口式时，应做到最小组的下限低于最小变量值，最大组的上限高于最大变量值，但不要过于悬殊。

第五步，编制变量分配数列。

经过统计分组，明确了全距、组距、组数和组限以后，就可以把变量值归类排列，最后把各组单位数经综合后填入相应的各组次数栏中，分配数列的编制也就完成了。

【实用范例 3.1】 某零售企业集团 30 家连锁店的营业额（百万元）如下，试编制分配数列。

82	102	125	98	108	112	109	108	87	125
99	107	115	104	129	103	116	116	105	113
114	85	119	102	106	117	93	111	107	123

第一步，按各连锁店营业额排序。

82	85	87	93	98	99	102	102	103	104
105	106	107	107	108	108	109	111	112	113
114	115	116	116	117	119	123	125	125	129

第二步，确定全距。

各店营业额最大值为 129，最小值为 82，全距 = 129 − 82 = 47。

第三步，确定组距和组数。

本例把 30 家连锁店按营业额情况分为 5 组，组距为 10。本例变量值变动比较均匀，可以采用等距分组。

第四步，确定组限。

根据各店营业额分布情况、组距和组数，做如下分组：80～90，90～100，

100～110，110～120，120～130。

第五步，编制分配数列。

将总体各单位分配到各组，计算各种次数和频率，完成分配数列的编制，见表3-4。

表3-4　某零售企业集团30家连锁店营业额分析表

按营业额分组（百万元）	频数（家）	频率（%）	累计频数		累计频率	
			向上累计	向下累计	向上累计	向下累计
80～90	3	10.0	3	30	10.0	100.0
90～100	3	10.0	6	27	20.0	90.0
100～110	11	36.7	17	24	56.7	80.0
110～120	9	30.0	26	13	86.7	43.3
120～130	4	13.3	30	4	100.0	13.3
合　　计	30	100.0	—	—	—	—

表3-4基本上反映了该集团连锁店营业额情况。为了统计分析的需要，有时还需要观察某一数值以下或某一数值以上的频数或频率之和，这就需要计算累计频数和累计频率。按累计的方向不同分为向上累计和向下累计。具体计算见表3-4。

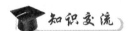

向上累计，又称较小制累计，是以变量值最小组的次数或频率为起点，向变量值高的组依次累计次数或频率；

向下累计，又称较大制累计，是以变量值最大组的次数或频率为起点，向变量值小的组依次累计次数或频率。

第4讲　统计表和统计图

经过整理得到的能够表明研究对象总体特征的资料需要运用一定的形式将其展示出来，以利于保存和使用，统计表和统计图就是两种最常用的表现形式。

3.4.1　统计表

1. 统计表的概念

统计表是指用纵横交叉的线条所绘制的用以表现统计资料的表格。它是表现统计资料的一种最主要的形式。

统计表分为广义的统计表和狭义的统计表。广义的统计表包括统计工作各阶段所使用的表格，包括调查表、整理表和分析表。狭义的统计表是专门用以表现经过整理的系统化的统计资料的表格。狭义的统计表是我们统计理论所研究的统计表。

2. 统计表的构成

（1）统计表从形式上看由总标题、横行标题、纵栏标题、指标值四个组成部分构成。

总标题是统计表的名称，用以概括说明统计表中的全部内容，多数情况要包括总体的时间和空间限制，一般写在表的上端中部。

横行标题说明横行内容的名称，通常用来表示各组的名称。

纵栏标题说明纵栏内容的名称，通常用来表示指标的名称。

指标数值列在各横行与纵栏的交叉处，即统计表中的数字资料。

此外，必要时应在统计表的下方增列补充资料、注解、附记、资料来源、指标的计算方法、填表说明、填表人员、填表时间等。

（2）统计表从内容上看包括主词和宾词两部分。

主词是统计表所要说明的总体单位的名称或各组的名称；宾词是用来说明主词的统计指标，包括指标名称和指标数值，如图3-1所示。

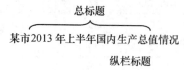

图3-1　统计表的构成

3. 统计表的种类

按照统计表的主词是否分组及分组的程度，分为简单表、分组表和复合表。

（1）简单表

简单表是指主词未经任何分组的统计表，主词仅罗列总体各单位的名称或各个时期。示例见表3-5。

表3-5　我国六次人口普查资料

调查时点	1953年6月30日24时	1964年6月30日24时	1982年7月1日0时	1990年7月1日0时	2000年11月1日0时	2010年11月1日0时
全国总人口（万人）	60 194	72 307	103 188	116 002	129 533	137 053

（2）分组表

分组表是指主词只按某一个标志进行分组的统计表。示例见表3-6。

表3-6　某市2013年上半国内生产总值

按产业分组	增加值（百万元）	比重（%）
第一产业	14 628	16.3
第二产业	44 935	50.3
第三产业	29 879	33.4
合　　计	89 442	100

（3）复合表

复合表是指主词按两个或两个以上的标志进行层叠分组的统计表。示例见表3-7。

表3-7 某高校教师按性别、职称复合分组表

组 别	人数（人）	比重（%）
女 性	92	42.2
教 授	4	1.8
副教授	18	8.3
讲 师	40	18.3
助 教	30	13.8
男 性	126	57.8
教 授	3	1.4
副教授	22	10.1
讲 师	56	25.7
助 教	45	20.6
合 计	218	100.0

4. 统计表的编制规则

为了使统计表能够简明扼要、准确地说明问题，在编制时应遵守以下规则。

（1）统计表的各种标题，特别是总标题应简明、确切地概括反映表中的基本内容，以及资料所属的时间和空间。

（2）如果统计表的栏数较多，应加以编号，并可以标明其相互关系。

主词栏和计量单位栏一般用（甲）、（乙）、（丙）、（丁）等文字编号。

宾词各栏则用（1）、（2）、（3）……等数字编号，各栏之间如果有计算关系，可以用等式表示，如（4）=（2）+（3）。

（3）统计表中的数字应对齐位数，当有相同数值时应填写该数，不能用"同上"、"同左"、"同右"等字样代替。若没有数字或不应该有数字，则要用短线"—"表示。当缺乏某项资料时，可用简略号"……"标明，表示不是漏填。

（4）统计表中必须注明数字资料的计量单位或设计量单位栏，如果表中资料都属同一计量单位，可以将计量单位写在表的右上方。

（5）统计表一般采取开口式，即左右两边不封口。表的上下端横线用粗线表示。

（6）统计表的资料来源以及其他需要附加的说明可以写在表的下端，以便核查。

3.4.2 统计图

统计图是用几何图形来显示统计资料的一种直观、形象、鲜明的形式，常用的统计图有条形图、折线图、饼状图和曲线图。

1. 条形图

条形图是用宽度相同、高度或长短不同的条形来比较数据资料的一种统计图，可以是条、圆柱、方体或锥体等，一般用来表现品质分配数列或离散型变量的分布

情况。如图3-2所示。

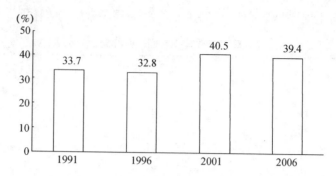

图3-2　我国第三产业产值在不同年度占GDP比重统计分析图

2. 折线图

折线图是在用直线段将各数据点连接起来而组成的图形，以折线方式显示数据的变化趋势。折线图可以显示随时间（根据常用比例设置）而变化的连续数据，因此非常适用于显示在相等时间间隔下数据的趋势。在折线图中，类别数据沿水平轴均匀分布，所有值数据沿垂直轴均匀分布。

在折线图中，数据是递增还是递减、增减的速率、增减的规律（周期性、螺旋性等）、峰值等特征都可以清晰地反映出来。所以，折线图常用来分析数据随时间的变化趋势，也可用来分析多组数据随时间变化的相互作用和相互影响。例如，可用来分析某类商品或是某几类相关的商品随时间变化的销售情况，从而进一步预测未来的销售情况。在折线图中，一般水平轴（X轴）用来表示时间的推移，并且间隔相同；而垂直轴（Y轴）代表不同时刻的数据的大小。

在股票市场上，折线图是最简单的图形，是逐日将股票（或指数）的收市价用线连接起来，用来表示股市大致上的趋势。折线图有收市价的折线图和需求指数（最高指数、最低指数与两倍收市指数的和除以4）的折线图。

例如，图3-3是某企业集团1995—2006年长期借款折线图。

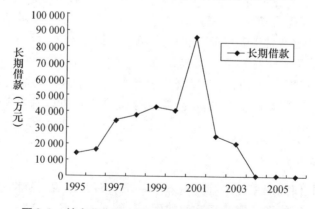

图3-3　某企业集团1995—2006年度长期借款折线图

3. 饼状图

饼状图也叫圆形图，以圆的分割来表示总体的分组及结构情况。如图3-4所示。

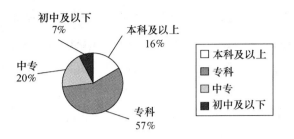

图 3-4　某企业员工学历分布情况结构图

4. 曲线图

当变量非常多,组数也无限增多时,折线可以近似地表现为一条平滑的曲线。曲线图是利用曲线的升降起伏来反映现象的数量变动情况的图形,常见的曲线有正态分布曲线、偏态分布曲线、J形分布曲线、U形分布曲线。如图3-5所示。

在实际中,大量社会经济现象和自然现象总体的次数分布趋向于正态分布,例如,农作物的单位面积产量、人的身高、零件的公差等都服从正态分布。人口死亡现象按照年龄分布则是形成"两头大、中间小"的U形分布。经济学上的供给曲线——产品的供给量随着价格的提高,供给量也提高,呈现J形分布;需求曲线——产品的需求量随着价格的提高,需求量会降低,呈现倒J形分布。

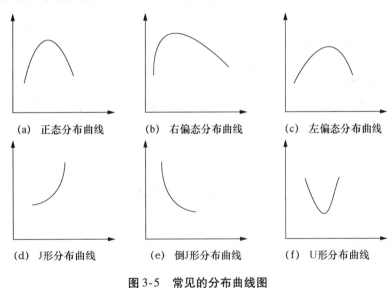

图 3-5　常见的分布曲线图

第5讲　统计实践

实践训练一:统计资料的整理

为了确定某型号灯管的使用寿命(单位:小时),在一批灯管中随机抽取100只进行测试,所得结果为:

700	716	728	719	685	709	691	684	705	718
706	715	712	722	691	708	690	692	707	701
708	729	694	681	695	685	706	661	735	665
668	710	693	697	674	658	698	666	696	698
706	692	691	747	699	682	698	700	710	722
694	690	736	689	696	651	673	749	708	727
688	689	683	685	702	741	698	713	676	702
701	671	718	707	683	717	733	712	683	692
693	697	664	681	721	720	677	679	695	691
713	699	725	726	704	729	703	696	717	688

根据上述资料，完成下列任务：

（1）整理成组距数列（以组距为 10 进行等距分组），编制分布数列；
（2）绘制条形图和次数分配曲线。

实践训练二：完成项目二调查问卷的整理

在完成项目 2 实践训练三的任务基础上，以小组为单位完成对调查资料的统计整理。
任务实施的具体要求：
（1）以小组为单位进行，组长负责安排任务的计划制订及工作安排；
（2）根据不同的指标，按照统计整理的内容和步骤进行统计整理；
（3）根据不同的标志分组，编制不同的分配数列；
（4）最终结果通过 Excel 工具编制统计表、绘制统计图；
（5）时间安排：两周内上交电子版统计整理结果。

思考与应用技能训练

一、填空题

1. 按每个变量值分别列组，所编制的变量分布数列叫_____，其组数等于_____。
2. 根据分组标志的不同，统计分组可以有_____分组和_____分组。
3. 在组距式数列中，表示各组界限的变量值叫_____。各组中点位置上的变量值叫_____。
4. 已知一个数列最后一组的下限为 900，其相邻的组中值为 850，则最后一组的上限和组中值分别为_____和_____。
5. 从形式上看，统计表主要由_____、_____、_____和_____四部分组成；从内容上看，统计表由_____和_____两部分组成。
6. 统计数据整理就是对搜集得到的_____进行审核、分组、汇总，使之条理化、系统化，变成能反映总体特征的_____的工作过程。

二、单项选择题

1. 统计分组的关键问题是（　　）。
   A. 确定分组标志和划分各组界限　　B. 确定组距和组数
   C. 确定组距和组中值　　　　　　　D. 确定全距和组距
2. 要准确地反映异距数列的实际分布情况，必须采用（　　）。
   A. 次数　　　　B. 累计频率　　　C. 频率　　　　D. 次数密度
3. 统计表的主词是统计表所要说明的对象，一般排在统计表的（　　）。
   A. 左方　　　　B. 上端中部　　　C. 右方　　　　D. 下方
4. 某连续变量数列，其末组为开口组，下限为200，又知其邻组的组中值为170，则末组组中值为（　　）。
   A. 260　　　　　B. 215　　　　　C. 230　　　　　D. 185
5. 下列分组中按品质标志分组的是（　　）。
   A. 人口按年龄分组　　　　　　　B. 产品按质量优劣分组
   C. 企业按固定资产原值分组　　　D. 乡镇按工业产值分组
6. 对企业先按经济类型分组，再按企业规模分组，这样的分组，属于（　　）。
   A. 简单分组　　B. 平行分组　　　C. 复合分组　　D. 再分组
7. 用组中值代表各组内的一般水平的假定条件是（　　）。
   A. 各组的次数均相等　　　　　　B. 各组的组距均相等
   C. 各组的变量值均相等　　　　　D. 各组次数在本组内呈均匀分布
8. 对统计总体按两个及以上标志分组后形成的统计表叫（　　）。
   A. 简单表　　　B. 简单分组表　　C. 复合分组表　D. 汇总表
9. 对某地区的全部商业企业按实现的销售额多少进行分组，这种分组属于（　　）。
   A. 变量分组　　B. 属性分组　　　C. 分组体系　　D. 复合分组
10. 在频数分布中，频率是指（　　）。
    A. 各组频数之比　　　　　　　　B. 各组频率之比
    C. 各组频数与总频数之比　　　　D. 各组频数与各组次数之比
11. 频数分布用来表明（　　）。
    A. 总体单位在各组的分布状况　　B. 各组变量值的构成情况
    C. 各组标志值的分布情况　　　　D. 各组变量值的变动程度
12. 在分组时，若有某单位的变量值正好等于相邻组的下限时，一般应将其归在（　　）。
    A. 上限所在组　B. 下限所在组　　C. 任意一组均可　D. 另设新组
13. 在编制组距数列时，当全距不变的情况下，组距与组数的关系是（　　）。
    A. 正例关系　　B. 反比例关系　　C. 乘积关系　　D. 毫无关系
14. 统计表的宾词是用来说明总体特征的（　　）。
    A. 标志　　　　B. 总体单位　　　C. 统计指标　　D. 统计对象
15. 用组中值与次数求坐标点连接而成的统计图是（　　）。
    A. 直方图　　　B. 条形图　　　　C. 曲线图　　　D. 折线图

三、多项选择题

1. 统计分组的作用在于（　　）。
   A. 区分现象的类型　　　　　B. 反映现象总体的内部结构变化
   C. 比较现象间的一般水平　　D. 分析现象的变化关系
   E. 研究现象之间数量的依存关系

2. 指出下列分组哪些是属性分组。（　　）
   A. 人口按性别分组　　　　　B. 企业按产值多少分组
   C. 家庭按收入水平分组　　　D. 在业人口按文化程度分组
   E. 宾馆按星级分组

3. 从形式上看，统计表由哪些部分构成。（　　）
   A. 总标题　　B. 主词　　C. 纵栏标题　　D. 横行标题
   E. 宾词

4. 统计数据整理的内容一般有（　　）。
   A. 对原始数据进行预处理　　B. 对统计数据进行分组
   C. 对统计数据进行汇总　　　D. 对统计数据进行分析
   E. 编制统计表、绘制统计图

5. 国民经济中常用的统计分组有（　　）。
   A. 经济成分分组　　　　　　B. 登记注册类型分组
   C. 国民经济行业分类　　　　D. 三次产业分类
   E. 机构部门分类

6. 某单位100名职工按工资额分为300以下、300～400、400～600、600～800、800以上五个组。这一分组（　　）。
   A. 是等距分组　　　　　　　B. 分组标志是连续型变量
   C. 末组组中值为800　　　　D. 相邻的组限是重叠的
   E. 某职工工资600元，应计在"600～800"元组内

7. 变量数列中频率应满足的条件是（　　）。
   A. 各组频率大于1　　　　　B. 各组频率大于0
   C. 各组频率之和等于1　　　D. 各组频率之和小于1
   E. 各组频率之和大于0

四、判断题

1. 统计数据整理就是对原始资料的整理。　　　　　　　　　　　　（　）
2. 能够对统计总体进行分组，是由总体单位所具有的差异性特点决定的。（　）
3. 统计分组的关键是正确选择分组标志和划分各组的界限。　　　　（　）
4. 简单分组涉及总体的某一个标志，复合分组则涉及总体两个以上标志，因此，将两个简单分组排列起来，就是复合分组。　　　　　　　　　　　（　）
5. 单项式频数分布的组数等于变量所包含的变量值的种数。　　　　（　）
6. 年代都是以数字表示的，所以按年代排列各种指标属于按数量标志分组。
　　　　　　　　　　　　　　　　　　　　　　　　　　　　　　（　）

7. 异距数列是各组组距不都相等的组距数列。（　　）
8. 统计表的主词是说明总体的各种指标。（　　）
9. 统计分组的关键是确定组距和组数。（　　）
10. 离散型变量只适合于单项式分组。（　　）
11. 凡是将总体按某个标志值分组所形成的数列，都叫变量数列。（　　）
12. 按数量标志分组的目的，就是要区分各组在数量上的差别。（　　）
13. 连续性变量只能编制组距式变量数列；离散型变量既可以编制单项式变量数列，也可以编制组距式变量数列。（　　）
14. U形分布的特征是"两头大，中间小。"（　　）
15. 变量数列中的开口组不能确定组中值。（　　）
16. 累计次数的特点：同一数值的向上累计和向下累计次数之和等于1。（　　）
17. 统计分组后，掩盖了各组内部各单位的差异，而突出了各组之间单位的差异。（　　）
18. 连续型变量和离散型变量在进行组距式分组时，均可采用相邻组组距重叠的方法确定组限。（　　）

五、简答题

1. 什么是统计数据整理？简述统计数据整理的原则和步骤。
2. 统计数据分组的原则和方法是什么？
3. 统计分组的关键是什么？怎样正确选择分组标志？
4. 简要说明单项数列、组距数列的适用范围。
5. 编制组距数列时怎样确定组数和组距？

六、应用技能训练

1. 某学院二年级会计1班学生的统计学考试成绩如下：

89	88	76	99	74	60	82	60	93	96	94	82	77
79	97	78	87	84	79	65	98	67	59	72	56	81
77	73	65	66	83	63	89	86	95	92	84	85	79
70	78	79	89	81	66	84	78	46	76	83	56	80

根据学校规定：60分以下为不及格，60～70分为及格，70～80分为中，80～90分为良，90分以上为优。试把该班学生分为不及格、及格、中、良、优五组，编制分配数列。

2. 某超市2013年5月份职工工资分布见表3-8：

表3-8　某超市2013年5月份职工工资情况

按工资分组（元）	频数（人）	频率（%）	向上累计		向下累计	
			人数（人）	比率（%）	人数（人）	比率（%）
1700以下	3					

续表

按工资分组（元）	频数（人）	频率（%）	向上累计		向下累计	
			人数（人）	比率（%）	人数（人）	比率（%）
1 700～1 800	23					
1 800～2 100	152					
2 100～2 500	45					
2 500～3 000	18					
3 000 以上	8					
合　　计						

要求：根据表 3-9 的资料，在空格内填上相应的数字或符号，并说明各指标的意义。

3. 某地区 20 家食品加工企业 2013 年上半年的增加值资料如下（单位：万元）。

企业编号	工业增加值	企业编号	工业增加值
A	46	F	50
B	68	G	89
C	118	H	27
D	33	I	127
E	79	J	99
K	24	P	60
L	78	Q	72
M	92	R	58
N	57	S	66
O	40	T	74

要求：对统计资料进行汇总整理，编制组距数列。

4. 已知 2013 年上半年某地区 45 家企业的产值计划完成情况（%）如下：

95　96　97　88　120　102　103　113　99　103　105　107　135
114　116　107　108　115　133　129　100　101　107　131　122　106
111　125　106　103　121　107　97　104　130　122　117　115　118
121　114　108　123　101　108

要求：根据上述资料编制分配数列，并绘制产值完成情况统计图。

模块三 分析技能

本模块的主要任务是学习和掌握统计分析技能的有关理论、方法和技能，包括项目4综合指标、项目5动态数列、项目6抽样推断、项目7相关与回归分析、项目8统计指数。

统计分析作为统计工作的最后一个环节，是对统计整理后的各种统计资料进行深入细致地分析，以揭示现象的特征、本质和规律。统计分析的方法有很多，其中综合指标分析法是最基本的分析方法，包括事物的总量分析、相对分析、集中趋势分析、离散趋势分析等。在此基础上进一步的分析有动态数列分析、抽样推断、相关和回归分析、指数分析等分析方法。

统计分析方法之间是相互联系的，总量指标分析是相对指标分析的重要基础，集中趋势分析是动态数列分析和指数分析的重要基础，总体分布的集中趋势分析和离散趋势分析是抽样推断的重要基础。

通过该模块的学习，学生应掌握的方法和实践技能如下：
1. 能熟练使用综合指标分析法分析社会经济现象；
2. 能熟练使用动态数列分析法分析社会经济现象；
3. 能熟练使用抽样推断分析法分析社会经济现象；
4. 能熟练使用相关与回归分析法分析社会经济现象；
5. 能熟练使用统计指数分析法分析社会经济现象；
6. 熟练使用 Excel 统计工具进行统计实践。

项目4 综合指标

学 习 目 标

 知识目标

1. 了解总量指标、相对指标、平均指标、标志变异指标的含义和种类;
2. 理解总量指标、相对指标的作用;
3. 理解平均指标和标志变异指标的相互关系;
4. 掌握各种相对指标、平均指标和变异指标的计算方法。

 能力目标

1. 正确区分时期指标和时点指标;
2. 能够正确计算各种相对指标、平均指标和标志变异指标;
3. 学会正确运用各类综合指标分析社会经济问题;
4. 能熟练使用手工和 Excel 等进行综合指标的计算。

重点难点

1. 时期指标和时点指标的区别;
2. 各种相对指标的计算方法;
3. 算术平均数和调和平均数的计算;
4. 标准差的计算及运用。

统计分析的方法有很多种,综合指标分析是最基本的一种分析方法,是其他分析方法的基础。统计研究的特点在于它是以其特有的一系列指标,例如,人口数、工业产值、农业产值、劳动生产率、商品销售额、平均收入、人均钢铁产量、平均价格等,反映和说明社会经济现象及其规律性。上述指标均可称为综合指标。由于社会现象的现状和发展过程是错综复杂的,因此必须要用各种各样的综合指标,才能进行具体分析。尽管具体的综合指标是千差万别,各不相同,但它们的表现形式,不外乎是总量指标、相对指标、平均指标和标志变异指标这几种形式。

本项目的主要任务就是让大家能够对各种社会经济现象进行综合指标分析。

第1讲 总量指标

4.1.1 总量指标的含义和作用

1. 总量指标的含义

总量指标是反映某种社会经济现象在一定时间、空间和条件下的总规模、总水平或工作总量的综合指标，是最基本的统计指标。例如，我国2012全年固定资产投资（不含农户）364 835亿元。2012年年末，中国大陆总人口（包括31个省、自治区、直辖市和中国人民解放军现役军人，不包括香港、澳门特别行政区和台湾省以及海外华侨人数）135 404万人，比上年年末增加669万人；出生人口1 635万人，死亡人口966万人；从性别结构看，男性人口69 395万人，女性人口66 009万人。这些都是说明2012年我国在固定资产投资、人口等方面的总规模或总水平的总量指标。

由于总量指标的表现形式为绝对数，因此，总量指标又叫统计绝对数。

2. 总量指标在社会经济统计中的作用

（1）总量指标是认识社会经济现象的起点

人们要想了解一个国家或一个地区的国民经济和社会发展状况，首先就要准确地掌握客观现象在一定时间、地点条件下的发展规模或水平，然后才能更深入地认识社会。例如，为了科学地指导国民经济和社会的协调发展，就必须通过总量指标正确地反映社会主义再生产的基本条件和国民经济各部门的工作成果，即反映我国土地面积、人口和劳动资源、自然资源、国民财富、钢产量、工业总产值、粮食产量、农业总产值、国民收入额以及教育文化等方面的发展状况。

（2）总量指标是实行社会经济管理的依据之一

一个国家或地区为更有效地指导经济建设，保持国民经济协调发展，就必须了解和分析各部门之间的经济关系。它虽然可以用相对数、平均数来反映，但归根结底还是需要掌握各部门在各个不同时间的总量指标。

（3）总量指标是计算相对指标和平均指标的基础

总量指标是统计整理汇总后，首先得到的能说明具体社会经济总量的综合性数字，是最基本的统计指标。相对指标和平均指标一般都是由两个有联系的总量指标相对比而计算出来的，它们是总量指标的派生指标。总量指标计算是否科学、合理、准确，将会直接影响相对指标和平均指标的准确性。

4.1.2 总量指标的种类

1. 按总量指标所反映的内容不同，分为总体单位总量和总体标志总量

总体单位总量是反映总体或总体各组单位的总量指标。它是总体内所有单位的合计数，主要用来说明总体本身规模的大小。

总体标志总量是反映总体或总体各组标志值总和的总量指标。它是总体各单位某一标志值的总和，主要用来说明总体各单位某一标志值总量的大小。例如，调查了解全国工业企业的生产经营状况，全国工业企业数就是总体单位总量，全国工业企业的总产值、职工人数、工资总额、工业增加值等，都是总体标志总量。

2. 按总量指标所反映的时间状况不同，分为时期指标和时点指标

时期指标是反映现象在一定时期内发展过程的总量指标。例如，国民生产总值、商品销售额、产品产量、产品产值等。时点指标是反映现象在某一时点（或瞬间）上所处状况的总量指标。例如，某地区人口数、季末设备台数、月末商品库存数、企业职工人数等。为了正确区分时期指标与时点指标，还须弄清它们各

自的特点。

（1）时期指标无重复计算，可以累加，说明较长时期内社会现象发生的总量。如年产值是月产值的累计数，表示年内各月产值的总和；而时点指标有重复计算，除在空间上或计算过程中可相加外，一般相加无实际意义。例如，企业每个月末职工人数之和不等于年末职工人数。

（2）时期指标数值的大小与时期长短有直接关系。在一般情况下，时期越长数值越大。如年产值必定大于年内某月产值，但有些现象如利润等若出现负数，则可能出现时期越长数值越小的情况；时点指标数值与时点间隔长短没有直接关系。例如，企业年初产品库存量并不一定比年末库存量少。

（3）时期指标的数值一般通过连续登记取得；时点指标的数值则通过间断登记取得。时期指标与时点指标最根本的区别，还在于各自反映的现象在时间规定性上的不同。

3. 按总量指标所采用计量单位不同，分为实物指标、价值指标和劳动指标

（1）实物指标

实物指标是用实物单位计量的总量指标。实物单位是根据事物的属性和特点而采用的计量单位，主要有自然单位、度量衡单位、标准实物单位、复合单位、多重单位等。

自然单位是按照被研究现象的自然状况来度量其数量的一种计量单位。例如，企业以"个"为单位，汽车以"辆"为单位，鞋子以"双"为单位等。

度量衡单位是按照统一的度量衡制度的规定来度量其数量的一种计量单位。例如，粮食产量以"公斤、千克或吨"为单位，棉布以"尺"或"米"为单位，运输里程以"千米或公里"为单位，木材以"立方"为单位。

标准实物单位是按照统一折算标准来度量被研究现象数量的一种计量单位。例如，将各种不同含量的化肥，用折纯法折合成含量100%来计算其总量。

复合单位是将两种计量单位结合在一起以乘积表示事物的数量。例如，货物周转量就是用"吨千米"来表示，发电量用"千万时"来表示。

多重单位是指用两种或两种以上的计量单位来表示事物的数量。例如，电动机以"千瓦/台"为单位计量。

（2）价值指标

价值指标又称货币指标，是用货币单位计量的总量指标。常用的有"元"、"百元"、"千元"、"万元"、"亿元"等。例如，产品销售额、国内生产总值、产品成本、国民收入等，都是以"元"、"万元"或"亿元"来计量的。

价值指标具有广泛的综合性和概括性。它能将不能直接相加的产品数量过渡到能够加，用以综合说明具有不同使用价值的产品总量或商品销售量等的总规模或总水平。但价值指标也有其局限性，综合的价值量容易掩盖具体的物质内容，比较抽象。因此，在实际工作中，应注意把价值指标与实物指标结合起来使用，以便全面认识客观事物。

（3）劳动量指标

劳动量指标是用劳动量单位计量的总量指标。劳动量单位是用劳动时间表示的计量单位，例如，企业考核职工出勤情况，每天要登记出勤人数，把一个月的出勤

人数汇总就不能用"人"来计量而应用"工日"来计算。又如,某服装厂实行计件工资制,假设规定1小时生产2件成品衣,则每一件就是一个定额工分,某工人一天生产20件,即生产的产品为20定额工分。由于各企业的定额水平不同,劳动量指标不适宜在各企业间进行汇总,一般只限于企业内部使用。

4.1.3 总量指标的计算方法

1. 直接计算法

直接计算法是对研究对象用直接的计数、点数和测量等方法,登记各单位的具体数值加以汇总,得到总量指标。例如,普查或统计报表中的总量资料,基本上都是用直接计算法计算出来的。

2. 间接推算法

间接推算法是采用社会经济现象之间的平衡关系、因果关系、比例关系或利用非全面调查资料进行推算总量的方法。例如,利用平衡关系推算某种商品的库存量,利用样本资料推断某批次产品的合格率等。

4.1.4 计算和应用总量指标应注意的问题

1. 明确规定每项指标的含义和范围

正确统计总量指标的首要问题就是要明确规定每项总量指标的含义和范围。例如,要计算我国第二产业的产值、工业增加值等总量指标,首先应清楚第二产业的范围和产值、增加值等指标的含义、性质,才能据以确定统计范围、统计方法。要解决好这个问题,必须正确理解被研究现象的性质、含义,同时要熟悉党的方针政策和统计制度的有关规定,才能统一计算口径,正确计算出它们的总量。

2. 注意现象的同质性

在计算实物指标的总量时,只有同质现象才能计算。同质性是由事物的性质或用途决定的。例如,我们可以把各种农牧产品如肉类、蔬菜、水果、粮食等看做一类产品来计算它们的总量,但不能把农牧产品与水泥混合起来计算。

3. 正确确定每项指标的计量单位

具体核算总量指标时,究竟采用哪一种计量单位,要根据被研究现象的性质、特点以及统计研究的目的而定,同时要注意与国家统一规定的计量单位一致,以便于汇总并保证统计资料的准确性。

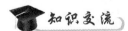

最常用的国民经济总量指标

1. 流量指标

(1) 产品生产指标

总产出、中间消耗、增加值、国内总产出、国内生产总值、国内生产净值

(2) 收入分配指标

国民总收入、国民净收入、可支配总收入、可支配净收入、国民收入

(3) 收入使用指标

总消费、总储蓄、净储蓄

(4) 投资积累指标

固定资产形成、资本形成、金融资产获得、金融负债发生、其他非金融投资

(5) 对外经济指标

国际收支总额、国际收支构成、各种国际收、支差额

2. 存量指标

(1) 资产指标

固定资产、存货、其他生产资产、土地和地下资产、其他非生产资产、各种金融资产

(2) 负债指标

各种金融负债

(3) 财富指标

资产净值、国民财富

(4) 人口和劳动力指标

人口数、劳动适龄人口数、劳动力资源、就业劳动力、失业劳动力

第2讲 相对指标

4.2.1 相对指标的含义和作用

1. 相对指标的含义

相对指标又称相对数，是社会经济现象中两个相互有联系的指标数值之比所得比率或比值，用以反映现象的发展程度、结构、强度或比例关系。例如，人口的性别比例、人口密度、企业经营计划完成程度、平均粮食产量等都是相对指标。相对指标的计算公式为：

$$相对指标 = \frac{比数}{基数}$$

相对指标的表现形式有两种：一种是无名数，通常用系数或倍数、成数、百分数和千分数表示；另一种是有名数，通常采用复合单位计量。例如，人口密度的计量单位为"人/平方公里"等。

2. 相对指标在统计研究中的作用

（1）相对指标比绝对数指标更清晰地反映了事物之间的发展变化程度、构成、强度等，充分说明事物的本质。例如，"某地区农业产值2002年为192.26亿元，2012年为738.2亿元"，2012年为2002年的383.96%（738.2÷192.26＝383.96%），即2012年比2002年增长了283.96%。这就说明了2002年以来10年改革中农业生产发展的快慢及效益。

(2)相对指标可以使不能直接对比的总量指标找到可以对比的途径,进行更为有效的分析。例如,不同类型的两个商店,一个是百货店,一个是杂品店,销售不同的商品,其销售额不能直接对比,但计算出销售额的计划完成程度相对指标,就可以进行对比,做出恰当的评价。

4.2.2 相对指标的计算

根据统计研究的目的与对比的基数不同,相对指标可以划分为结构相对指标、比例相对指标、比较相对指标、计划完成程度指标、强度相对指标和动态相对指标六种。

1. 结构相对指标

结构相对指标是在总体分组的基础上,将总体划分为若干组成部分,以各部分的数值与总体指标数值对比而计算的比重或比率。通过计算各组总量所占总体总量的比重,以反映总体内部结构。其计算公式为:

$$结构相对指标 = \frac{总体某一部分的数值}{总体全部数值}$$

结构相对指标通常用百分数表示。总体全部数值,可以是总体单位总量,也可以是总体的标志总量。由于结构相对指标是以同一总体总量作为基数,因此,各部分的结构相对指标之和等于100%。如表4-1所示。

表4-1 某地区2008—2012年各产业占GDP的比重

单位:%

年份 产业	2008	2009	2010	2011	2012
第一产业	13.7	12.8	13.4	12.5	11.7
第二产业	44.8	46.0	46.2	47.5	48.9
第三产业	41.5	41.2	40.4	40.0	39.4
合　计	100	100	100	100	100

上表说明了各产业占该地区GDP的比重情况,其中该地区第二产业产值占GDP的比重最大,同时反映出该地区第二产业占GDP的比重呈现逐年提高的趋势。

将不同时期的结构相对指标进行对比分析,可以反映社会现象的结构变化,进而说明其发展趋势和过程。

2. 比例相对指标

比例相对指标是由总体内部不同组成部分数值之间对比求得的相对数,它反映的是总体各组成部分之间的数值联系程度和比例关系。其计算公式为:

$$比例相对指标 = \frac{总体中某一部分的指标数值}{总体中另一部分的指标数值}$$

比例相对指标通常用百分数表示,有时用1:m:n的连比形式反映总体中若干组成部分的比例关系。

【实用范例 4.1】 2006 年年末我国总人口为 13.144 8 亿人,其中男性 6.772 8 亿人,女性 6.372 0 亿人。如果以女性人口数为基数,则男性人口数是女性的 106%,男女比例为 106:100。

结构相对指标和比例相对指标有密切联系。结构相对指标表现为一种包含关系,分子是分母的一部分,比例相对指标的分子和分母是一种并列关系。在实际工作中,通常把这两种指标结合使用,既分析总体各部分构成比例的协调程度,又可以研究总体的结构是否合理。

3. 比较相对指标

比较相对指标是在同一时期内地区与地区之间、部门与部门之间、单位与单位之间的同类现象的指标进行对比的比率。其计算公式为:

$$比较相对指标 = \frac{甲空间上某项指标数值}{乙空间上某项指标数值}$$

比较相对指标可以用百分数表示,也可以用倍数表示。

运用比较相对指标,能表明同类现象在不同空间条件下的差异程度。在经济管理工作中,把企业的各项技术经济指标与国家规定的质量标准对比,与同行业的先进水平对比,从而可找出差距,为提高本单位生产水平和管理水平提供依据。

【实用范例 4.2】 2012 年甲企业的销售额为 3.28 亿元,乙企业的销售额为 2.12 亿元,则甲企业的销售额是乙企业的 1.55 倍。

比较相对指标中的两个指标哪个作为对比的基数,可以根据研究目的而定。一般情况下,比较相对指标的分子和分母可以互换,便于从不同角度来说明同一问题。

4. 计划完成程度指标

计划完成程度指标是指在一定时期内社会经济现象的实际完成数与计划任务数之比,用以表明计划完成的程度,通常以百分数表示。其计算公式为:

$$计划完成程度相对指标 = \frac{实际完成数}{计划任务数} \times 100\%$$

根据计划期的长短以及计划任务数的不同形式,计划完成程度相对指标的具体计算方法也各不相同,下面分别介绍。

(1) 短期计划执行情况的考核方法

第一种方法:根据绝对数计算计划完成程度相对指标。

当计划任务数为绝对数时,对短期计划完成情况的检查,可分为两种情况:一是计划数与实际数是同期的;二是计划期中某一段时间的实际累计数与全期计划数对比,用以表明计划执行的进度,一般用于检查计划执行的均衡性。其计算公式为:

$$计划执行进度 = \frac{计划期内实际完成数}{全期计划数} \times 100\%$$

【实用范例 4.3】 某汽车销售公司一月份计划销售汽车 400 辆,该月实际销售量为 420 辆,则销售量计划完成程度为:

$$一月份计划完成程度相对指标 = \frac{420}{400} \times 100\% = 105\%$$

超额完成程度 = 105% - 100% = 5%,即该公司汽车销售量超额完成了 5%。

超额完成计划的绝对量 = 420 - 400 = 20(万辆)

【实用范例 4.4】 某工厂 2012 年全年计划完成产值 500 万元，其中第一季度完成产值 125 万元，第二季度完成 135 万元，则：

$$截至第二季度的计划执行进度 = \frac{125+135}{500} \times 100\% = 52\%$$

第二种方法：根据相对数计算计划完成程度相对指标。

当计划任务数为相对数，计划完成程度相对指标是实际完成百分比和计划规定应完成百分比的比值。当以提高（或降低）百分数表示时，不能以实际提高（或实际降低）百分数与计划提高（或计划降低）百分数直接对比。其计算公式为：

$$计划完成程度相对指标 = \frac{实际完成百分比}{计划完成百分比} \times 100\%$$

$$计划完成程度相对指标 = \frac{1 \pm 实际提高（或降低）百分比}{1 \pm 计划提高（或降低）百分比} \times 100\%$$

【实用范例 4.5】 某企业计划产品销售额比上年度增长 8%，产品单位成本降低 5%，实际上，产品销售额增长 10%，产品单位成本降低 4%，则：

$$销售额计划完成程度相对指标 = \frac{1+10\%}{1+8\%} \times 100\% = 102\%$$

$$单位成本计划完成程度相对指标 = \frac{1-4\%}{1-5\%} \times 100\% = 101\%$$

即该企业产品销售额计划完成程度为 102%，超额完成了 2%；单位成本计划完成程度为 101%，差 1% 完成计划。

第三种方法：根据平均数计算计划完成程度相对指标。

当计划任务数为平均数时，应先计算出实际达到的水平，再将其与计划达到的水平对比。

其计算公式为：

$$计划完成程度相对指标 = \frac{实际达到的水平}{计划达到的水平} \times 100\%$$

<u>注意：根据计划完成程度相对指标来分析计划完成情况时，要注意计划任务数的性质差异。凡计划指标是以最低限额规定的，如产品产量、利润指标等，其计划完成程度相对指标大于或等于 100%，才算完成或超额完成计划。反之，凡是计划任务数是以最高限额规定的，如原材料消耗、产品成本指标等，其计划完成程度相对指标小于或等于 100%，才是完成或超额完成计划。</u>

（2）长期计划执行情况的考核方法

长期计划一般指计划期至少五年的经济计划。长期计划一般是有的任务是按全期应完成的总数来规定的，有的任务则是规定计划期末所应达到的水平，因而检查分析方法也不同。

第一种，水平法。

当计划指标是以计划期末应达到的水平下达时，通常用水平法检查年度水平是否达到计划要求。例如，工业产值、粮食产量指标等。其计算公式为：

$$计划完成程度相对指标 = \frac{计划期末实际完成累计数}{计划期末计划规定累计数} \times 100\%$$

用水平法计算计划完成程度，计算提前完成计划时间的方法是：在计划期内，只要连续一年（即12个月，可以跨年度）的实际完成数达到计划规定最后一年的计划数，计算完成计划任务剩余的时间即为提前完成计划的时间。

【实用范例4.6】 某化肥厂五年计划规定化肥年产量达到500万吨，实际执行情况见表4-2所示。

表4-2 某化肥厂五年计划年产量完成情况

单位：万吨

年份	2004	2005	2006	2007 四个季度				2008 四个季度			
				一	二	三	四	一	二	三	四
产量	410	428	447	118	120	124	129	128	130	130	133

$$计划完成程度相对指标 = \frac{128+130+130+133}{500} \times 100\% = 104.2\%$$

通过计算得知，自2007年第二季度至2008年第一季度末，该厂化肥年产量首次达到500万吨，所以，可以确定该企业提前三个季度（或9个月）完成了五年计划。

第二种，累计法。

当计划指标是按计划期内各年的总和规定任务时，即计划全期累计应完成的水平，通常用累计法计算计划完成程度。例如，社会固定资产投资、基本建设投资额、造林面积指标等。其计算公式为：

$$计划完成程度相对指标 = \frac{计划期实际完成累计数}{计划期计划规定累计数} \times 100\%$$

用累计法计算计划完成程度，计算提前完成计划时间的方法是：从计划执行之日起至某一时间，累计的实际完成数已达到计划规定数，就算完成了计划，后面的时间即为计划提前完成的时间，即计划全部时间减去完成计划所需的时间。

【实用范例4.7】 某地区计划2008—2012年五年时间投资500亿元用于公共基础设施建设，实际上自2008年年初至2012年3月底累计完成公共基础设施建设投资500亿元，至2012年年底累计完成投资530亿元。试用累计法计算该地区公共基础设施建设投资计划完成程度。

解：计划完成程度相对指标 $= \frac{530}{500} \times 100\% = 106\%$

即该地区2008—2012年公共基础设施建设投资计划超额完成了6%，提前9个月完成计划。

5. 强度相对指标

强度相对指标是两个性质不同但又相互联系的指标进行对比的比值。它可以反映社会经济现象的强度、密度或普遍程度。其计算公式为：

$$强度相对指标 = \frac{某一总量指标数值}{另一有联系但性质不同的总量指标数值}$$

强度相对指标有正、逆指标之分。正指标是指强度相对指标数值的大小与所研究对象的发展程度或密度成正比例，数值越大越好；逆指标是指强度相对数值大小与所研究对象的发展程度或密度成反比例，数值越小越好。但要注意的是并不是所有的强度相对指标的数值分子和分母都能互换。

【实用范例 4.8】 某城市 2012 年年末人口数为 1 214 480 人，2012 年的 GDP 为 896 亿元，计算强度相对指标。

正指标：

$$该市 2012 年的人均 GDP = \frac{896 亿元}{1\,214\,480 人} = 73\,770（元/人）$$

逆指标：

$$该市 2012 年的每亿元 GDP 对应的人口数 = \frac{1\,214\,480 人}{896 亿元} = 1\,355（人/亿元）$$

分析：（1）正指标越大，说明该城市发展水平越高；
（2）逆指标越大，说明该城市发展水平越低。

强度相对指标一般用复名数表示，但也有用单名数或无名数表示的。例如，员工劳动生产率以"元/人"为计量单位；商品流转速度用"次"或"天"表示；商品流通费率用"%"、人口出生率用"‰"表示等。

强度相对指标在社会经济统计中具有特殊的作用。第一，可以反映一个国家或地区的经济实力。例如，我国 2006 年的粮食总产量 49 747.9 万吨，居世界前列，但人均产量只有 378 公斤，低于很多不发达国家的人均粮食产量；按人口平均计算的钢产量，是用全年的钢产量与全国的人口数对比得到的相对数，可以用来反映一个国家的钢铁发展程度，也是反映国家经济实力的重要指标之一。第二，可以反映企业经济效益的好坏。例如，考察企业的经济效益好坏，不能仅仅从利税总额来看，还要考察资金利税率。资金利税率越高，说明企业经济效益更好。第三，可以反映社会经济现象的密度或普遍程度。例如，可以用商业网点的密度说明商业网点发展的普及程度，用人均拥有的医院床位数来反映社会医疗保障水平。

6. 动态相对指标

动态相对指标是把不同时期的同一类指标数值进行对比的比值，用以说明现象发展变化的方向和程度，又称发展速度，一般用百分数或倍数表示。其计算公式为：

$$动态相对指标 = \frac{报告期的指标数值}{基期的指标数值}$$

式中，基期是指作为比较基础的时期，报告期是指与基期进行比较的时期。

【实用范例 4.9】 某企业 2012 年的产值为 12 000 万元，2010 年的产值为 5 000 万元，则动态相对指标为：

$$动态相对指标 = \frac{12\,000}{5\,000} = 2.4$$

说明该企业 2012 年的产值为 2010 年产值的 240%，即 2.4 倍。

关于动态相对指标，本书将在项目 5 对其作详细介绍。

4.2.3 相对指标分析时注意的问题

1. 遵循对比指标的可比性原则

所谓可比性是指作为对比的分子和分母指标的含义、内容、范围、计量单位和计算方法等是否一致或相适应。例如，计算人口密度时，人口数和土地面积必须是同一个时间和空间范围的。

2. 各种相对指标结合应用分析

由于社会经济现象是复杂的、多方面的，而一个相对指标只能反映社会经济现象一个方面的数量特征，要对现象进行全面分析，就要将各种相对指标结合起了使用。例如，评价企业的经营状况好坏，不仅要看其计划完成程度，还要看其资金周转率、发展速度、资产利润率等指标，才能对企业经营状况做出一个客观准确的评价。

3. 相对指标与总量指标结合运用

总量指标虽然是反映现象的规模和发展水平的重要指标，但无法深入说明现象发展的程度和差别。相对指标是用两个相互有联系的指标数值对比，可以反映事物之间的数量联系程度，可以弥补总量指标的不足，能清晰地反映现象的相对水平和普遍程度。因此，在进行统计分析时，只有把二者结合起来运用，才能对社会经济现象进行详细而全面的认识。

第3讲 平均指标

4.3.1 平均指标的概念和作用

1. 平均指标的概念

平均指标是同类社会经济现象一般水平的统计指标，其数值表现为平均数，因此平均指标又称统计平均数。平均指标能够反映总体内部的一般分布特征，这种分布特征表现为：距离平均值远的指标值一般比较少，而距离平均值近的标志值一般比较多。所以，平均指标反映了总体分布的集中趋势。

本书对平均指标的分类沿用西方统计教材分类标准，把平均指标分为算术平均数、调和平均数、几何平均数、中位数和众数五种。

2. 平均指标的作用

平均指标在认识社会经济现象总体数量特征方面有重要作用，应用广泛，其作用具体表现在以下几个方面。

（1）平均指标可以反映现象总体的一般水平。平均指标把一个总体内各单位的数量差异抽象化，而且不受总体单位数量多少的影响。例如，某地区居民年人均收入 20 000 元来反映该市居民的收入水平具有高度的综合性和概括能力，给人以鲜明深刻的印象。

（2）平均指标可和分组法、分配数列结合起来分析现象间的依存关系和总体单位的具体分配状况以及平均数的实现过程。

（3）平均指标可以用来对同类现象在不同空间、不同时间条件下的对比分析，从而反映现象在不同地区之间的差异，揭示现象在不同时间之间的发展趋势。例如，要研究两个地区的粮食生产水平，若用粮食总产量对比就无法说明问题，因为粮食总产量和播种面积多少有直接关系，所以只能用平均亩产量进行比较。又如，要研究一个单位职工工资的变动趋势,如果用工资总额在不同时期进行对比,会受到不同时期职工人数增减变动的影响,只有用平均工资进行对比,才能反映出职工工资水平提高或降低的变化趋势。

(4)平均指标中的算术平均数、中位数和众数,可以研究总体单位分布的集中趋势和离中趋势。

4.3.2 平均指标的计算

1. 算术平均数

算术平均数是对总体各单位某一数量标志值之和的平均,它等于总体单位某一数量标志之和除以总体单位数,其基本计算公式为:

$$算术平均数 = \frac{总体标志总量}{总体单位数}$$

在已经具备总体标志总数和总体单位总数时,可直接利用基本公式进行计算平均数。但要注意该公式的子项(标志总量)和母项(总体总量)在范围上要一致,也就是说,两者必须是同属于同一总体的。

在实际中,根据掌握的资料和计算复杂程度不同,算术平均数分为简单算术平均数和加权算术平均数。

(1)简单算术平均数

如果资料没有进行分组,而且掌握了总体单位数和各单位的标志值或者总体标志总量,求各标志值的平均值,可采用简单算术平均法计算。计算公式如下:

$$\bar{x} = \frac{x_1 + x_2 + x_3 + \cdots x_n}{n} = \frac{\sum x}{n}$$

式中:$\bar{x}$ 表示算术平均数;

$x_i (i = 1, 2, 3, \cdots, n)$ 代表各单位标志值;

$\sum$ 表示求和符号;

n 表示总体单位数。

【实用范例 4.10】 某学习小组 6 位同学的数学考试成绩分别为:70 分、78 分、82 分、85 分、90 分、98 分,则该组 6 位同学的平均成绩为:

$$\bar{x} = \frac{70 + 78 + 82 + 85 + 90 + 98}{6} = \frac{583}{6} = 83.8(分)$$

(2)加权算术平均数

如果总体按某一数量标志分组,形成变量数列,而各组的次数又不相同,这时就要考虑次数的影响作用,而采用加权算术平均数法计算。即用各组标志值乘以相应的次数得到各组标志总量,将各组标志总量加总,再除以总次数,即得加权算术平均数。计算公式为:

$$\bar{x} = \frac{x_1 f_1 + x_2 f_2 + \cdots + x_n f_n}{f_1 + f_2 + \cdots + f_n} = \frac{\sum xf}{\sum f} = \sum x \frac{f}{\sum f}$$

式中:x 代表各组标志值;

f 代表各组标志值出现的次数,也称权数;

$\dfrac{f}{\sum f}$ 表示各组次数占总次数的比重,即各组的频率。

【实用范例 4.11】 某地区 20 家纺织企业的月产值资料统计见表 4-3,试计算 20 家纺织企业的平均月产值。

表 4-3　某地区 20 家纺织企业的月产值分配数列

月产值（万元）x	企业数（家）f	各组产值（万元）xf
100	1	100
110	3	330
120	4	480
130	6	780
140	4	560
150	2	300
合　计	20	2 550

20 家企业的平均月产值　$\bar{x}=\dfrac{\sum xf}{\sum f}=\dfrac{2\,550}{20}=127.5（万元）$

【实用范例 4.12】 某班 40 名学生统计学考试成绩见表 4-4,试计算 40 名学生的平均考试成绩。

表 4-4　某班 40 名学生统计学考试成绩分布数列

成绩（分）	组中值 x	人数（人）f	xf
60 以下	55	3	165
60～70	65	9	585
70～80	75	12	900
80～90	85	10	850
90～100	95	6	570
合　计	—	40	3 070

40 名学生的平均成绩：$\bar{x}=\dfrac{\sum xf}{\sum f}=\dfrac{3\,170}{40}=79.25（分）$

经验交流

通过例 4.12 的计算得出：在组距数列条件下计算加权算术平均数的方法与单项数列条件下计算加权算术平均数的方法基本相同,只需以各组的组中值（实际组平均数的代表值）乘以相应的权数来计算。当然,各组标志值的实际平均数常常偏离组中值,用组中值代替实际平均数计算出来的算术平均数只能是个近似值。

当被平均的变量值为相对数或平均数时，计算其算术平均数亦应采取加权算术平均法，但应正确确定权数，权数应根据构成相对数或平均数的分母确定。

【实用范例 4.13】 某地区所属 18 个乡镇的玉米平均亩产量资料统计见表 4-5。

表 4-5　某地区所属 18 个乡镇的玉米平均亩产量分组资料

平均亩产量（kg）	乡镇数	种植面积（百亩）
200 以下	1	4 000
200～250	3	10 000
250～300	4	15 000
300～350	5	22 000
350～400	3	14 000
400 以上	2	9 000
合　计	18	74 000

根据表中统计资料计算该地区所属 18 个乡镇的玉米总体平均亩产量。

分析：要计算 18 个乡镇总体平均亩产量应该用 18 个乡镇的玉米总产量除以 18 个乡镇的总种植面积，因此，权数应该是种植面积，而不是乡镇数。计算过程见表 4-6。

表 4-6　某地区 18 个乡镇的玉米平均亩产量计算表

平均亩产量（kg）	乡镇数	面积（百亩）f	组中值（kg）x	各组总产量（百 kg）xf
200 以下	1	4 000	175	700 000
200～250	3	10 000	225	2 250 000
250～300	4	15 000	275	4 125 000
300～350	5	22 000	325	7 150 000
350～400	3	14 000	375	5 250 000
400 以上	2	9 000	425	3 825 000
合　计	18	74 000	—	23 300 000

所以，18 个乡镇玉米的平均亩产量：$\bar{x} = \dfrac{\sum xf}{\sum f} = \dfrac{23\,300\,000}{74\,000} = 314.9$（kg）

【实用范例 4.14】 某企业 3 月份购进某种原材料三批，每批价格和采购金额见表 4-7，试计算三批原材料的平均价格。

表 4-7　某企业 3 月份购进某种原材料的有关资料

批　次	价格（元/kg）x	采购金额（元）m	采购量（kg）m/x
1	40	20 000	500
2	45	27 000	600
3	50	10 000	200
合　计	—	57 000	1 300

分析：已知每批价格（x）和采购金额（m），可用每批采购金额（各组标志总量）除以相应的价格（各组标志值）得出该批采购量（即各组单位数），再用三批采购总金额（总体标志总量）除以三批采购总量（总体单位数）即可求出平均价格，其算式为：

$$\bar{x} = \frac{\sum m}{\sum \frac{m}{x}} = \frac{57\,000}{1\,300} = 43.85 \text{（元/kg）}$$

从例 4.14 的计算过程可以看出，由于该题权数是未知的，所以首先需要计算母项总体单位总量（各组标志总量除以相应标志值的总和），然后才能计算平均价格。

（3）算术平均数的数学性质

算术平均数的计算公式，比较符合数学性质。它的主要数学性质如下：

第一，各个变量与平均数的离差之和等于零，即：$\sum (x - \bar{x}) = 0$ 或 $\sum (x - \bar{x}) f = 0$。

第二，各变量值与平均数的离差的平方和为最小值，即：$\sum (x - \bar{x})^2$ 或 $\sum (x - \bar{x})^2 f$ 为最小值。

第三，各单位标志值加或减一个任意常数，则平均数也要加或减该常数。

第四，各单位标志值乘以或除以一个任意非零常数，则平均数也要乘以或除以该常数。

2. 调和平均数

（1）调和平均数的含义

调和平均数也叫倒数平均数，它是指总体各单位标志值倒数的算术平均数的倒数，一般用字母 H 表示。其计算公式为：

$$H = \frac{\sum m}{\sum \frac{m}{x}}$$

式中：x 代表标志值；

m 代表调和平均数的权数。

在社会经济统计中，调和平均数一般作为算术平均数的变形来使用。

（2）调和平均数的计算

【实用范例 4.15】 某农贸市场三种不同水果的价格分别为 1.2 元/kg、1.5 元/kg、2 元/kg，如果每种水果各买 6 元钱，则所买水果的平均价格是：

$$H = \frac{1}{\frac{\frac{6}{1.2} + \frac{6}{1.5} + \frac{6}{2}}{18}} = \frac{18}{5 + 4 + 3} = 1.5 \text{（元/kg）}$$

以上计算符合基本计算公式：平均价格 = $\frac{总金额}{总数量}$。

【实用范例 4.16】 某企业 3 月份购进某种原材料三批，每批价格和采购金额见表 4-8，试计算三批原材料的平均价格。

表4-8　某企业3月份购进某种原材料的有关资料

批　　次	价格（元/kg）x	采购金额（元）m	采购量（kg）m/x
1	40	20 000	500
2	45	27 000	600
3	50	10 000	200
合　　计	—	57 000	1 300

解：根据调和平均数的公式，三批原材料的平均价格：

$$\bar{x} = \frac{1}{\dfrac{\sum \dfrac{m}{x}}{\sum m}} = \frac{1}{\dfrac{1\,300}{57\,000}} = 43.85 \text{（元/kg）}$$

根据实用范例4.16的分析：已知每批价格（x）和采购金额（m），可用每批采购金额（各组标志总量）除以相应的价格（各组标志值）得出该批采购量（即各组单位数），再用三批采购总金额（总体标志总量）除以三批采购总量（总体单位数）即可求出平均价格。

通过上面例题可以看出，在社会经济统计中，调和平均数仍然要遵循算术平均数的基本计算公式，即平均指标等于总体标志总量除以总体单位总量。

3．几何平均数

几何平均数适用于社会经济现象按一定比率变化的情况下求其变化比率的一般水平，它等于 n 个变化比率的连乘积的 n 次方根。它是平均指标的另一种计算形式，适合于平均比率和平均速度指标的计算。

几何平均数一般有简单几何平均数和加权几何平均数。

第一，简单几何平均数。

当各变化比率只出现一次时，采用简单几何平均数。

假设有 n 个变量值 x_1，x_2，x_3，…，x_n，则简单几何平均数的计算公式为：

$$G = \sqrt[n]{x_1 \cdot x_2 \cdot x_3 \cdots x_n} = \sqrt[n]{\prod x}$$

式中：G 表示几何平均数；

x_i（$i = 1$，2，3，…，n）代表变量值；

n 表示变化比率的个数；

$\prod$ 表示连乘符号。

【**实用范例**4.17】　某机械厂有毛坯车间、粗加工车间、精加工车间、装配车间四个流水连续作业的车间，某月份第一车间制品合格率为95%，第二车间合格率为92%，第三车间合格率为90%，第四车间合格率为85%，计算四个车间平均产品合格率。

因为产品总合格率为 95% × 92% × 90% × 85%，所以计算四个车间的平均产品合格率应该开方求其平均数。

平均合格率 $G = \sqrt[n]{\prod x} = \sqrt[4]{95\% \times 92\% \times 90\% \times 85\%} = 90.43\%$

第二，加权几何平均数。

当各个变化比率出现的次数不相同时，则应该以次数为权数计算加权几何平均数。其计算公式为：

$$G = \sqrt[\Sigma f_i]{\prod x_i^{f_i}}$$

式中：x_i 表示各个变化比率；

f_i 表示各个比率出现的次数。

【实用范例 4.18】 假如银行存款是按复利计算，若定期存款 25 年的年利率如表 4-9 所示。

表 4-9 银行存款利率表

年 份	第 1 年	第 2～5 年	第 6～13 年	第 14～23 年	第 24～25 年
年利率（%）	2.1	2.5	3.8	4.6	6.9

试计算平均年利率。

分析：要计算平均年利率，首先要将各年利率加 1 换算成年本利率，再计算平均年本利率，用平均年本利率减 1（或 100%）即可得到平均年利率。

存款的总本利率为：$1.021^1 \times 1.025^4 \times 1.038^8 \times 1.046^{10} \times 1.069^2$

平均年利率为：

$$G = \sqrt[\Sigma f_i]{\prod x_i^{f_i}} - 1 = \sqrt[25]{1.021^1 \times 1.025^4 \times 1.038^8 \times 1.046^{10} \times 1.069^2} - 1 = 4.1\%$$

关于经济发展的平均速度的计算，本书在动态数列项目中将作详细介绍。

4. 中位数

把总体各单位某一数量标志值按大小顺序排列，居于中间位置的标志值就是中位数。由于中位数的位置居中，不大也不小，在某些情况下可以用来反映现象的一般水平。

中位数的确定可以分以下三种情况。

（1）根据未分组资料确定中位数，具体步骤如下：

第一步：将总体各单位标志值按大小顺序排列。

第二步：计算中位数所在的位置 $\dfrac{n+1}{2}$，该位置对应的标志值即为中位数。

若总体单位数 N 为奇数，处于中间位置的标志值即为中位数；若 N 为偶数，则处于中间位置的两个标志值的算术平均数即为中位数。

【实用范例 4.19】 某地区 8 家 4S 汽车店的周销售量（辆）分别为：35、36、40、41、43、46、46、50。

则中位数的位置是：

$$\dfrac{n+1}{2} = \dfrac{8+1}{2} = 4.5$$

将排在第四位、第五位的 4S 汽车店的周销量简单算术平均，即：$\dfrac{41+43}{2} = 42$（辆），42 辆就是中位数。

（2）根据单项数列确定中位数，具体步骤是：

第一步：计算累计次数 $\sum f$；

第二步：按 $\dfrac{\sum f + 1}{2}$ 计算中位数所在的位置，该位置对应的标志值即为中位数。

【实用范例 4.20】 某生产企业工人每小时加工产品统计资料见表 4-10，试计算产量的中位数。

表 4-10 某生产企业工人每小时加工产品数量分布数列

每小时加工产品数量（个）	工人人数（人）	累计次数（人）
15	3	3
16	5	8
17	10	18
18	22	40
19	12	52
20	5	57
合　计	57	—

因为累计次数 $\sum f = 57$，所以中位数的位置是：

$$\frac{\sum f + 1}{2} = \frac{57 + 1}{2} = 29$$

从上表可以看出，第 29 位次落在第四组内，所以第四组的标志值 18 个即为中位数。

（3）根据组距数列确定中位数，具体步骤是：

第一步：计算累计次数 $\sum f$。

第二步：计算中位数位置，确定中位数所在的组。

中位数位置 = $\dfrac{\sum f}{2}$，即累计次数的半值

第三步：用插值法按比例计算中位数的近似值。

中位数的计算公式有下限公式和上限公式。下限公式（较小制累计时常用）为：

$$M_e = x_L + \frac{\dfrac{\sum f}{2} - S_{m-1}}{f_m} d$$

上限公式（较大制累计时常用）为：

$$M_e = x_U - \frac{\dfrac{\sum f}{2} - S_{m+1}}{f_m} d$$

式中：M_e 表示中位数；

x_L 表示中位数所在组的下限；

x_U 表示中位数所在组的上限；

f_m 表示中位数所在组的次数；

S_{m-1} 表示较小制累计频数栏中中位数所在组前一组的累计次数；

S_{m+1} 表示较大制累计频数栏中中位数所在组后一组的累计次数；

d 表示中位数所在组的组距。

【实用范例 4.21】 某公司职工年收入水平分组资料见表 4-11，计算职工年收入中位数。

表 4-11 某计算机公司职工年收入分配数列

年收入（万元）	职工人数（人）	较小制累计次数	较大制累计次数
2.5 以下	5	5	64
2.5～3.0	9	14	59
3.0～3.5	14	28	48
3.5～4.0	18	46	36
4.0～4.5	11	57	18
4.5 以上	7	64	7
合　　计	64	—	—

中位数位置 $= \dfrac{\sum f}{2} = \dfrac{64}{2} = 32$

可以看出中位数所在组为第 4 组，即中位数的具体数值在 3.5 万～4.0 万元之间。

按下限公式计算：

$$M_e = x_L + \dfrac{\dfrac{\sum f}{2} - S_{m-1}}{f_m} d = 3.5 + \dfrac{\dfrac{64}{2} - 28}{18} \times 0.5 = 3.6 \text{（万元）}$$

按上限公式计算：

$$M_e = x_{\bar{u}} - \dfrac{\dfrac{\sum f}{2} - S_{m+1}}{f_m} d = 4 - \dfrac{\dfrac{64}{2} - 18}{18} \times 0.5 = 3.6 \text{（万元）}$$

中位数也是一种位置平均数，由于它是处于中间位置的标志值，因此它不受极端值的影响。

5. 众数

众数是指总体中出现次数最多的标志值。由于它出现的次数最多，所以它的代表性较强，在某些情况下可以用来代表总体的一般水平。

例如，有时用某商品某日成交最多的价格代表该种商品该日的价格水平。要了解玉米的市场价格，没有必要也不可能对市场上玉米成交量和成交额作全面调查，然后再计算出平均价格，在这种情况下可以采取非全面调查，如果在调查的许多出售者中，有些售价是 0.72 元/斤，有些售价是 0.76 元/斤，但绝大多数的售价都是 0.74 元/斤，那么 0.74 元则是众数，这个价格就可以代表玉米价格的一般水平。在商业上，鞋帽、服装等商品销售量最多的型号就是该商品销售的众数，厂家和商场可以以此作为这些商品的加工或进货的依据。

众数的计算方法，需根据所掌握的资料是单项数列或组距数列而定。

（1）由单项数列确定众数

根据单项数列确定众数比较容易，出现次数最多的标志值就是众数。

【实用范例4.22】 某商场某品牌男鞋的月销售量分组资料见表4-12，计算该月该品牌男鞋的众数。

表4-12 某商场某品牌男鞋月销售量分配数列

型号（公分）	销售量（双）
38	1
39	4
40	14
41	26
42	35
43	22
44	14
45	3
合　计	119

从表中资料可以看出，次数最多的是第5组，销售量达到35双，所以该组的标志值42公分为众数。

（2）由组距数列确定众数

首先要根据次数最多的原则确定众数所在的组，即众数组，再用比例插值法推算众数的近似值。计算公式有下限公式和上限公式。

下限公式： $M_o = x_L + \dfrac{f - f_{-1}}{(f - f_{-1}) + (f - f_{+1})} d = x_L + \dfrac{\Delta_1}{\Delta_1 + \Delta_2} d$

上限公式： $M_o = x_U - \dfrac{f - f_{+1}}{(f - f_{-1}) + (f - f_{+1})} d = x_u - \dfrac{\Delta_2}{\Delta_1 + \Delta_2} d$

式中：M_o 表示众数；

d 表示众数组的组距；

x_L 表示众数组下限；

x_U 表示众数组上限；

f 表示众数所在组的次数；

f_{-1} 表示众数所在组前一组的次数；

f_{+1} 表示众数所在组后一组的次数；

Δ_1 表示众数组与比它小的邻组的次数之差；

Δ_2 表示众数组与比它大的邻组的次数之差。

确定众数有一定的前提条件，不是任何现象都存在众数，只有总体单位数较多，又有明显的集中趋势才存在众数。如果分布数列是组距数列，必须是等距数列，才可确定众数，否则，无法确定众数。

【实用范例4.23】 根据例4.21的资料，确定职工年收入的众数。

从表 4-11 资料可以看出，众数所在组为第 4 组，即众数在 3.5～4.0 之间。

根据下限公式计算：$M_o = x_L + \dfrac{\Delta_1}{\Delta_1 + \Delta_2} d = 3.5 + \dfrac{18-14}{(18-14)+(18-11)} \times 0.5 = 3.68$（万元）

根据上限公式计算：$M_o = x_U - \dfrac{\Delta_2}{\Delta_1 + \Delta_2} d = 4.0 - \dfrac{18-11}{(18-14)+(18-11)} \times 0.5 = 3.68$（万元）

通过例题看出两个公式的计算结果完全一样，在实际统计工作中，只采用一个公式即可。

讨论交流

1. 在下列状况中，应该用平均数还是中位数来当做中心的量度？为什么？

（1）美国某州政府考虑对居民征收所得税。州政府想要知道一般市民的收入是多少？以便估计总税基。

（2）为了研究某州典型家庭的生活水平，而估计该城的一般家庭收入。

2. 算数平均数、中位数、众数三者关系在坐标图上如何表示？试划出三者关系图。

4.3.3 算术平均数、中位数和众数的关系

1. 当总体呈现正态分布时，算术平均数位于次数分布曲线的对称点上，此时，算术平均数、中位数、众数相等。

2. 当总体呈现非对称型分布时，算术平均数、中位数、众数之间存在一定差别。当次数分布偏右时，有算术平均数 > 中位数 > 众数；当次数分布偏左时，有算术平均数 < 中位数 < 众数；当次数分布呈现非对称型钟形分布（或偏态分布）时，算术平均数小于或大于众数，中位数位于二者之间。

经典案例分享

Barnes 医院综合指标的应用

华盛顿大学医疗中心的 Barnes 医院，建于 1914 年，是为圣路易斯及其邻近地区的居民提供医疗服务的主要医院，该医院被公认为美国最好的医院之一。Barnes 医院有一个收容计划，用以帮助身患绝症的人及其家人提高生活质量。负责收容工作的小组包括一名主治医师、一名助理医师、护士长、家庭护士和临床护士、家庭健康服务人员、社会工作者、牧师、营养师、经过培训的志愿者，以及提供必要的其他辅助服务的专业人员。通过收容工作组的共同努力，家人及其家庭会获得必要的指导和支持，以帮助他们克服由于疾病、隔离和死亡而带来的紧张情绪。

在收容工作组的协作和管理上，采用每月报告和季度总结来帮助小组成员回顾过去的服务。对于工作数据的统计概括则用作方针措施的规划和执行的基础。

比如，他们搜集了有关病人被工作组收容的时间的数据。一个含有 67 个病人记

录的样本表明，病人被收容的时间在 1～185 天内变化。频数分布表的使用对于概括总结收容天数的数据也是很有用的。此外，下面的描述统计学数值量度也被用于提供有关收容时间数据的有价值的信息：

平均数：35.7 天

中位数：17 天

众　数：1 天

对以上数据进行解释，表明了平均数即对病人的平均收容时间是 35.7 天，也就是 1 个月多一点。而中位数则表明半数病人的收容时间在 17 天以下，半数病人的收容时间在 17 天以上。众数是发生频数最多的数据值．众数为 1 天表明许多病人仅仅被收容了短短的 1 天。

有关该收容计划的其他统计汇总还包括住院费金额、病人在家时间与在医院时间的对比、痊愈出院的病人数目、病人在家死亡和在医院死亡的数目。这些汇总结果将根据病人的年龄和医疗普及程度的不同进行分析。总之，描述统计学为收容服务提供了有价值的信息。

讨论：该案例中使用了哪些平均指标？这些平均指标各有什么用途？

第 4 讲　标志变异指标

4.4.1　标志变异指标的概念和作用

1. 标志变异指标的概念

标志变异指标又称标志变动度，是用来说明总体各单位标志值之间差异程度的指标，它反映标志值的离中趋势。

标志变异指标和平均指标是一对相互联系的对应指标，它们从两个不同的侧面反映总体的分布特征。平均指标是反映各个变量值的集中趋势，而标志变异指标是反映各个变量值的离中趋势。

2. 标志变异指标的作用

（1）标志变异指标是评价平均指标代表性的尺度

平均指标是总体各单位数量标志值一般水平的代表值，其代表性的高低取决于总体各单位标志值的差异程度，标志值的差异程度越大，标志变异指标数值就越大，平均指标的代表性就越弱；反之，标志值的差异程度越小，标志变异指标数值就越小，平均指标的代表性就越强。

（2）标志变异指标可以反映现象变动的均衡性或稳定性

标志变异指标越大，说明变量值的稳定性越差；标志变异指标越小，说明变量值越稳定。通常用来检测产品质量或评价工作质量。

4.4.2　常用的标志变异指标

常用的标志变异指标主要有全距、平均差、方差和标准差、离散系数，其中标准差的应用最为广泛。

1. 全距

全距是总体中各单位标志值中最大值与最小值之差,又称为极差,用以说明标志值的变动范围,常用 R 表示。计算公式为:

$$全距（R）= 最大标志值 - 最小标志值$$

【实用范例4.24】 有甲乙两个学习小组,每组6个人,每人的英语成绩如下(单位:分):

甲组:65　74　82　84　85　90

乙组:71　77　79　82　85　86

通过计算甲乙两组的平均成绩都是80分,甲组的全距 = 90 - 65 = 25(分),乙组的全距 = 86 - 71 = 15(分),可见甲组英语成绩的变动范围比乙组组大,即甲组资料的标志变动度大于乙组,平均数代表性差。

全距虽然计算简便,但是它的大小取决于两个端点值的大小,不能全面反映各标志值的变异情况,可以与其他指标配合使用。

2. 平均差

平均差是总体各单位标志值与其算术平均数的离差绝对值的算术平均数。它是表明总体各单位标志值平均变动程度的指标,一般用 AD 表示。由于各标志值与其算术平均数离差总和等于0,所以在计算平均差时取离差的绝对值。

根据掌握的资料不同,平均差的计算分两种。

(1) 在资料未分组的情况下,采用简单平均法计算平均差。计算公式为:

$$AD = \frac{\sum |x - \bar{x}|}{n}$$

(2) 在资料分组的情况下,采用加权平均法计算平均差。计算公式为:

$$AD = \frac{\sum |x - \bar{x}|f}{\sum f}$$

【实用范例4.25】 以例4.24的资料为例,计算其平均差。

甲组平均差:

$$AD = \frac{|65-80| + |74-80| + |82-80| + |84-80| + |85-80| + |90-80|}{6} = \frac{42}{6} = 7（分）$$

乙组平均差:

$$AD = \frac{|71-80| + |77-80| + |79-80| + |82-80| + |85-80| + |86-80|}{6}$$

$$= \frac{22}{6} = 4.33（分）$$

通过计算结果比较,甲组学生的英语成绩的差异程度比乙组大,说明乙组的平均成绩的代表性大于甲组。

【实用范例4.26】 某村居民月收入资料见表4-13,计算该村居民收入的平均差。

表 4-13　某村居民月收入资料

月收入（元）x	人数（人）f	xf	$|x-\bar{x}|$	$|x-\bar{x}|f$
500	30	15 000	180	5 400
600	50	30 000	80	4 000
700	70	49 000	20	1 400
800	30	24 000	120	3 600
900	20	18 000	220	4 400
合　　计	200	136 000	—	18 800

$$\bar{x} = \frac{\sum xf}{\sum f} = \frac{136\,000}{200} = 660（元）$$

$$AD = \frac{\sum |x-\bar{x}|f}{\sum f} = \frac{18\,800}{200} = 98（元）$$

计算结果说明，该村每个居民的月收入与总体平均收入平均相差 98 元。

平均差是依据总体各单位标志值计算的，所以它可以表明所有离差的一般水平。而它的不足之处在于采用了绝对值，因此难以对其作进一步的数学处理，在统计实践中很少应用。

3. 标准差

标准差是最常用最基本的一种标志变异指标。在统计中把总体各单位标志值与其算术平均数离差平方的算术平均数称为方差，一般用 σ^2 表示；方差的平方根称为标准差，也叫均方差，一般用 σ 表示。

（1）对数量标志的标志值的方差和标准差的计算。

第一，对于未分组资料，采用简单式计算方差或标准差，其公式为：

$$\sigma^2 = \frac{\sum (x-\bar{x})^2}{n} \qquad \sigma = \sqrt{\frac{\sum (x-\bar{x})^2}{n}}$$

第二，对于分组资料，采用加权式计算方差或标准差，其公式为：

$$\sigma^2 = \frac{\sum (x-\bar{x})^2 f}{\sum f} \qquad \sigma = \sqrt{\frac{\sum (x-\bar{x})^2 f}{\sum f}}$$

【实用范例 4.27】　某汽车零件生产车间 4 个工人的日产量分别为 50、60、80、90 件，则平均日产量为：

$$\bar{x} = \frac{\sum x}{n} = \frac{50+60+80+90}{4} = 70（件）$$

标准差为：

$$\sigma = \sqrt{\frac{(50-70)^2+(60-70)^2+(80-70)^2+(90-70)^2}{4}} = 15.8（件）$$

【实用范例 4.28】　某车间 30 名工人每天生产某种产品产量统计资料见表 4-14，根据资料计算其标准差。

表 4-14 某车间 30 名工人每天生产某种产品产量标准差计算表

产量（件）x	人数（人）f	xf	$(x-\bar{x})^2$	$(x-\bar{x})^2 f$
100	2	200	841	1 682
110	4	440	361	1 444
120	5	600	81	405
130	8	1 040	1	8
140	6	840	121	726
150	5	750	441	2 205
合　　计	30	3 870	—	6 470

人均生产量：

$$\bar{x}=\frac{\sum xf}{\sum f}=\frac{3\,870}{30}=129\,(件)$$

标准差：

$$\sigma=\sqrt{\frac{\sum(x-\bar{x})^2 f}{\sum f}}=\sqrt{\frac{6\,470}{30}}=14.7\,(件)$$

（2）对是非标志的方差和标准差的计算。

有些社会经济现象，其全部总体单位有具有某一属性和不具有某一属性两种类型。在进行分析时，常常根据总体单位的不同属性把总体分为"具有某种属性"或"不具有某种属性"两组。例如，在全部产品中，分为合格与不合格两种。这两组一般只能用"是"和"否"或"有"和"无"来表示标志，称为是非标志，也就是"是"或"非"两组。

在统计分析时，用"1"代表具有某种属性的标志值，用"0"代表不具有某种属性的标志值。若总体单位数为 N，具有"1"的总体单位数为 N_1，具有"0"的总体单位数为 N_0，则 $N=N_1+N_0$。同时，假设具有"1"的单位数占全部总体单位数的比重（也称为成数）为 p，具有"0"的单位数占全部单位数的比重（成数）为 q。例如，对某车间生产的 100 件零部件抽检，其中合格品为 98 件，占 98%，不合格品为 2 件，占 2%，若要求计算成数的标准差，即计算合格品比率 98% 的标准差或不合格品比率 2% 的标准差。下面用表 4-15 来计算是非标志的方差和标准差。

表 4-15 是非标志的算术平均数和标准差计算表

是非标志	标志值 x	单位数 f	成数	xf	$(x-\bar{x})^2$
是	1	N_1	p	N_1	$(1-p)^2$
非	0	N_0	q	0	$(0-q)^2$
合　　计	—	N	1	N_1	—

根据表 4-15，计算成数的算术平均数：

$$\bar{x}=\frac{\sum xf}{\sum f}=\frac{N_1}{N}=p$$

根据标准差的计算公式，成数的标准差计算公式推导如下：

$$\sigma_p = \sqrt{\frac{\sum(x-\bar{x})^2 \cdot f}{\sum f}}$$

$$= \sqrt{\frac{(1-p)^2 N_1 + (1-q)^2 N_0}{N}}$$

$$= \sqrt{(1-p)^2 p + (1-q)^2 q}$$

$$= \sqrt{p(1-p)}$$

通过上面的计算可见，成数的平均数就是其本身（p），成数的标准差是是非标志成数乘积的平方根。

【实用范例4.29】 对某车间某批次的100件零部件抽检，其中合格品为98件，不合格品为2件。则合格品的标准差为 $\sigma_p = \sqrt{98\% \times 2\%} = 0.14 = 14\%$。

通过计算，该批次零部件的合格率为98%，标准差为14%。

4. 离散系数

上面介绍的全距、平均差和标准差都是反映标志值变异程度的绝对指标，其数值的大小不仅受标志值变动程度的影响，而且也受平均水平高低的影响。因此，对比分析不同平均水平总体的标志值变异程度，不能直接用平均差或标准差比较，而应消除计量单位不同或平均水平高低不等的影响，计算能够反映标志变动度的相对指标，即离散系数，又称变异系数。常用的标志变动系数有平均差系数和标准差系数，而标准差系数应用最为普遍。

（1）平均差系数

平均差系数就是平均差与其相应的算术平均数对比所形成的相对数，它反映标志值离散的相对水平，通常用 V_{AD} 表示。计算公式为：

$$V_{AD} = \frac{AD}{\bar{x}} \times 100\%$$

（2）标准差系数

标准差系数就是标准差与其相应的算术平均数对比所形成的相对数，它反映标志值离散的相对水平，通常用 V_σ 表示，计算公式为：

$$V_\sigma = \frac{\sigma}{\bar{x}} \times 100\%$$

讨论交流

（1）各种变异指标中受极端值影响最大的是哪一个？

（2）标准差和标准差系数的特点是什么？在实际应用中如何具体体现其特点？

【实用范例4.30】 甲乙两个学习小组，甲组英语的平均成绩为82分，标准差为40分，乙组英语的平均成绩76分，标准差38分，试比较两组英语成绩的离散程度。

虽然 $\sigma_甲 > \sigma_乙$，但是由于两组的平均水平不等，不能说明甲组英语成绩的变动程度比乙组大，应该计算标准差系数加以判断。

甲组标准差系数：

$$V_{\sigma甲} = \frac{\sigma_甲}{\bar{x}_甲} \times 100\% = \frac{40}{82} \times 100\% = 0.49 = 49\%$$

乙组标准差系数：

$$V_{\sigma乙} = \frac{\sigma_乙}{\bar{x}_乙} \times 100\% = \frac{38}{76} \times 100\% = 0.50 = 50\%$$

由于乙组学生英语成绩标准差系数比甲组大，说明乙组学生英语成绩之间的差异程度比甲组大。

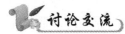

某企业给员工的年薪在 30 000～60 000 元之间。工会和企业董事会协议给每位员工加薪 2 000 元。试问：

(1) 平均薪水会增加多少？中位薪水会增加多少？

(2) 如果用标准差来度量离散程度的话，每人加薪 2 000 元会不会增加离散程度？

第5讲 统计实践

实践训练一：分析某地区造纸行业产品产量与结构

某地区造纸业在 2008—2012 年产品产量、原材料消耗量、专用设备技术状况以及调查预测的 2013 年各类产品的需求量等资料如下：

表 4-16 2008—2012 年各类产品产量

单位：万吨

产品名称	产量		预测的 2013 年需求量
	2008 年	2012 年	
印刷用纸	6.5	10.5	13.39
书写用纸	5.0	4.9	6.86
技术配套用纸	0.7	1.1	1.33
包装用纸	5.9	8.2	10.12
其他用纸	1.1	2.0	3.33
生活用纸	7.5	13	31.56
纸板	6.2	11.4	28.78
其中：白纸板	0.4	0.6	1.23
箱纸板	1.3	2.0	4.32
挂面纸板	0.05	0.5	1.20
瓦楞纸板	2.3	2.4	7.89
合　计	26.7	39.7	66.59

表 4-17　2008—2012 年主要原材料消耗量

单位：万吨

原材料	原材料消耗量	
	2008 年	2012 年
木浆	5.5	6.7
苇浆	2.8	3.6
蔗渣浆	0.9	1.2
竹浆	0.4	0.5
废纸浆	4.1	8.6
麻、布、棉浆	1.8	3.2
禾草浆	9.9	15.6
其他浆	0.7	1.0
合　计	26.1	40.4

表 4-18　专用设备技术状况

单位：台

专用设备	合计	国际水平	国内先进水平	国内一般水平	国内落后水平
磨木机	5	—		3	1
蒸球	190	—	—	116	74
蒸锅	5		1	2	2
造纸设备	170		3	43	124

任务要求：根据以上资料，对该市造纸行业的产品产量和结构进行分析。

分析方法说明：

（1）对产品产量与结构进行分析，首先，需要利用数字资料描述产品产量及其结构现状以及发展趋势；其次，根据一定的研究目的分析产品结构的合理性。

（2）分析研究可以采用静态分析与动态分析相结合的办法。静态分析主要是研究产品结构的现状，分析当前的产品结构是否满足社会需要，是否适应现有的生产力发展水平，从中确定哪些是合理的，哪些是不合理的；同时通过动态分析，反映产品结构演变的历史过程，预测产品结构将沿着什么方向发展，这种发展是否适应经济发展的客观需要。

（3）在研究过程中，要结合本地区或本企业的实际情况，如原材料供应、设备状况、技术力量、企业管理水平等，进行多因素的对比分析，找出调整产品结构与提高产品产量的症结所在，并提出切实可行的措施。

实践训练二：集中趋势在市场经济管理中的应用

由于集中趋势代表事物变化发展的一般水平和总体趋势，在市场经济管理中，经常运用它可解决以下两个方面的问题。

1. 市场经济变化的平均速度

在市场经济管理中经常遇到一些情况，如：需要了解某小区居民的每月基本生活消费情况。由于不同的家庭经济条件不同，那么每月的基本生活消费也就不同。若要了解小区居民的每月平均生活消费情况，一般只能通过抽查方式进行，先抽查一定数量的各式家庭（即经济条件好、中和差的三种家庭），得到他们的每月生活消费数据，然后算出每月基本生活消费的平均值，即得到整个小区居民每月的平均生活消费情况。

由于生活消费的水平高低不同，那么就涉及分组，若要求其平均数，一般只能采用加权平均数算法来求，表格中的户数即为频数。例如，随机抽查了该小区20户家庭的基本生活消费情况，抽查结果如下：

月基本生活费（元）	500	600	700	1 000	1 200
户　　数	4	4	7	3	2

根据加权平均数算法，则可得整个小区居民每月的平均生活消费情况为（单位：元）：

$$\bar{x} = \frac{x_1 f_1 + x_2 f_2 + \cdots + x_n f_n}{n} = \frac{500 \times 4 + 600 \times 4 + 700 \times 7 + 1\,000 \times 3 + 1\,200 \times 2}{20} = 735$$

另外，在看电视或阅读经济方面的书刊、杂志时经常会遇见类似的问题，如知道了某地区的某些时间段的经济增长情况，但要计算该地区经济平均增长速度。针对此类问题，有不少人可能会直接通过算术平均数算法来计算该地区的平均增长速度，但是他们没有考虑到某段时间经济增长是在前一段期间的基础上进行的，因此对于此问题应该用几何平均数算法来解决。例如，若某地区5年来的国民生产总值年增长速度分别为7%、8%、10%、12%、18%，要了解5年来该地区的平均增长速度。根据上述分析，应先用几何平均数算法来计算每年的平均发展速度，再将所得值减1，即可得平均增长速度。5年来的平均增长率为：

$$\bar{x} = \sqrt[5]{1.07 \times 1.08 \times 1.10 \times 1.12 \times 1.18} = 1.1093$$

那么5年来的平均增长速度为10.93%。

2. 判断同类产品的质量

在现实的经济环境中，有些商家往往抓住消费者对经济知识的熟悉性，做一些文字游戏，以次充好，来欺骗消费者。如甲、乙、丙三家家电厂在广告中声称，他们某种电子产品在正常情况下的使用寿命均为8年。注意：这个正常情况下的使用寿命指的是平均使用寿命，但质量检测部门对这三家销售的产品的使用年限进行跟踪调查，得到下列结果（单位：年）：

甲厂	4	5	5	5	5	7	9	12	13	15
乙厂	6	6	8	8	12	9	10	8	14	15
丙厂	4	7	4	6	4	9	13	16	15	16

对于一般人来说，看到三家家电厂的广告词后，就会认为它们的产品质量是一样好的，但从质量检测部门跟踪调查的数据来看，发现它们的产品质量并不一样，说明广告词有问题，但对一般人来说，无从说明。而对熟悉集中趋势方面知识的人来说，这个问题就很容易了。从质量检测部门的数据来看，对于甲厂电子产品在正常情况下的使用寿命8年，它指的是电子产品使用寿命的平均数，计算结果如下（单位：年）：

$$\overline{x_{甲}} = \frac{4+5+5+5+5+7+9+12+13+15}{10} = 8$$

对于乙厂电子产品在正常情况下的使用寿命8年，它指的是电子产品使用寿命的众数。根据众数的算法，先将该组数据按从小到大排序，得序列6、6、8、8、8、9、10、12、14、15，从序列中可看出，在此组数中8有3个，6有2个，9、10、12、14、15各1个，故8是众数，而乙厂产品的平均寿命（单位：年）是：

$$\overline{x_{乙}} = \frac{6+6+8+8+12+9+10+8+14+15}{10} = 9.6$$

对于丙厂电子产品在正常情况下的使用寿命8年，它指的是产品使用寿命的中位数，根据中位数的算法，先将该组数据按从小到大排序，分别是4、4、4、6、7、9、13、15、16、16，由于该组有10个数据，由于10是偶数，根据中位数算法，中位数应为8，但该厂产品的平均寿命（单位：年）是：

$$\overline{x_{丙}} = \frac{4+7+4+6+4+9+13+16+15+16}{10} = 9.4$$

从上述分析可知，虽然三家厂在广告中都说电子产品的使用寿命均为8年，但甲、乙、丙三家电子产品的真正平均使用寿命分别为8年、9.6年和9.4年，由此可得出乙厂的电子产品的质量最好，丙厂其次，甲厂最差，通过它就可以判断同类产品的产品质量的好坏。

总之，通过以上分析可知，利用集中趋势可解决市场经济环境中的平均变化率和产品质量好坏的一些问题，这些问题看起来简单，但又很容易让大家忽视的，若要了解清楚明白，最好学一些统计分析方面知识，使自己今后在市场经济管理中立于不败之地。

思考与应用技能训练

一、填空题

1. 绝对数是说明总体_____特征的指标。
2. 总体单位总数和标志值总数随着_____变化而可能转化。
3. 几何平均数是_____，它是计算_____和平均速度指标的最适用的一种方法。
4. 当标志值较大而次数较多时，平均数接近于标志值较_____的一方；当标志值较小而次数较多时，平均数靠近于标志值较_____的一方。
5. 中位数是位于变量数列_____的那个标志值，众数是在总体中出现次数_____的那个标志值。

6. 调和平均数是平均数的一种，它是_____的算术平均数的_____。
7. 较常使用的离中趋势指标有_____、_____、_____、_____、_____。
8. 极差是总体单位的_____与_____之差，在组距分组资料中，其近似值是_____。
9. 是非标志的平均数为_____，标准差为_____。
10. 标准差系数是_____与_____之比。
11. 已知某数列的平均数是200，标准差系数是30%，则该数列的方差是_____。
12. 居民人均生活费收入与职工平均工资是两个不同的指标，前者是_____指标。
13. 把两个地区2012年粮食产量进行对比，这个相对指标是_____相对指标。
14. 2006年经广东口岸入境的国际游客10039万人次，这是_____总量指标。
15. 在经济生活中，表示食物支出金额占总支出金额百分比的恩格尔系数经常被作为衡量一个国家或地区贫困或富裕的重要指标，恩格尔系数属于_____相对指标。

二、单项选择题

1. 下面属于时期指标的是（　　）。
   A. 商场数量　　B. 营业员人数　　C. 商品价格　　D. 商品销售量
2. 下面属于结构相对数的有（　　）。
   A. 人口出生率　　B. 产值利润率　　C. 恩格尔系数　　D. 工农业产值比
3. 加权算术平均数的大小（　　）。
   A. 受各组次数 f 的影响最大
   B. 受各组标志值 X 的影响最大
   C. 只受各组标志值 X 的影响
   D. 受各组次数 f 和各组标志值 X 的共同影响
4. 平均数反映了（　　）。
   A. 总体分布的集中趋势　　　　B. 总体中总体单位分布的集中趋势
   C. 总体分布的离散趋势　　　　D. 总体变动的趋势
5. 在变量数列中，如果标志值较小的一组权数较大，则计算出来的算术平均数（　　）。
   A. 接近于标志值大的一方　　　B. 接近于标志值小的一方
   C. 不受权数的影响　　　　　　D. 无法判断
6. 根据变量数列计算平均数时，在下列哪种情况下，加权算术平均数等于简单算术平均数（　　）。
   A. 各组次数递增　　　　　　　B. 各组次数大致相等
   C. 各组次数相等　　　　　　　D. 各组次数不相等
7. 已知某局所属12个工业企业的职工人数和工资总额，要求计算该局职工的平均工资，应该采用（　　）。
   A. 简单算术平均法　　　　　　B. 加权算术平均法

C. 加权调和平均法　　　　　D. 几何平均法

8. 已知 5 个水果商店苹果的单价和销售额，要求计算 5 个商店苹果的平均单价，应该采用（　　）。
   A. 简单算术平均法　　　　　B. 加权算术平均法
   C. 加权调和平均法　　　　　D. 几何平均法

9. 计算平均数的基本要求是所要计算的平均数的总体单位应是（　　）。
   A. 大量的　　B. 同质的　　C. 差异的　　D. 少量的

10. 某公司下属 5 个企业，已知每个企业某月产值计划完成百分比和实际产值，要求计算该公司平均计划完成程度，应采用加权调和平均数的方法计算，其权数是（　　）。
    A. 计划产值　　B. 实际产值　　C. 工人数　　D. 企业数

11. 中位数和众数是一种（　　）。
    A. 代表值　　B. 常见值　　C. 典型值　　D. 实际值

12. 第五次人口普查结果，我国每 10 万人中具有大学程度的为 3 611 人。该数字资料为（　　）。
    A. 绝对数　　B. 比较相对数　　C. 强度相对数　　D. 结构相对数

13. 离散趋势指标中，最容易受极端值影响的是（　　）。
    A. 极差　　B. 平均差　　C. 标准差　　D. 标准差系数

14. 平均差与标准差的主要区别在于（　　）。
    A. 指标意义不同　　　　　B. 计算条件不同
    C. 计算结果不同　　　　　D. 数学处理方法不同

15. 已知某班 40 名学生，其中男、女生各占一半，则该班学生性别成数方差为（　　）。
    A. 25%　　B. 30%　　C. 40%　　D. 50%

16. 方差是数据中各变量值与其算术平均数的（　　）。
    A. 离差绝对值的平均数　　　　B. 离差平方的平均数
    C. 离差平均数的平方　　　　　D. 离差平均数的绝对值

17. 在出生婴儿中，男生占 53%，女生占 47%，这是（　　）。
    A. 结构相对指标　　B. 强度相对指标　　C. 比较相对指标　　D. 比例相对指标

18. 万华企业生产的变速自行车上年实际成本为 450 元，本年计划降低 4%，实际降低了 5%，则成本降低计划超额完成程度为（　　）。
    A. 95%　　B. 98.9%　　C. 1%　　D. 1.04%

19. 按全国人口平均的粮食产量指标是（　　）。
    A. 平均指标　　B. 强度相对指标　　C. 比较相对指标　　D. 结构相对指标

20. 若计划规定某地区粮食年产量比上一年增加 5%，实际增加了 6%，则某地区粮食年产量计划完成（　　）。
    A. 120%　　B. 100.95%　　C. 101%　　D. 106%

21. 红星商店计划销售量比去年提高 10%，实际提高 15%，则销售量计划完成程度（　　）。
    A. 150%　　B. 5%　　C. 4.5%　　D. 104.5%

三、多项选择题

1. 在各种平均数中，不受极端值影响的平均数是（　　　　）。
   A. 算术平均数　　B. 调和平均数　　C. 中位数　　D. 几何平均数
   E. 众数

2. 加权算术平均数的大小受哪些因素的影响（　　　　）。
   A. 受各组频数或频率的影响　　B. 受各组标志值大小的影响
   C. 受各组标志值和权数的共同影响　　D. 只受各组标志值大小的影响
   E. 只受权数大小的影响

3. 众数是（　　　　）。
   A. 位置平均数
   B. 总体中出现次数最多的标志值
   C. 不受极端值的影响
   D. 适用于总体单位数多，有明显集中趋势的情况
   E. 处于变量数列中点位置的那个标志值

4. 在什么条件下，加权算术平均数等于简单算术平均数（　　　　）。
   A. 各组次数相等　　B. 各组标志值不等
   C. 变量数列为组距变量数列　　D. 各组次数都为1
   E. 各组次数占总次数的比重相等

5. 几何平均数主要适用于（　　　　）。
   A. 标志值的代数和等于标志值总量的情况
   B. 标志值的连乘积等于总比率的情况
   C. 标志值的连乘积等于总速度的情况
   D. 具有等比关系的变量数列
   E. 求平均比率时

6. 中位数是（　　　　）。
   A. 由标志值在变量数列中所处的位置决定的
   B. 根据标志值出现的次数决定的
   C. 总体单位水平的平均值
   D. 总体一般水平的代表值
   E. 不受总体中极端数值的影响

7. 不同总体间的标准差不能简单进行对比，是因为（　　　　）。
   A. 平均数不一致　　B. 标准差不一致
   C. 计量单位不一致　　D. 总体单位数不一致
   E. 与平均数的离差之和不一致

8. 不同数据组间各标志值的差异程度可以通过标准差系数进行比较，因为标准差系数（　　　　）。
   A. 消除了不同数据组各标志值的计量单位的影响
   B. 消除了不同数列平均水平高低的影响
   C. 消除了各标志值差异的影响

D. 数值的大小与数列的差异水平无关
E. 数值的大小与数列的平均数大小无关

9. 相对指标中由不同总体数值对比的有（　　　）。
   A. 结构相对指标　　　　　　B. 强度相对指标
   C. 比例相对指标　　　　　　D. 比较相对指标
   E. 动态相对指标

10. 下列统计指标属于强度相对指标的是（　　　）。
    A. 人口密度　　　　　　　　B. 人均国民收入
    C. 人口死亡率　　　　　　　D. 农民人均纯收入
    E. 经济发展速度

四、判断题

1. 权数对算术平均数的影响作用取决于权数本身绝对值的大小。（　）
2. 算术平均数的大小，只受总体各单位标志值大小的影响。（　）
3. 在特定条件下，加权算术平均数可以等于简单算术平均数。（　）
4. 中位数和众数大小受到总体内各单位标志值大小的影响。（　）
5. 若两组数据的平均数与标准差均相同，则其分布也是相同的。（　）
6. 在资料已分组时，形成变量数列的条件下，计算算术平均数或调和平均数时，应采用简单式；反之，采用加权式。（　）
7. 当各标志值的连乘积等于总比率或总速度时，宜采用几何平均法计算平均数。（　）
8. 众数是总体中出现最多的次数。（　）
9. 未知计算平均数的基本公式中的分子资料时，应采用加权算术平均数方法计算。（　）
10. 按人口平均的粮食产量是一个平均数。（　）
11. 变量数列的分布呈右偏分布时，算术平均数的值最小。（　）
12. 在对称分布的条件下，高于平均数的离差之和与低于平均数的离差之和，必然相等，全部的离差之和一定等于0。（　）
13. 是非标志的标准差是总体中两个成数的几何平均数。（　）
14. 总体中各标志值之间的差异程度越大，标准差系数就越小。（　）
15. 数据组中各个数值大小相当接近时，它们的离差和标准差就相对小。（　）
16. 总量指标按其反映的内容不同分为总体单位总量和总体标志总量。（　）
17. 一个总量指标是总体单位总量还是总体标志总量是固定不变的。（　）
18. 只有当计划完成程度大于100%时才表示超额完成计划，而小于100%则表示未完成计划。（　）
19. 强度相对指标有些是用有名数表示的，因此都可计算正指标和逆指标。（　）
20. 企业计划规定，2013年第一季度的单位产品成本比去年同期降低15%，实际执行结果降低7.5%，则企业仅完成单位产品成本计划的一半。（　）
21. 东方洗衣厂2013年第一季度洗衣机产量与春光洗衣机厂同期产量的比率是

比例相对指标。 ( )

22. 据抽样调查，2012年某城市居民家庭人均年可支配收入23623元，比上年增长14.3%。则14.3%是强度相对指标。 ( )

23. 2007年年末全国共有广播电台263座，电视台287座。他们是总体标志总量，同时是时点指标。 ( )

24. 比较相对指标既可以用绝对指标对比，也可以用相对指标和平均指标对比。 ( )

25. 去年某地区第一、第二、第三产业结构比例为11.7:49.2:39.1，这属于比较相对指标。 ( )

五、简答题

1. 反映总体集中趋势的指标有哪几种？集中趋势指标有什么特点和作用？
2. 简述算术平均数、中位数、众数的含义及三者之间的关系。
3. 什么是离中趋势指标？它有哪些作用？
4. 离中趋势指标有哪些，它们之间有何区别？
5. 如何对任意两个总体平均数的代表性进行比较？

六、应用技能训练

1. 某企业今年计划产值比去年增长5%，实际计划完成108%，问今年产值比去年增长多少？某银行计划今年平均增加存款15%，执行结果还差5%完成计划，则实际今年存款增加的百分比为多少？

2. 根据下列资料，计算强度相对数的正指标和逆指标，并根据正指标数值分析某地区医疗卫生设施的变动情况。

指　　标	2002年	2012年
医院数量（个）	45	68
地区人口总数（万人）	84.4	126.5

3. 某产品第一季度的成本和产量资料如下表：

月　　份	一月	二月	三月	合计
单位成本（元/个）	360	300	280	—
产量比重（%）	20	36	44	100

已知一月份的总成本为180万元。

计算：（1）第一季度的平均单位成本；

（2）第一季度的总产量和各月份的产量。

4. 2008年12月份，甲、乙两个农贸市场蔬菜价格和成交量、成交额资料如下表：

品　　种	价格（元/kg）	甲市场成交额（万元）	乙市场成交量（万千克）
土　豆	1.2	1.2	2
黄　瓜	1.8	2.8	1
西红柿	2.2	1.5	1
合　计	—	5.5	4

试问哪一个市场农产品的平均价格高？并说明原因。

5. 某银行连续10年的贷款利率分别为：第1～3年为7%，第4～5年为9%，第6～8年为11%，第9～10年为10%。试分别计算在单利和复利情况下的平均年利率。

6. 已知某地区30家企业今年的经营情况资料如下：

计划完成百分比（%）	企业个数（家）	实际产值（万元）
80～90	2	456
90～100	6	688
100～110	16	967
110～120	6	1 082

计算该地区30家企业计划完成程度相对指标。

7. 某大学经管学院男生的体重资料如下表：

按体重分组（kg）	学生人数（人）
50以下	2
50～55	87
55～60	268
60～65	419
65～70	311
70～75	147
75以上	83
合　　计	1 317

试根据所给资料计算学生体重的算术平均数、中位数、众数，并分析三者的关系。

8. 对成年组和幼儿组共500人身高资料分组，分组资料列表如下：

成年组		幼儿组	
按身高分组（cm）	人数（人）	按身高分组（cm）	人数（人）
150～155	30	70～75	20
155～160	120	75～80	80
160～165	90	80～85	40
165～170	40	85～90	30
170以上	20	90以上	30
合　　计	300	合　　计	200

根据资料：（1）分别计算成年组和幼儿组身高的平均数、标准差和标准差系数。

（2）说明成年组和幼儿组平均身高的代表性哪个大？为什么？

9. 某市五年计划规定累计建设经济适用房 85 万平方米，用来解决部分城镇住房困难的家庭，实际完成情况如下表（单位：万平方米）：

时间	2008	2009	2010	2011	2012 四个季度			
					一	二	三	四
建设面积	18	19	20	22	6	8	6	6

根据资料计算该市经济适用房建设的五年计划完成程度和提前完成计划的时间。

10. 在股票市场上，高收益率往往伴随着高风险。下表是某交易所甲、乙、丙三只股票连续 10 个交易日的收盘价格。

交易日	1	2	3	4	5	6	7	8	9	10
甲收盘价（元）	22	21	26	28	33	24	30	33	28	25
乙收盘价（元）	23	24	25	25	29	28	26	29	30	31
丙收盘价（元）	22	18	17	24	30	34	36	33	30	26

分析：（1）你认为应用什么统计指标来反映投资风险？

（2）分别计算三只股票价格的标准差、标准系数。

（3）如果你进行股票投资，你会选哪只股票？

项目 5　动态数列

学 习 目 标

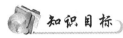

1. 掌握对经济现象的变动进行动态分析的方法；
2. 掌握动态数列的含义、种类、编制原则等基本理论；
3. 重点掌握各种动态分析指标的计算和具体应用，并依据现象在不同时间变动的数据，分析其变动的规律。

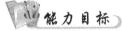

1. 能依据实际资料，计算、运用适宜的动态分析指标；
2. 会测定现象的长期趋势和季节变动。

1. 动态数列的含义和种类；
2. 平均发展水平的各种计算方法；
3. 各种速度指标的计算和换算；
4. 长期趋势和季节变动的分析方法。

社会经济现象总是随着时间的推移而不断发展变化的。例如，我国的国内生产总值（GDP），1978 年为 3 645 亿元，1979 年为 4 063 亿元，……2007 年为 249 530 亿元，2008 年为 300 670 亿元，……2012 年为 519 322 亿元。通过资料分析，我国的 GDP 是呈现递增的趋势。通过对过去时间资料的分析，可以从中得出规律性的结论，同时可以结合目前的现状，对未来做出判断和预测。

本项目的主要任务就是对各种社会经济现象编制科学的动态数列，运用各种动态指标对数列进行分析，并就现象的发展进行长期趋势分析。

第 1 讲　动态数列概述

5.1.1　动态数列的概念

动态数列又称为时间数列、时间序列，是将某一指标在不同时间上的数值，按时间（如按年、季、月等）先后顺序排列而成的统计数列，见表 5-1。

表 5-1　2003—2007 年我国经济、人口统计表

指　　标	2003 年	2004 年	2005 年	2006 年	2007 年
国内生产总值（亿元）	135 823	159 878	183 217	211 923	249 530
年底总人口（万人）	129 227	129 988	130 756	131 448	132 129
人口自然增长率（‰）	6.01	5.87	5.89	5.28	5.17

一般来说，动态数列是由两个基本要素构成的，一是现象的所属时间，如表5-1中的2003、2004年等；二是反映客观现象各个具体指标数值，如表5-1中各年的国内生产总值、年底总人口、人口自然增长率等。在动态数列中，指标数值也称发展水平。

动态数列在统计分析中，可以描述社会经济现象变化的全过程，为研究社会经济现象的发展速度和变化规律提供依据。如表5-1中的国内生产总值，在2003—2007年期间表现为逐年增长的趋势；人口自然增长率在2003—2007年期间表现为不断下降的趋势。这有助于分析过去和预测未来。可见，动态数列是观察分析事物的一种重要方法。

5.1.2　动态数列的种类

动态数列按其指标表现形式的不同，分为绝对数动态数列、相对数动态数列和平均数动态数列三种。其中，绝对数动态数列是基本的动态数列，相对数动态数列和平均数动态数列是在其基础上派生的。

1. 绝对数动态数列

绝对数动态数列又称为总量指标动态数列，是由一系列总量指标数值按时间先后顺序排列而成的统计数列。它反映了某种社会经济现象在各个时期达到的规模、水平及其发展变化情况。按其所反映现象的时间状况不同，绝对数动态数列又可分为时期数列和时点数列。

时期数列是反映某种社会经济现象在一段时期内发展过程总量的绝对数数列。如表5-1中所列的2003—2007年我国国内生产总值就是一个时期数列。时期数列有如下特点：数列中的每一项指标数值都是通过连续登记取得的；数列中每个指标数值的大小与其包含时间的长短有直接关系，包含时期越长，指标数值越大；数列中各项指标数值可以直接相加，相加后反映更长一段时期的总量指标。

时点数列是指反映某种社会经济现象在一定时点（时刻）上的状况及其水平的绝对数动态数列。如表5-1中所列2003—2007年我国年底总人口就是时点数列。时点数列有如下特点：数列中的每一项指标数值，都是在某一时刻的特定状况下进行一次性登记取得的；数列指标的数值大小，与时点间隔的长短无直接关系；数列中各项指标不能相加，加总后的结果不具有实际意义。

2. 相对数动态数列

相对数动态数列又称为相对指标动态数列，是由一系列同类相对指标数值按时间先后顺序排列而成的统计数列。它反映社会经济现象之间的数量对比关系或说明现象的结果、速度的发展变化过程。如表5-1中的人口自然增长率是相对数动态数列。

由于相对指标表现为两个绝对指标之比，而绝对指标又分为时期指标和时点指标，所以，相对数动态数列可通过两个时期数列对比、两个时点数列对比、一个时期数列和一个时点数列对比而进行编制。

3. 平均数动态数列

平均数动态数列又称为平均指标动态数列，是由一系列同类平均指标数值按时间先后顺序排列而成的统计数列。它反映某一社会经济现象一般水平的变化过程或发展趋势。例如，各个时期的粮食作物平均亩产量、产品单位成本、工人劳动生产率等所构成的动态数列，都是平均数动态数列。

平均数也表现为两个绝对指标之比，因此，平均数动态数列也可以由两个时期数列对比、两个时点数列对比，或一个时期数列和一个时点数列对比而编制。

5.1.3 动态数列的编制原则

动态数列显示现象的发展变化规律，各项指标均具有可比性。因此，可比性是编制动态数列应遵循的基本原则。其具体要求是：

1. 时间长短应该相等

动态数列中的各项指标如果是时期指标，其数值所属的时期长度应该相等。因为时期指标的数值大小与时期长短有直接关系，只有时期长度一致，才能保证各指标值之间的可比性。动态数列中的各项指标如果是时点指标，其数值之间的时间间隔长度应该相等，以便于对比分析。

有时出于特定目的的需要，也可以把不同时间长度的同类指标组成动态数列来进行比较分析，见表5-2。

表5-2　我国几个重要时期钢材产量统计表　　　　　　　单位：万吨

年　份	1900—1949	1953—1957	1981—1985	1991—1995	2008	2012
钢产量	776	1 667	20 304	42 947	58 488	71 700

以上动态数列资料中的第1项指标为新中国成立以前50年钢材产量的总和，其后3项指标均为5年的钢材产量之和，2008、2012年每年的钢材产量，比1991—1995这五年的总和还要多。从表5-2可以看出，虽然时间长度不相等，但能说明问题，即说明1949年新中国成立前经济落后和新中国成立后钢铁工业的迅速发展的情况。此例旨在说明动态数列中时间要求的灵活性。但就一般情况而言，仍应使数列中各项指标的时间长度相等。

2. 总体范围应该一致

随着时间的推移，若被研究现象所属的空间范围及主管系统的变动影响到有关动态数列指标的变化，则其总体范围前后不可比。例如，研究某地区工业生产发展情况，如果那个地区的行政区划有了变动，则其前后指标就不能直接对比，而是必须将指标进行适当的调整，求得总体范围一致，才能观察事物在时间上的发展变化过程。

3. 经济内容必须相同

动态数列总的指标，有时会出现名称相同，其经济内容或经济含义却不相同的情况，如果不注意，就会影响对问题的分析。如商品价格有购进价格和销售价格之分，如果把这两种价格混在一起构成动态数列，就会导致得出错误的分析结论。因此，编制动态数列，不仅要看名称，更要注意内容。

4. 指标的计算方法、计量单位和计算价格应该一致

对于同一现象，不同的计算方法、计算价格等会得出不同的数值。例如，劳动生产率指标可以按生产工人计算，也可以按全员计算；产值可以按现价计算，也可以按不变价计算；等等，都会直接影响指标值的大小。

总之，同一动态数列中指标值的所有构成要素都应相同，这样才是可比的，依此分析才能得出正确的结论。

第 2 讲　动态数列的水平分析

5.2.1　发展水平

发展水平是动态数列中各具体时间条件下的指标数值，简称水平，它反映事物的发展变化在一定时期内或时点上所达到的水平。发展水平是计算其他所用动态分析指标的基础指标，一般用小写字母 a_i 表示。

发展水平可以表现为统计绝对数，称为绝对水平；也可以表现为统计相对数，称为相对水平；还可以变现为统计平均数，称为平均水平。根据这些不同表现形式的发展水平而编制的动态数列分别称为绝对数动态数列、相对数动态数列、平均数动态数列。

根据在动态数列中的位置不同，发展水平有最初水平、中间水平和最末水平之分。在同一个动态数量中，出现最早的发展水平称为最初水平，用符号 a_0 表示；出现最晚的发展水平称为最末水平，用符号 a_n 表示；其余所有中间时间的发展水平称为中间水平，分别用符号 a_1、a_2、a_3、…、a_{n-1} 表示。

在对动态数列中的发展水平进行比较分析时，通常将分析研究的那个时期的发展水平称为报告期水平，将作为比较基础时期的发展水平称为基期水平。由于研究目的不同，基期的确定方法也有所不同，若要研究事物逐期发展的情况，就以报告期的前一期为基期；若要研究事物经过较长一段时间发展变化的综合情况，就以事物发展过程中的某一历史时期（一般为具有特殊意义或具有转折意义的时期）作为固定基期。例如，反映我国改革开放以来的经济发展状况时，总是以 1978 年的数据为固定基期水平。在一般的动态数列中，常常以最初水平为固定基期水平。

发展水平在文字上习惯用"增加到"、"增加为"、"降低到"、"降低为"等来表述。例如，2002 年我国国内出境人数 1 660 万人次，2003 年增加到 2 022 万人次。

5.2.2　平均发展水平

将动态数列中各个发展水平加以平均而得到的平均数称为平均发展水平，用以反映现象在一段时间内发展变化所达到的一般水平。平均发展水平又称序时平均数，也叫动态平均数。

动态平均数和静态平均数都是反映现象一般水平的统计指标，但它们又不同：动态平均数是根据动态数列对事物在不同时间的数量差异进行抽象而计算的一般水平，是以时间单位为个体而计算的，它从动态上说明了现象在不同时间发展变化的一般水平；静态平均数是根据变量数列对总体单位之间的数量差异进行抽象而计算的一般水平，是以总体单位为个体的，它从静态上说明了现象总体中各单位在同一时间上变量值的一般水平。

从计算方法上讲，根据绝对数动态数列计算平均发展水平是最基本的方法，是计算相对数动态数列平均发展水平和平均数动态数列平均发展水平的基础。现分别介绍不同动态数列平均发展水平的计算方法：

1. 由绝对数动态数列计算序时平均数

（1）时期数列的序时平均数

根据时期数列计算平均发展水平，一般直接采用简单算术平均法计算。其计算公式为：

$$\bar{a} = \frac{a_1 + a_2 + a_3 + \cdots + a_n}{n} = \frac{\sum a}{n}$$

上式中：$\bar{a}$ 表示平均发展水平；

a_1、a_2、a_3、$\cdots$、a_n 表示各时期的发展水平；

n 表示观察的时期项数。

【实用范例 5.1】 根据表 5-1 的资料，计算我国 2003—2007 年的平均国内生产总值为：

$$\bar{a} = \frac{\sum a}{n} = \frac{135\,823 + 159\,878 + 183\,217 + 211\,923 + 249\,530}{5} = 138\,168.2 \text{（亿元）}$$

（2）时点数列的序时平均数

时点数列有连续时点数列和间断时点数列两种，而每一种又各有两种表现形式。

第一，由连续时点数列计算平均发展水平。

实际统计工作中，常常以一日为一个时点。连续时点数列是将逐日登记的资料按照时间先后顺序排列而形成的动态数列。总的来说，根据连续时点数列计算平均发展水平就是将各个时点的数据相加再除以时点数。由于在实际中连续时点数列的表现有两种，于是，就有了下面两种具体计算方法。

① 由逐日排列的时点数列计算平均发展水平。

逐日排列的时点数列是未做任何分组整理的，计算平均发展水平直接采用简单算术平均法即可。公式为：

$$\bar{a} = \frac{a_1 + a_2 + a_3 + \cdots + a_n}{n} = \frac{\sum a}{n}$$

式中：a_1、a_2、a_3、$\cdots$、a_n 表示各时点的发展水平；

n 表示时点项数。

【实用范例 5.2】 某集团公司冰箱的库存量资料见表 5-3。

表 5-3　某集团公司冰箱的库存数量表

日　　期	1月1日	1月2日	1月3日	1月4日	1月5日
库存量（台）	1 000	1 050	1 090	1 120	1 140

冰箱的平均库存量为：

$$\bar{a} = \frac{\sum a}{n} = \frac{1\,000 + 1\,050 + 1\,090 + 1\,120 + 1\,140}{5} = 1\,080 \text{（台）}$$

② 由分组数列的时点数列计算平均发展水平。

很多社会经济现象并不是每天都有很多的数量变化，往往是连续几天保持同样的数据。这时，就可以将相同数据的时点分成一组，再按时间先后顺序进行排列。对这样的动态数列计算平均发展水平，需要以发展水平（a）为变量值，以天数（f）为次数，采用加权算术平均法计算。公式为：$\bar{a} = \dfrac{\sum af}{\sum f}$。

【实用范例 5.3】 某化工公司 12 月份的甲醛的库存量资料见表 5-4。

表 5-4　某化工公司 12 月份甲醛的库存量计算表

日　　期	1～6	7～16	17～20	21～31	合　　计
库存量（kg）a	200	220	230	210	—
天数（天）f	6	10	4	11	31
af	1 200	2 200	920	2 310	6 630

则 12 月份甲醛的平均库存量为：

$$\bar{a} = \frac{\sum af}{\sum f} = \frac{6\,630}{31} \approx 213.87 \text{（kg）}$$

第二，有间断时点数列计算平均发展水平。

间断时点数列是间隔一段时间对现象在某一时点上所表现的状况进行一次性登记，并将登记的数据按照时间先后顺序排列所形成的动态数列。实际工作中，登记日常常是在期初或期末，如月初或月末、季初或季末、年初或年末等。

由间断时点数列计算平均发展水平一般要采用两个假设条件：一是假设上期末水平等于本期初水平（上期末和本期初是两个连续的时点，这里假设两个时点的水平没有变化）；二是假设现象在间隔期内的数量变化是均匀的。

根据上述两个假设条件，对间断时点数列计算平均发展水平一般分两步：

第一步，计算各间隔期的平均水平；

第二步，以间隔期的长度为权数，对各间隔期的平均水平再进行加权平均计算，得到动态数列的平均发展水平。

由于间断时点数列的间隔期有的相等，有的不相等，所以，计算平均发展水平的具体方法也不相同。

① 由等间隔时点数列计算平均发展水平。

由于等间隔时点数列的间隔期是相等的，所以权数的作用就没有了，因此，将各间隔期的平均水平进行简单平均计算即可。公式为：

$$\bar{a} = \frac{\dfrac{a_0 + a_1}{2} + \dfrac{a_1 + a_2}{2} + \dfrac{a_2 + a_3}{2} + \cdots + \dfrac{a_{n-1} + a_n}{2}}{n}$$

即：

$$\bar{a} = \frac{\dfrac{a_0}{2} + a_1 + a_2 + a_3 + \ldots + a_{n-1} + \dfrac{a_n}{2}}{n}$$

上述公式通常称为"首末折半法"。

【实用范例 5.4】 某地区 2005—2012 年期间的年末人口数资料见表 5-5。

表 5-5 某地区 2005—2012 年期间的年末人口资料　　　　　　单位：万人

年　份	2005	2006	2007	2008	2009	2010	2011	2012
年末人口数	890	912	934	955	987	1 023	1 045	1 064

2005—2012 年的间隔期是 7 年。

该地区 2005—2012 年间的平均人口数为：

$$\bar{a} = \frac{\frac{a_0}{2} + a_1 + a_2 + a_3 + \cdots + a_{n-1} + \frac{a_n}{2}}{n}$$

$$= \frac{\frac{890}{2} + 912 + 934 + 955 + 987 + 1\,023 + 1\,045 + \frac{1\,064}{2}}{7}$$

$$\approx 976.14 \text{（万人）}$$

② 由不等间隔时点数列计算平均发展水平。

由于不等间隔时点数列的间隔期是不相等的，所以权数的作用就显现出来了，因而，需要采用加权算术平均数计算平均发展水平。公式为：

$$\bar{a} = \frac{\frac{a_0 + a_1}{2}f_1 + \frac{a_1 + a_2}{2}f_2 + \frac{a_2 + a_3}{2}f_3 + \cdots + \frac{a_{n-1} + a_n}{2}f_n}{f_1 + f_2 + f_3 + \cdots + f_n}$$

$$= \frac{\sum_{i=1}^{n}\frac{a_{i-1} + a_i}{2}f_i}{\sum_{i=1}^{n}f_i}$$

上述公式通常称为"加权序时平均法"。

【实用范例 5.5】 某仓储中心某年空调的库存资料见表 5-6。

表 5-6 某仓储中心某年空调库存资料　　　　　　单位：台

统计时点	1月1日	5月1日	6月1日	9月1日	12月31日
空调数	1 600	1 800	1 900	1 600	1 400

则该仓储中心 2012 年空调的平均库存为：

$$\bar{a} = \frac{\sum_{i=1}^{n}\frac{a_{i-1} + a_i}{2}f_i}{\sum_{i=1}^{n}f_i}$$

$$= \frac{\frac{1\,600 + 1\,800}{2} \times 4 + \frac{1\,800 + 1\,900}{2} \times 1 + \frac{1\,900 + 1\,600}{2} \times 3 + \frac{1\,600 + 1\,400}{2} \times 4}{4 + 1 + 3 + 4}$$

$$= 1\,658.33 \text{（台）}$$

经验交流

由于两个假设条件与实际情况有差异，所以，根据间隔时点数列计算的各间隔期平均数只是个近似值,它与实际平均数之间是有差距的。而且,从上面的例子可以看出,间隔期越长,权数就越大,其平均数对动态数列的总平均水平的影响就越大。

因此,为了使计算结果尽量反映实际情况,间断时点数列的间隔期不宜过长。

2. 由静态相对数动态数列或平均数动态数列计算序时平均数

静态相对数动态数列或平均数动态数列都是由一个分子数列和一个分母数列的对应项相对比而形成的,所以,根据静态相对数动态数列或平均数动态数列计算平均发展水平时,一般都按以下程序进行:

第一步,计算作为分子的动态数列的平均发展水平;

第二步,计算作为分母的动态数列的平均发展水平;

第三步,将分子和分母的平均水平加以对比,计算动态数列的平均发展水平。

设有 $a = b/c$,则静态相对数动态数列或平均数动态数列的平均发展水平计算公式为:

$$\bar{a} = \frac{\bar{b}}{\bar{c}}$$

【实用范例 5.6】 某商业公司 2012 年部分月份的商品流转额和流动资金占用额资料见表 5-7,试求第四季度的月平均流动资金周转次数。

表 5-7 某商业公司 2012 年部分月份商品流转额和流动资金占用额资料

月　　份	10 月	11 月	12 月	2013 年 1 月
商品流转额(万元)	16 000	18 000	21 000	23 000
月初流动资金占用额(万元)	4 500	4 700	4 600	4 700
流动资金周转次数(次)	3.48	3.87	4.52	—

根据上述资料计算月平均流动资金周转次数的计算公式为:

$$月平均流动资金周转次数 = \frac{月平均商品流转额}{月平均流动资金占用额}$$

则:月平均商品流转额 $= \frac{16\,000 + 18\,000 + 21\,000}{3} \approx 18\,333.33$(万元)

月平均流动资金占用额 $= \frac{\frac{4\,500}{2} + 4\,700 + 4\,600 + \frac{4\,700}{2}}{3} \approx 4\,633.33$(万元)

月平均流动资金周转次数 $= \frac{18\,333.33}{4\,633.33} \approx 3.96$(次)

即该公司第四季度的月平均流动资金周转次数为 3.96 次。

经验交流

当分子数列或分母数列是时期数列时,一定要注意需要平均的时间长度。如计算月平均流动资金周转次数需要将分子的年商品流转额除以 12,而计算季度平均流动资金周转次数则需要将分子的年商品流转额除以 4。

5.2.3 增长量

动态数列中不同时间的发展水平之差称为增长量,用以反映经济现象经过一定时期的发展变化增加(或减少)的绝对水平。其基本计算公式为:

增长量 = 报告期水平 − 基期水平

增长量的计量单位与发展水平的计量单位是一致的。若增长量为正数,则表明现象发展呈增长(正增长)状态;若增长量为负数,则表明现象发展呈下降(负增长)状态;若增长量为0,表明现象发展是零增长。

由于基期的选择不同,增长量有逐期增长量和累计增长量两种。

逐期增长量是报告期水平与前期水平之差,表明现象逐期增长的绝对水平。

逐期增长量 = $a_i - a_{i-1}$ ($i = 1, 2, 3, \cdots, n$)

累计增长量是报告期水平与历史上某一固定基期的水平之差,表明现象经过较长一段时间发展的总增长水平。

累计增长量 = $a_i - a_0$(这里以 a_0 为固定基期水平,$i = 1, 2, 3, \cdots, n$)

逐期增长量和累计增长量之间存在如下换算关系:

(1) 逐期增长量之和等于相应时期的累计增长量。即:

$$(a_1 - a_0) + (a_2 - a_1) + (a_3 - a_2) + \cdots + (a_n - a_{n-1}) = a_n - a_0$$

(2) 相邻两个时期累计增长量之差等于相应时期的逐期增长量。即:

$$(a_i - a_0) - (a_{i-1} - a_0) = a_i - a_{i-1}$$

两种增长量的计算可见表 5-8。

此外,在实际工作中,为了消除季节变动的影响,常用本期发展水平与上年同期发展水平相减,计算年距增长量,以反映同一时期今年比去年增长的绝对水平。计算公式为:

年距增长量 = 本期发展水平 − 去年同期发展水平

例如,某市 2012 年第二季度工业增加值为 4.72 亿元,2013 年第二季度工业增加值为 4.83 亿元,比上年同期增加了 4.83 − 4.72 = 0.11(亿元)。

5.2.4 平均增长量

平均增长量是逐期增长量的序时平均数,用以表明经济现象在一定时期内平均每期比前期增长的绝对水平。计算公式为:

$$\text{平均增长量} = \frac{\text{逐期增长量之和}}{\text{逐期增长量项数}} = \frac{\text{数列末期累计增长量}}{\text{数列项数} - 1}$$

【实用范例 5.7】 根据表 5-8 的资料,以第二季度为观察期而计算的月平均增长量为:

$$\text{平均增长量} = \frac{105.69 - 60.89 + 298.32}{3} \approx 114.37 \text{(万元)}$$

即该公司 2013 年第二季度各月的工业增加值平均每月比上月增加 114.37 万元。

第3讲 动态数列的速度分析

5.3.1 发展速度

发展速度是现象在两个不同时期发展水平的比值，用以表明现象发展变化的相对程度。其基本计算公式为：

$$发展速度 = \frac{报告期水平}{基期水平} \times 100\%$$

发展速度通常用百分数表示，其取值可以大于、等于、或小于100%，但不会是负值。由于基期的确定方法不同，发展速度的具体计算方法有环比发展速度和定基发展速度两种。

环比发展速度是报告期水平与前一期水平之比，用以反映现象逐期发展的程度。公式为：

$$环比发展速度 = \frac{a_i}{a_{i-1}} \quad (i = 1, 2, 3, \cdots, n)$$

式中：a_i 为报告期水平，a_{i-1} 为报告期前一期水平。

定基发展速度是报告期水平与某一固定基期水平之比，用以反映现象在较长一段时期内总的发展程度，又称"总速度"，用"R"表示。公式为：

$$R = \frac{a_i}{a_0} \quad (i = 1, 2, 3, \cdots, n)$$

式中：a_i 为报告期水平，a_0 为最初水平，这里以最初水平为固定基期水平。

两种发展速度的计算见表5-8。

不难看出，环比发展速度和定基发展速度之间存在如下两种换算关系：

（1）环比发展速度的连乘积等于相应的定基发展速度（总速度）。

（2）相邻两期定基发展速度之商，等于后期的环比发展速度。

另外，在实际工作中，为了消除季节变动的影响，还常计算年距发展速度，也称同比速度，用以说明本期发展水平与上年同期发展水平相比所达到的相对程度。计算公式为：

$$年距发展速度 = \frac{本期发展水平}{去年同期发展水平}$$

【实用范例5.8】 某汽车厂2012年第一季度生产汽车12 000辆，2013年第一季度生产汽车15 000辆，计算年距增长量和年距发展速度。

年距增长量 = 本期发展水平 − 去年同期发展水平 = 15 000 − 12 000 = 3 000（辆）

$$年距发展速度 = \frac{本期发展水平}{去年同期发展水平} = \frac{15\,000}{12\,000} = 125\%$$

5.3.2 增长速度

增长速度是增长量与基期水平的比值，用以反映经济现象报告期水平比基期水平的增长程度。其基本计算公式为：

$$增长速度 = \frac{增长量}{基期水平} \times 100\% = 发展速度 - 1（或100\%）$$

增长速度一般用百分数表示，增长速度为正值，表明现象的发展是增长（正增长）的；增长速度为负值，表明现象的发展是下降（负增长）的。由于基期的确定方法不同，增长速度的具体计算方法有环比增长速度和定基增长速度两种。

环比增长速度是报告期逐期增长量与前期水平之比，用以反映现象逐期增长的程度。公式为：

$$环比增长速度 = \frac{逐期增长量}{前期水平} = \frac{a_i - a_{i-1}}{a_{i-1}} = 环比发展速度 - 1（或100\%）$$

定基增长速度是报告期累计增长量与固定基期水平之比，用以反映现象在较长一段时期内总的增长程度。公式为：

$$定基增长速度 = \frac{累计增长量}{固定基期水平} = \frac{a_i - a_0}{a_0} = 定基发展速度 - 1（或100\%）$$

两种增长速度的计算方法见表5-8。

计算和应用增长速度时要注意两个问题：

第一，环比增长速度和定基增长速度之间没有直接的换算关系，如果两者之间要换算，需要通过发展速度的换算关系。如把环比增长速度全部加1，变成环比发展速度，将所有环比发展速度连乘，得到定基发展速度，再从定基发展速度中减去1，就得到了定基增长速度。

第二，当报告期水平和基期水平表明的是不同方向的数据时，不宜计算增长速度。

另外，为消除季节变动的影响，常计算年距增长速度，计算公式为：

$$年距增长速度 = \frac{本期年距增长量}{去年同期发展水平} = 年距发展速度 - 1$$

【实用范例5.9】 某地区2013年第一季度出口183亿元，比上年同期的166亿元增加了17亿元，计算同比增长速度。

$$同比增长速度 = \frac{17}{166} = 10.24\%$$

讨论交流

某地区2013年第一季度的外贸出口总额为492.65亿美元，比去年同期增长了34.8%。其中出口额为298.28亿美元，增长27%。

请指出这些指标属于动态数列分析中的哪项指标？

5.3.3 平均发展速度和平均增长速度

1. 平均发展速度的含义及其与平均增长速度的关系

平均发展速度是各个时期单位环比发展速度的序时平均数，用以反映现象在较长一段时间内逐期平均发展变化的程度。平均增长速度用来反映现象在较长一段时期内逐期递增的相对程度，又称递增率或递减率。

平均发展速度和平均增长速度之间存在以下关系：

$$平均增长速度 = 平均发展速度 - 1（或100\%）$$

平均发展速度是根据环比发展速度动态数列计算的，但是平均增长速度不是直接根据环比增长速度动态数列计算的，而是在计算出平均发展速度之后，通过上述关系式换算得到的。因此，在这里着重介绍平均发展速度的计算方法。

2. 几何平均法计算平均发展速度

由于考察实物发展变化的侧重点不同，计算平均发展速度的方法也不同。实际工作中，一般有几何平均法和方程法两种计算方法。这里，只介绍常用的几何平均法，也叫水平法。

对经济现象发展变化情况的观察，常常侧重于现象在观察期期末所达到水平的高低，即 a_n，它是在最初水平 a_0 的基础上，按照各期的环比发展速度来发展变化，到观察期期末所达到的水平。由于各期的环比发展速度的连乘积等于最末期的定基发展速度，对环比发展速度计算平均就不能采用算术平均法，而需要采用几何平均法。其公式有：

(1) $\bar{x} = \sqrt[n]{x_1 \cdot x_2 \cdot x_3 \cdots x_n} = \sqrt[n]{\prod x}$

式中：$\bar{x}$ 表示平均发展速度；

$x_1, x_2, x_3, \cdots, x_n$ 表示各期环比发展速度；

n 表示时期项数；

$\prod$ 是连乘符号。

(2) $\bar{x} = \sqrt[n]{\dfrac{a_n}{a_0}}$

式中：a_n 表示最末水平；a_0 表示最初水平。

【实用范例5.10】 根据第四次、第五次人口普查资料，我国内地人口1990年普查时为113 368 万人，2000 年普查时为126 583 万人，试求两次人口普查之间我国内地人口年平均增长速度。

解：由题已知 $a_0 = 113\,368$ 万人，$a_n = 126\,583$ 万人，$n = 10$

$$\bar{x} = \sqrt[n]{\dfrac{a_n}{a_0}} = \sqrt[10]{\dfrac{126\,583}{113\,368}} = 1.011\,087$$

年平均增长速度 $= (1.011\,087 - 1) \times 1\,000‰ = 11.087‰$

【实用范例5.11】 某地区2012年的GDP为3 265亿元，其后每年以8.0%的速度递增，到2016年年末该地区GDP将达到多少？

解： $a_n = a_0 \times \bar{x}^n = 3\,265 \times 1.08^4 \approx 4\,440.4$（亿元）

即按8%的速度递增，到2016年年末该地区GDP将达到4 440.4亿元。

【实用范例5.12】 若要求在2020年年底，把我国大陆人口控制在15亿人以内，以2000年年底大陆人口数126 583万为基数，20年内我国人口年平均增长速度应控制在什么水平上？

解： $\bar{x} = \sqrt[n]{\dfrac{a_n}{a_0}} = \sqrt[20]{\dfrac{150\,000}{126\,583}} = 1.008\,523‰$

年平均增长速度 $= (1.008\,523 - 1) \times 1\,000‰ = 8.523‰$

即从2000年年底开始我国人口年平均增长速度必须控制在8.523‰以内，才能保证到2020年年底大陆人口不突破15亿人。

这里有必要指出，平均发展速度的计算结果只取决于 a_0 和 a_n 的大小，各个中间水平的变化波动对其没有影响。所以，为提高平均发展速度的代表性，在计算时应注意 a_0 和 a_n 是否受特殊因素的影响，以及中间各期发展水平是否存在增减变化或阶段性波动。必要时，应以分阶段平均发展速度来补充说明总平均发展速度。

5.3.4 增长1%的绝对值

在一般情况下，考察现象的发展程度常用环比增长速度来衡量。增长速度是从相对数上反映经济现象增长的相对程度，它们的计算基数可能不同，那么各期环比增长速度所隐藏的现象实际增长的绝对量效果就可能不同，即每增长1%相对应的绝对量可能不同。因为在低水平基础上的平均增长速度与高水平基础上的平均增长速度是不可比的，所以对现象进行动态对比时，必须注意速度背后隐藏的绝对增长量。通常用增长1%的绝对值来考察速度背后隐藏的绝对增长量。

增长1%的绝对值是逐期增长量与环比增长速度之比，用以说明经济现象报告期比基期每增长1%所包含的实际经济效果。即：

$$增长1\%的绝对值 = \frac{逐期增长量}{环比增长速度} \times 1\% = \frac{a_i - a_{i-1}}{\dfrac{a_i - a_{i-1}}{a_{i-1}}} \times 1\% = \frac{a_{i-1}}{100} = \frac{前期水平}{100}$$

增长1%的绝对值的计算见表5-8。

表5-8　某公司2013年上半年产值资料

月　份		1	2	3	4	5	6
产值（万元）		3 344.15	3 709.29	4 264.82	4 370.51	4 309.62	4 607.94
增长量（万元）	逐期	—	365.14	555.53	105.69	-60.89	298.32
	累计	—	365.14	920.67	1 026.36	965.47	1 263.79
发展速度（%）	环比	—	110.92	114.98	102.48	98.61	106.92
	定基	100.00	110.92	127.53	130.69	128.87	137.79
增长速度（%）	环比	—	10.92	14.98	2.48	-1.39	6.92
	定基	—	10.92	27.53	30.69	28.87	37.79
增长1%绝对值（万元）		—	33.44	37.09	42.65	43.71	43.10

> **讨论交流**
>
> （1）为什么说高水平难以高速度，低水平却可以高速度呢？
>
> （2）为什么中国国内生产总值可以以每年高于7%的速度增长，美国国内生产总值每年增长不到4%，而美国仍然发展很快呢？

第4讲　动态数列的趋势分析

编制动态数列，对社会经济现象进行动态分析，不仅要描述、反映现象发展变化的过程和结果，更重要的是探究其变化的原因和规律。因为动态数列各项发展水平的变化是多种因素共同作用的结果，其中有些因素是基本的、主要的因素，对现象的发展起决定性的作用，引导现象朝着某一个方向有规律变化，而有些因素是偶然的、次要的因素，对现象的发展只起局部的影响作用，从而使现象的变化方向不定。进行动态数列的趋势分析，就是将这些交织在一起的因素一一分解出来进行研究、测定，搞清现象发展变化的原因及其规律，为预测未来和做出决策提供依据。

5.4.1 动态数列的因素构成

社会经济现象的发展变化错综复杂，影响动态数列的因素多种多样，如政治的、经济的、自然技术的等因素。如果按影响因素的作用方式归类，可分为长期趋势、季节变动、循环变动和不规则变动四种。其中，长期趋势被视为基本变化，是影响的主导因素，其余变动视为附加变动。

1. 长期趋势

长期趋势（用 T 表示）是指社会经济现象在一个相当长的时期内持续发展变化的趋势，即持续向上、向下或基本持平的趋势。长期趋势变动是现象受到各个时期普遍的、持续的、决定的基本因素影响的结果。如：社会商品零售总额、国内生产总值、职工工资总额等指标，都是随着科学技术的进步和生产率提高等基本因素的影响，呈现逐年持续上升的趋势。认识和掌握事物的长期趋势，可以把握事物发展变化的基本特点。

2. 季节变动

季节变动（用 S 表示）是指社会经济现象受自然条件和社会习俗等因素的影响，在一年内随季节更替而出现的有规律的变动。如：大多数农作物在一年内的收获周期使以农产品为原材料的加工业生产出现淡旺季，交通运输部门的运货量、有关商品的消费量也随之出现季节变动。季节变动的影响有以一年为周期的，也有以一季、一月、一周、一日为周期的。认识和掌握季节变动，对于生产、经营等活动很有帮助，可以避免一些不必要的损失。

3. 循环变动

循环变动（用 C 表示）是指现象受多种不同因素的影响，在若干年中发生的周期性起伏波动。它既不同于向单一方向持续发展的长期趋势，也不同于在一年内的季节变动。由于形成原因比较复杂，使得循环变动的周期长短不一，上下波动程度也不相同。如：有些农作物受自然现象的影响，在若干年中出现的丰歉状况，就是循环变动的一种表现。

4. 不规则变动

不规则变动（用 I 表示）是指现象除了受以上各种变动影响以外，还因临时的、偶然性因素或不明原因的影响而引起的随机变动。如：地震、洪灾、战争等对社会造成的影响。不规则变动无规则可寻，是无法控制的。

一般来说，动态数列中每一个水平指标都受上述四类因素共同影响和综合作用，但就实际情况看，有些现象并不同时受四种因素的影响，如：按年排列的动态数列就不体现季节变动，我国工业生产发展趋势一般不存在循环变动。因此，对研究现象进行具体分析时，实际包含什么因素就测定什么因素。这里仅介绍实际常见的两种因素的测定方法,即长期趋势和季节变动的测定。

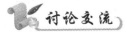 讨论交流

请从时间长短、起伏规律和形成原因三个方面判断下面这些现象属于时间数列构成因素中的哪一个?

(1) 超市的顾客人数,周末达到高峰。
(2) 银行的活期储蓄额,发放工资前减少,发放工资后增多。
(3) 我国的进出口贸易额从长时间来看是不断增长的。
(4) 由于媒体对禽流感的报道,造成家禽的需求量急剧下降。
(5) 耐用消费品如电视、冰箱周期性更新导致需求量变化。
(6) 铁路部门运送旅客的客运量,在一年中有几个时段变为高峰,另几个时段为低谷。
(7) 玩具的销售量每年在 12 月份达到最大额。
(8) 据中国互联网络中心(CNNIC)调查资料,我国网民上网高峰集中在 20 点和 21 点,最高峰是 20 点。有超过 60% 的网民经常在这一时点上网,次高峰在 14 点。低谷则是凌晨到早上 8 点。

5.4.2 长期趋势分析

长期趋势分析就是运用一定的方法对原有动态数列进行加工修匀,剔除偶然因素的影响,通过新形成的动态数列,测定和分析现象长期向上或向下变化的趋势,揭示其发展的规律性,为进行科学的预测提供依据。在研究现象的长期趋势时,常用的测定方法有:时距扩大法、移动平均法、最小平方法等。

1. 时距扩大法

这是测定长期趋势的一个较简单的方法。它是将原有动态数列中的时间距离加以扩大,以此消除由于短期内受偶然因素影响而引起的波动。由于时距扩大后通常是用总数来编制新的动态数列,因此此法适用于时期数列。若是时点数列,则须用时距扩大后的平均数来编制新的动态数列。

【实用范例 5.13】 利用时距扩大法修匀表 5-9 中的各月现金投放资料。

表 5-9 某市某年各月现金投放量

月 份	1	2	3	4	5	6	7	8	9	10	11	12
现金投放额(亿元)	28.8	-26.6	-7.1	1.5	-0.3	-1.4	3.7	1.2	3.2	1.7	3.5	5.5

表内资料的时距为一个月,由于时间较短,现象变动不均匀,不容易看出长期趋势。将时距扩大为季度后计算的总量资料见表 5-10。

表 5-10 某市某年各季现金投放量

季 度	一	二	三	四
现金投放额(亿元)	-4.9	-0.2	8.1	10.7

也可以用时距扩大后的序时平均数反映,资料见表 5-11。

表 5-11　某市某年各季月均现金投放量

季　度	一	二	三	四
月均现金投放额（亿元）	-1.63	-0.07	2.7	3.57

从表中可以明显地看出该市当年现金投放增长的趋势。

此法在使用时，应注意根据现象的特点和研究目的来适当扩大时距，以能清晰反映现象的发展趋势为好。

2. 移动平均法

移动平均法就是从原有动态数列第一项数值开始，按一定的项数求其序时平均数，逐项移动，边移动边平均，从而形成一个移动序时平均数构成的新的动态数列，反映现象发展的长期趋势。一般来说，这种方法的移动平均项数越多，对原有动态数列的修匀作用就越大，但得到新的动态数列项数却越少。因此取多长时间作为移动平均的项数，是移动平均法运用的关键问题，应根据社会经济现象的特点来定。

（1）如果现象的变化有季节性，就应以该季节长度作为移动平均的项数。如是季度资料就采用四项移动平均，是月度资料就采用十二项移动平均，这样才能剔除长期趋势变动中的季节变动。

（2）如果现象没有季节变动，则最好采用奇数项（3、5、7项）移动平均，因为移动平均值都能与数列原值对齐，移动平均一次即可得趋势值。如三项移动平均，第一个移动平均数对齐第二个原值，作为其代表值；第二个移动平均数对齐第三个原值，以此类推。若采用偶数项移动平均，则移动平均值置于两期之间，需要再进行一次两项移动平均，以修正趋势值。

【实用范例5.14】　现根据我国历年原盐产量资料（见表5-12）举例说明移动平均法。

表 5-12　我国历年原盐产量资料

年　份	产量（万吨）	三项移动平均	四项移动平均	二项移动平均
1990	2 023	—		—
1991	2 410	2 423.67		
			2 553.5	
1992	2 838	2 730.33		2 675.13
			2 796.75	
1993	2 943	2 925.67		2 867.25
			2 937.75	
1994	2 996	2 972.33		2 946.5
			2 955.25	
1995	2 978	2 959.33		2 972.75
			2 990.25	
1996	2 904	2 988.33		2 896.13
			2 802	
1997	3 083	2 743.33		2 781.25
			2 802	
1998	2 243	2 712.67		2 788.5
			2 816.5	
1999	2 812	2 727.67		2 857.5
			2 898.5	
2000	3 128	3 117		3 068.38
			3 238.25	
2001	3 411	3 380.33		3 316.5
			3 394.75	
2002	3 602	3 483.66		3 509.13
			3 623.5	
2003	3 438	3 694.33		3 779.75
			3 936	
2004	4 043	4 047.33	—	—
2005	4 661			

（资料来源：国家统计局，《中国统计年鉴》，中国统计出版社，2006年）

三项移动平均：

第一个平均数 $=\dfrac{2\,023+2\,410+2\,838}{3}=2\,423.67$，对齐第二项原值；

第二个平均数 $=\dfrac{2\,410+2\,838+2\,943}{3}=2\,730.33$，对齐第三项原值。依此类推，边移动边平均，求得三项移动平均新数列共 14 项值，比原数列少 2 项。

四项移动平均：

第一个平均数 $=\dfrac{2\,023+2\,410+2\,838+2\,943}{4}=2\,553.5$，对着第二项和第三项原值的中间；

第二个平均数 $=\dfrac{2\,410+2\,838+2\,943+2\,996}{4}=2\,796.75$，对着第三项和第四项原值的中间，依此类推，边移动边平均，求得四项移动平均新数列共 13 项值。由于每个指标值都和原值错半期，不能直接对比，必须进行一次移正平均，即再进行一次两项移动平均，这样新序时平均数动态数列的各期值才能与原值对齐。新形成的四项移正平均数数列共 12 项值，比原数列少 4 项。从表 5-12 中的原数列可以看到，我国原盐产量虽然在有些年份有所下降，但总的趋势是向上发展。而移动平均所形成的新数列更能明显反映这种趋势。尽管如此，在本例中仍可见到移动后的新数列还存在数据趋势值的波动，这主要是由于 1998 年的原盐产量较反常，数量下降较多。因此，移动平均法主要适合对较为平稳的时间序列进行修匀与预测。

3. 最小平方法

在确定了现象变动存在长期趋势后，要对现象变动的长期趋势进行动态预测，就必须建立与长期趋势相适应的数学模型。长期趋势模型有直线趋势模型和曲线趋势模型两类，本教材只介绍直线趋势模型，其趋势直线方程如下：

$$y_c = a + bt$$

式中：y_c 是理论趋势值；

b 是待定参数；

t 是时间顺序。

利用最小平方法（即最小二乘法）所配合的直线趋势模型是最优的理想直线，因为这条直线与实际测定的所有相关点的距离平方和最小。

根据这一方法，直线趋势方程中的待定参数 a 和 b 应当满足下列条件：

$$\sum (y - y_c)^2 = \min$$

或

$$\sum (y - a - bt)^2 = \min$$

令 $Z = \sum (y - y_c)^2 = \sum (y - a - bt)^2$，要使 Z 值达到最小，其必要条件是它对 a 和 b 的一阶导数等于零。

$$\dfrac{\partial Z}{\partial a} = -2\sum (y - a - bt) = 0$$

$$\dfrac{\partial Z}{\partial b} = -2\sum t(y - a - bt) = 0$$

经整理得：

$$\begin{cases} \sum y = na + b\sum t \\ \sum ty = a\sum t + b\sum t^2 \end{cases}$$

解方程组得：

$$\begin{cases} b = \dfrac{n\sum ty - \sum t \sum y}{n\sum t^2 - (\sum t)^2} \\ a = \dfrac{\sum y}{n} - \dfrac{b\sum t}{n} = \bar{y} - b\bar{t} \end{cases}$$

【实用范例 5.15】 超市 2007—2012 年连续 6 年的营业额资料如表 5-13 所示。
要求：求出直线趋势方程，并预测 2013 年该超市的营业额。

表 5-13 某超市 2007—2012 年营业额 单位：百万元

年　份	营业额 y	序号 t	ty	t^2
2007	68	0	0	0
2008	71	1	71	1
2009	75	2	150	4
2010	79	3	237	9
2011	84	4	336	16
2012	88	5	440	25
合　计	465	15	1 234	55

解：根据表 5-13，可知 $n=6$，$\sum t = 15$，$\sum y = 465$，$\sum t^2 = 55$，$\sum ty = 1\,234$

将这些数据带入公式 $\begin{cases} \sum y = na + b\sum t \\ \sum ty = a\sum t + b\sum t^2 \end{cases}$，得：

$$\begin{cases} 465 = 6a + 15b \\ 1\,234 = 15a + 55b \end{cases}$$

解方程组得：$a = 67.3$，$b = 4.08$

所以，该超市在 2007—2012 年营业额变动的直线趋势方程为：

$$y_c = 67.3 + 4.08t$$

若要预测 2013 年的营业额，将 $t = 6$ 带入方程，得：

$$y_c = 67.3 + 4.08 \times 6 = 91.78 \text{（百万元）}$$

预测结果可以成为编制计划、制定政策和策略以及对工作进行预先统筹安排等的依据。

为了计算方便，可以对 t 值作适当处理，实现 $\sum t = 0$，标准方程组就可以简化为：

$$\begin{cases} \sum y = na \\ \sum ty = b\sum t^2 \end{cases}$$

即

$$\begin{cases} a = \dfrac{\sum y}{n} \\ b = \dfrac{\sum ty}{\sum t^2} \end{cases}$$

很显然，这样可以大大简化计算过程，缩短计算时间，减轻计算工作量。

t 值的处理方法为：当时间项数为奇数时，可假设 t 的中间项为 0，整个时间数列的 t 值分别为：…，-3，-2，-1，0，1，2，3，…。当时间数列为偶数项时，取中间两项的中点为原点，原点实际上是在数列正中相邻两个时间的中点，保证了时间间隔相等，整个时间数列的 t 值分别为：…，-7，-5，-3，-1，1，3，5，7，…。

5.4.3 季节变动分析

1. 季节变动的意义

所谓季节变动是指某种社会经济现象在一定时期内（如一个月、一季、一年），随着时间的改变而发生有规律的周期变动。

实际中有许多现象的变化受季节变动的影响，如农业生产；以农产品为原料的加工工业生产；交通客运量；某些商品销售量；又如货币的投放，一般是上半年货币回笼，下半年货币投放。人们研究和分析季节变动，是为了认识和掌握现象的变化周期和规律，以便克服季节变动带来的不良影响，争取工作的主动性，更好地组织生产，安排社会经济活动。

2. 季节变动的测定

测定季节变动的方法有两种：一种是不考虑长期趋势的影响，直接用原始动态数列来计算，即按月（季）平均法；另一种是考虑长期趋势的影响，剔除后再求季节变动，即移动平均趋势剔除法。

不论采用哪一种方法，都要计算季节比率（也叫季节指数），用以说明受季节因素影响的大小。季节比率大于 100%，说明现象季节变动为高峰，季节比率小于 100%，说明现象季节变动为低谷，若等于 100%，说明不受季节变动影响。为了客观的测定季节变动的影响，要求具备连续三个周期以上的发展水平资料，如连续三年的 36 个月资料或 12 个季度资料。这里只介绍按月（季）平均法。

按月平均法的各月季节比率，是现象历年同月资料的平均数与历年各月的总平均数之比。具体计算过程举例来说明。

【实用范例 5.16】 根据表 5-14 资料，计算某储蓄所各月存款季节比率。

表 5-14 某储蓄所 2010—2012 年存款资料

单位：万元

月 份	2010	2011	2012	同月合计	同月平均数	季节比率（%）
1	650	710	860	2 220	740	60.37
2	890	1 040	1 250	3 180	1 060	86.47
3	1 270	1 410	1 430	4 110	1 370	111.76

续表

月　份	2010	2011	2012	同月合计	同月平均数	季节比率（%）
4	1 260	1 530	1 620	4 410	1 470	119.92
5	1 530	1 650	1 740	4 920	1 640	133.79
6	1 610	1 740	1 810	5 160	1 720	140.31
7	1 190	1 450	2 040	4 680	1 560	127.26
8	980	1 230	1 870	4 080	1 360	110.95
9	960	1 020	1 500	3 480	1 160	94.63
10	880	990	1 220	3 090	1 030	84.02
11	640	860	990	2 490	830	67.71
12	610	810	890	2 310	770	62.81
合　计	12 470	14 440	17 220	44 130	14 710	1 200.00
平　均	—	—	—	—	1 225.83	100.00

（1）计算三年同月的月平均数

历年同月的平均数用简单算术平均法计算，如：

$$一月份平均数 = \frac{650+710+860}{3} = \frac{2\,220}{3} = 740（万元）$$

$$二月份平均数 = \frac{890+1\,040+1\,250}{3} = \frac{3\,180}{3} = 1\,060（万元）$$

（2）计算三年各月的总平均数

$$月总平均数 = \frac{三年总数}{三年月份数} = \frac{三年同月平均数之和}{12}$$

$$= \frac{44\,130}{36} = \frac{14\,710}{12} = 1\,225.83（万元）$$

（3）计算各月季节比率

$$各月季节比率 = \frac{历年同月平均数}{历年月总平均数}$$

如：

$$一月份季节比率 = \frac{740}{1\,225.83} = 60.36\%$$

$$二月份季节比率 = \frac{1\,060}{1\,225.83} = 86.46\%$$

计算结果表明，该银行支行的存款在上半年呈现上升趋势，而下半年呈现下降趋势。若将季节比率资料绘制成季节变动曲线图，则能更清楚地反映这种趋势。

应用季节比率可以进行某些外推预测。如果动态数列没有明显的长期趋势，可直接用按月（季）平均法计算的季节比率来预测。即：如果已测得下一年全年的预测值，则各月（季）预测值等于月（季）平均预测值乘以该月（季）的季节比率。

例如，假定已预测2013年全年存款额为18 600万元，平均每月为1 550万元，则：

1月份预测值为 1 550 × 60.37% = 935.735（万元）

2月份预测值为 1 550 × 86.47% = 1 340.285（万元）

……

按月（季）平均法的优点是计算简便、容易理解，但季节比率的计算不够精确，因为它不考虑数列中长期趋势的影响。要解决这一问题，就要用另一种方法，即移动平均趋势剔除法，这里不作介绍。

第5讲 统计实践

实践训练：对我国固定资产投资情况进行长期趋势分析

通过对一定时期全社会建造和购置固定资产活动的数量描述，可以反映报告期内固定资产投资的规模和速度、固定资产投资的结构和比例关系、固定资产投资的资金来源及固定资产投资的效果等。固定资产投资统计的范围包括：城乡建设项目投资、房地产开发投资、城镇和工矿区私人建房投资及国防、人防建设项目投资。跨省、区项目资料来自国务院各部门，农村集体和农村个人固定资产投资资料来自国家统计局农村经济调查总队的乡村社会经济调查，除此以外的固定资产投资统计资料均来自国家统计局固定资产投资统计司统计调查。除农村集体和农村个人固定资产投资统计采用抽样调查的方法外，其他均为全面统计报表。按资金来源划分的全社会固定资产投资如表5-15所示，表中给出了我国国家预算内资金、国内贷款、利用外资、自筹和其他资金的时间序列。

表 5-15 我国 1981—2004 年固定资产投资情况

投资额（亿元）

年 份	国家预算内资金	国内贷款	利用外资	自筹和其他资金
1981	269.76	122	36.36	1 532.89
1982	279.26	176.12	60.51	1 714.51
1983	339.71	175.50	66.55	1 848.30
1984	421	258.47	70.66	1 082.74
1985	407.80	510.27	91.48	1 533.64
1986	455.62	658.46	137.31	1 869.19
1987	496.64	871.98	181.97	2 241.11
1988	431.96	977.84	275.31	2 968.69
1989	366.05	762.98	291.08	2 990.28
1990	393.03	885.45	284.61	2 954.41
1991	380.43	1 314.73	318.89	3 580.44
1992	347.46	2 214.03	468.66	5 049.95
1993	483.67	3 071.99	954.28	8 562.36
1994	529.57	3 997.64	1 768.95	11 530.96
1995	621.05	4 198.73	2 295.89	13 409.19
1996	625.88	4 573.69	2 746.60	15 412.40
1997	696.74	4 782.55	2 683.89	17 096.49
1998	1 197.39	5 542.89	2 617.03	19 359.61

续表

年　份	国家预算内资金	国内贷款	利用外资	自筹和其他资金
1999	1 852.14	5 725.93	2 006.78	20 169.70
2000	2 109.45	6 727.27	1 696.30	22 577.40
2001	2 546.42	7 239.79	1 730.73	26 470.04
2002	3 160.96	8 859.07	2 084.98	30 941.91
2003	2 687.82	12 044.36	2 599.35	41 284.76
2004	3 255.10	13 788.04	3 285.68	54 866.60

（资料来源:《2005 中国统计年鉴》，http://www.stats.gov.cn）

根据上面资料，完成以下统计实践，并查阅 2006 年、2007 年的《中国统计年鉴》，对计算结果进行对比。

（1）根据表中的数据，分别计算 1981—2004 年国家预算内资金、国内贷款、利用外资以及自筹和其他资金的发展速度和增长速度，并根据平均增长速度预测 2005 年和 2006 年的各种来源资金的数量。比较不同方法分析的结果，并分析其原因。

（2）根据表中数据用移动平均法计算各年度国家预算内资金、国内贷款、利用外资以及自筹和其他资金国内贷款的预测值和预测误差，并将原序列和预测后的序列绘制成图形进行比较。

（3）研究我国全社会固定资产投资不同资金来源，如国家预算内资金、国内贷款、利用外资以及自筹和其他资金等的变动规律，比较不同方法的分析结果，并分析其原因。

（4）分析 1981—2004 年以来我国全社会固定资产投资金额发展变化的基本态势，对各种方法的分析结果加以比较并撰写分析报告。

思考与应用技能训练

一、填空题

1. 动态数列有两个构成要素，一个是_____，一个是_____，后者又叫发展水平。

2. 发展速度是_____与_____的比值，由于基期的选择不同，它有_____和_____两种。

3. 平均发展速度是_____的序时平均数，它有_____和_____两种计算方法，其中，_____侧重于考察计算期末年的水平。

4. 分析现象变动长期趋势的方法主要有_____、_____和_____三种。

5. 绝对数动态数列按指标反映时间状况的不同，可分为_____和_____。

6. 各年年末商品库存量数列属于_____数列，各年的基建投资额数列属于_____数列。

7. 某高校在校学生 2005 年比 2004 年增加 8%，2006 年比 2005 年增加 12%，2007 年比 2006 年增加 10%，则这三年共增加学生_____。

8. 各项环比发展速度的_____等于定基发展速度，累计增长量等于各项逐期增加量的_____。

9. 本期定基发展速度与前一期定基发展速度之比等于_____，本期累计增长量与本期逐期增长量之差等于_____。

10. 某公司一月份生产2000件产品，废品率为0.9%；二月份生产2 200件产品，废品率为1.1%；三月份生产1 900件产品，废品率为0.8%；则第一季度该公司产品的平均废品率为_____。

二、单项选择题

1. 下列属于时点数列的是（　　）。
   A. 历年招生人数数列　　　　B. 历年增加在校生人数数列
   C. 历年在校生人数数列　　　D. 历年毕业生人数数列
2. 对等间隔时点数列计算平均发展水平应采用（　　）法。
   A. 简单算术平均法　　　　　B. 加权序时平均法
   C. 首末折半法　　　　　　　D. 半数平均法
3. 报告期水平与前期水平之差称为（　　）。
   A. 逐期增长量　　　　　　　B. 累计增长量
   C. 环比增长速度　　　　　　D. 定基增长速度
4. 在时点数列中，称为"间隔"的是（　　）。
   A. 最初水平与最末水平之差
   B. 最初水平与最末水平之间的时间距离
   C. 两个相邻指标在时间上的距离
   D. 两个相邻指标数值之间的距离
5. 已知环比增长速度求定基增长速度的方法是（　　）。
   A. 各环比增长速度相乘
   B. 各环比增长速度相加
   C. 各环比增长速度相除
   D. 各环比增长速度还原为环比发展速度连乘后减去1
6. 已知某企业前4年的平均增长速度为10%，后6年的平均增长速度为9%，计算这十年的平均增长速度应采用的方法是（　　）。
   A. $\sqrt[10]{0.1 \times 0.09}$　　　　　　　B. $\sqrt[10]{1.1 \times 1.09} - 1$
   C. $\sqrt[10]{(0.1)^2 \times (0.09)^6}$　　D. $\sqrt[10]{(1.1)^4 \times (1.09)^6} - 1$
7. 下列数列中哪一个属于时间数列？（　　）
   A. 学生按学习成绩分组形成的数列
   B. 出口额按时间先后顺序排列形成的数列
   C. 工业企业按地区分组形成的数列
   D. 职工按工资水平高低排列形成的数列
8. 平均发展速度是（　　）。
   A. 定基发展速度的算数平均数　　B. 环比发展速度的算数平方根

C. 环比发展速度的几何平均数　　D. 增长速度加上 100%

9. 定基增长速度与环比增长速度的关系是（　　）。
　　A. 定基增长速度是环比增长速度的连乘积
　　B. 定基增长速度是环比增长速度之和
　　C. 各环比增长速度加 1 后的连乘积减 1
　　D. 各环比增长速度减 1 后的连乘积减 1

10. 计算序时平均数时，"首末折半法"适用于（　　）。
　　A. 时期数列计算序时平均数
　　B. 间隔相等的间断时点数列计算序时平均数
　　C. 间隔不等的间断时点数列计算序时平均数
　　D. 由两个时点数列构成的相对数动态数列计算序时平均数

三、多项选择题

1. 季节变动可以是现象（　　）。
　　A. 在一个月份内的周期性变动　　B. 在一个季度内的周期性变动
　　C. 在一个年度内的周期性变动　　D. 在若干年内的周期性变动

2. 平均增长量是（　　）。
　　A. 各逐期增长量的序时平均数
　　B. 各累计增长量的序时平均数
　　C. 逐期增长量之和除以逐期增长量的项数
　　D. 累计增长量之和除以累计增长量的项数

3. 平均指标与速度指标之间的关系是（　　）。
　　A. 发展速度 = 报告期水平 ÷ 基期水平
　　B. 增长速度 = 增长量 ÷ 报告期水平
　　C. 增长量 = 报告期水平 − 基期水平
　　D. 增长速度 = 发展速度 − 1

4. 按水平法计算的平均发展速度是（　　）。
　　A. 各环比发展速度的序时平均数　　B. 各环比发展速度的算术平均数
　　C. 各环比发展速度的几何平均数　　D. 各环比发展速度的调和平均数

5. 用水平法计算平均发展速度（　　）。
　　A. 侧重考察现象最末一期的发展水平
　　B. 侧重考察现象各个时期的发展水平
　　C. 可以反映中间水平的发展变化
　　D. 不能反映中间水平的发展变化

6. 下面哪几项是时期数列？（　　）
　　A. 我国近几年来的耕地总面积　　B. 我国历年新增人口数
　　C. 我国历年图书出版量　　D. 我国历年黄金储备
　　E. 某地区国有企业历年资金利税率

7. 定基发展速度和环比发展速度的关系是（　　）。
　　A. 两者都属于速度指标

B. 相应环比发展速度的连乘积等于定基发展速度

　　C. 相应定基发展速度的连乘积等于环比发展速度

　　D. 相邻两个定基发展速度之商等于相应的环比发展速度

　　E. 相邻两个环比发展速度之商等于相应的定基发展速度

8. 下列哪些指标是序时平均数？（　　　　）

　　A. 一季度平均每月的职工人数　　B. 某产品产量某年各月的平均增长量

　　C. 某企业职工第四季度人均产值　　D. 某商场职工某年月人均销售量

　　E. 某地区近几年出口商品贸易额平均增长速度

9. 增长1%的绝对值（　　　　）。

　　A. 等于前期水平除以100

　　B. 等于逐年增长量除以环比增长速度

　　C. 等于逐年增长量除以环比发展速度

　　D. 表示增加一个百分点所增加的绝对值

　　E. 表示增加一个百分点所增加的相对值

10. 下面属于时点数列的有（　　　　）。

　　A. 历年旅客周转量　　　　B. 某工厂每年设备台数

　　C. 历年商品销售量　　　　D. 历年牲畜存栏数

　　E. 某银行储户存款余额

四、判断题

1. 时期指标与时点指标都是通过连续登记的方式取得统计资料的。　（　　）

2. 增长量指标反映社会经济现象报告期比基期增加（或减少）的绝对量。
　　　　　　　　　　　　　　　　　　　　　　　　　　　　　　（　　）

3. 相邻两个时期的累计增长量之差，等于相应时期的逐期增长量。（　　）

4. 累计增长量等于逐期增长量之和。　　　　　　　　　　　　　（　　）

5. 环比发展速度的连乘积等于定基发展速度，而相邻两个定基发展速度之和等于环比发展速度。　　　　　　　　　　　　　　　　　　　　　（　　）

6. 增长1%的绝对值可以用增长量除以增长速度求得，也可以用基期水平除以100求得。　　　　　　　　　　　　　　　　　　　　　　　　　　（　　）

7. 利润指标是总量指标，而当发生亏损时，指标数值相加不仅未增加反而减少，可见时期指标数值大小与时间长短无关。　　　　　　　　　　（　　）

8. 平均增长量不是序时平均数，而属于静态平均数的范畴，因为它是用简单算术平均法计算求得的。　　　　　　　　　　　　　　　　　　　　（　　）

9. 循环变动是指现象的周期在一年内的变动。　　　　　　　　　（　　）

10. 现象的不规则变动是由各种偶然因素引起的有周期、无规律的变动。（　　）

五、简答题

1. 时期数列和时点数列有何异同？

2. 简述时间数列的种类。

3. 发展速度与增长速度的关系、定基发展速度与环比发展速度。

六、应用技能训练

1. 某商店上半年有关资料如下：

日 期	上年12月	1月	2月	3月	4月	5月	6月
销售额（万元）	245	250	272	271.42	323.08	374.07	372.96
月末职工人数	1 850	2 050	1 950	2 150	2 216	2 190	2 250

要求：计算月平均每人销售额。

2. 某企业2007—2012年化肥产量资料如下：

时 间	2007	第三个五年计划期间				
		2008	2009	2010	2011	2012
化肥产量（万吨）	300					
累计增长量（万吨）	—		35	50		
环比发展速度（%）	—	110			105	95

要求：（1）利用指标间的关系将表中所缺数字补齐（结果保留1位小数）；
（2）按水平法计算该企业第三个五年计划期间化肥产量年平均增长速度。

3. 某地区2002年年末人口数为10 890万人，2012年年末人口数为11 332万人，试问在这期间该地区人口平均增长为多少？如果按这个人口平均增长速度发展，则2020年年末该地区人口数将达到多少万人？

4. 某地区历年粮食产量如下：

年 份	2008	2009	2010	2011	2012
粮食产量（万斤）	134	435	415	672	1 028

计算：（1）该地区粮食产量的逐期增长量、累计增长量、平均增长量；
（2）该地区粮食产量的平均发展速度。

5. 某车间某年各月产量资料如下：1月份185台、2月份190台、3月份236台、4月份240台、5月份230台、6月份255台、7月份272台、8月份270台、9月份275台、10月份280台、11月份278台、12月份285台。

计算：（1）各季度的平均每月产量；
（2）全年的平均每月产量。

6. 某企业历年来的工业总产值资料如下：

年 份	2008	2009	2010	2011	2012
工业总产值（万元）	667	732	757	779	819

要求：计算该企业几年来的逐期增长量和累计增长量，环比发展速度和定基发展速度，以及年平均增长量。

7. 某地区甲产品2009—2012年各季收购量统计资料如下表表示。

某地区甲产品收购量统计资料

单位：万吨

年　份	一季度	二季度	三季度	四季度
2009	15	7	10	20
2010	16	8	12	20
2011	18	10	14	24
2012	21	17	19	27

根据上表资料进行下列计算：

（1）用移动平均法对该动态数列进行修均。

（2）用按月（季）平均法计算其季节比率。

（3）假设2013年全年计划收购量为120万吨，则将计划目标分解，每季度计划收购量分别为多少？

项目6 抽样推断

学 习 目 标

1. 了解抽样推断的意义及特点;
2. 正确理解抽样推断的基本概念以及影响抽样误差的因素;
3. 重点掌握抽样平均误差、区间估计以及确定样本容量的计算方法。

1. 熟记各种常用的公式,并运用公式进行计算;
2. 能够利用样本资料进行抽样平均误差的计算;
3. 能熟练地对总体各项指标进行区间估计;
4. 根据相关资料,能确定抽样必要的样本容量。

1. 抽样平均误差、区间估计的计算方法;
2. 确定样本容量的计算方法。

在现实生活中,人们经常遇到下列社会经济现象:某企业对生产的灯管的使用寿命进行检测、某商场对采购的牛奶质量进行检测、某进出口公司对进口的大批零部件质量进行检测等,如果企业对全部灯管、全部牛奶、全部零部件进行检测,不仅浪费人力、物力,影响企业正常经营,同时也会带来大量其他问题。有没有一个比较好的统计分析方法来解决这个问题呢?通过本项目的学习,就能轻松解决。

本项目的主要任务就是学会用样本的数据资料来推断总体数量特征,用抽样推断这种统计分析技能来分析社会经济现象。

第1讲 抽样推断概述

6.1.1 抽样推断的含义

抽样推断又称抽样调查,是按照随机原则,从研究对象的全部单位中抽取一部分单位进行调查,并用调查所得到的数据资料推断总体数量特征的一种非全面调查方式。

抽样推断的目的不是为了了解样本本身的数量特征,而是根据样本的信息去研究总体的特征。它包括两个有联系但又具有一定差别的方面,即估计和检验。实际工作中,对没有可能对总体所有单位进行全面调查的经济现象所进行的调查方法,其基本原理如图6-1所示。

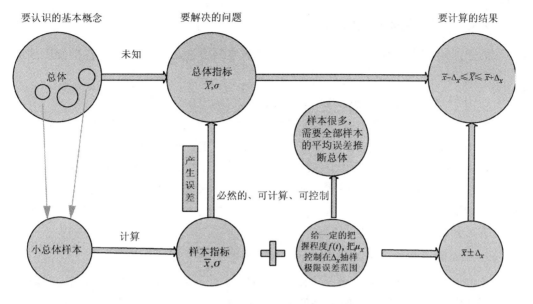

图 6-1 抽样推断基本原理示意图

6.1.2 抽样推断的特点

1. 按随机原则抽取调查单位

抽样推断必须遵循随机原则抽取调查单位,这是它与其他非全面调查方式的主要区别之一。所谓抽样的随机原则,是指在抽取调查单位时完全排除调查者的主观判断,各个总体单位都有同等的被抽中或不被抽中的机会,故也称同等可能性原则。只有按随机原则抽样,才能保证每个单位有同等的中选机会,才能使抽选出来的部分单位所构成的样本总体的内部结构类似于研究对象总体的内部结构分布特征,从而使被抽中的单位对总体具有充分的代表性,以保证推算结果的精确度和可靠性。也只有遵循随机原则,才能用定量的办法计算抽样误差,才能在根据抽样指标去推断总体指标的同时,估计出这种推断的把握程度。

2. 用抽样指标推断总体的数量特征

根据对部分单位调查所得的资料,整理计算抽样指标,再据以推算总体的指标数值,这是抽样推断既区别于其他非全面调查,也区别于全面调查的一个重要特点。其他非全面调查如重点调查、典型调查等,一般不具备推断的条件,所以不去推算总体的数量特征。虽然抽样推断与全面调查的目的都是要掌握总体的数量特征,但比较起来,抽样推断能够节约人力、费用和时间,且比较灵活。

3. 可以计算和控制抽样误差

抽样推断是根据对部分单位调查所取得的资料来推断总体指表数值的,推断结果不可避免地会有误差。对于抽样误差,抽样法既可以在调查推断之前事先估计出来,也可以根据调查目的和任务的要求,采取一定的组织措施加以控制,以保证推断的准确性和可靠性。

6.1.3 抽样推断的应用

抽样推断是一种科学、灵活、实用的调查推断方法,在社会经济各个领域的应用愈来愈广泛。

1. 抽样推断能完成其他调查方式不能完成的调查任务

如果需要掌握总体的全面资料,但在实际中又不可能或不必要进行全面调查,则可采用抽样法来推断总体的全面资料。例如,在工业生产中要对产品进行质量检查,有的检查是带有破坏性的,像罐装食品的质量、灯泡的使用寿命、汽车轮胎的耐磨程度等的检验,有的检查在实际操作中不易得到全面资料,如了解森林木材的积蓄量、城乡居民的家庭生活情况等,采用抽样推断方式既能达到调查的目的,又能节省人力、财力、物力和时间。

2. 利用抽样推断结果对已取得的全面调查资料进行检验和修正

全面调查是获取大量的全面的统计资料的一种重要形式,但因其调查范围广、汇总层次多、调查人员多,很容易产生登记性或计算性误差,使统计资料的准确性受到影响。而抽样推断的范围小、工作量小、参与人员少且经过严格培训,较少发生登记性误差,故可据以对全面调查的结果进行检验和修正。像我国历次人口普查,都同时组织人口抽样复查,根据复查结果计算差错率,据以检查和修正普查数字。

3. 利用抽样推断原理和结果进行假设检验,以对事物做出正确的判断认识

例如,某公司进口一批大米,规格为每袋大米 100 kg,标准差为 0.5 kg。随机抽取 100 袋大米调查的结果表明,每袋大米的平均重量为 98 kg,这是否意味着该批大米的重量不足而应拒收呢?根据抽检结果及有关数据,运用抽样原理进行假设检验,根据其显著性差异程度,就可做出判断。

4. 利用抽样推断方法对工业生产过程进行质量控制

在成批或大量连续生产的过程中,可以运用抽样推断法检验生产过程是否正常,及时提供信息,进行质量控制,避免成批出现不合格产品。

讨论交流

(1) 抽样调查与全面调查、重点调查、典型调查的区别?
(2) 根据你所掌握的信息,抽样推断通常应用于哪些领域?

6.1.4 抽样推断中的基本概念

1. 总体和样本

(1) 统计总体,也称全及总体,又称母体,简称为总体,是指所要了解认识的对象的全体。如前所述,总体是具有某种共同性质的众多单位的集合。全及总体的单位数通常用 N 来表示。

(2) 样本总体,也叫子样,简称样本。它是从全及总体中随机抽取出来,代表全及总体的那部分单位的集合,样本的总体单位数称为样本容量,通常用 n 来表示。与全及总体的单位数 N 相比,n 则是很小的数。通常样本单位数达到或超过 30 个则称为大样本，而在 30 个以下称为小样本。绝大多数抽样推断采用大样本。

一个全及总体中有很多样本配合，也叫可能样本。可能样本的数目多少，既与样本容量有关，又与抽样的方式、方法有关，通常用 M 表示。可见样本总体是随机的。

2. 总体指标和抽样指标

（1）总体指标，也称参数或全及指标，是反映全及总体数量特征的综合指标。参数主要包括以下指标：

① 总体平均数，用 $\overline{X}$ 表示，即 $\overline{X} = (X_1 + X_2 + \cdots + X_N)/N = \sum X/N$；

② 总体成数，用 P 表示；

③ 总体数量标志的标准差或方差，分别用 σ_X^2 和 σ_X 表示；

④ 总体是非数量标志的标准差或方差，分别用 σ_P^2 和 σ_P 表示。

在抽样推断中，上述指标是唯一确定的不变量，是需要根据抽样指标进行推断估计的未知数值，其真实值是不能直接计算的。

（2）抽样指标，也称统计量或样本指标，是反映样本总体数量特征的综合指标。统计量是用来推断总体参数值的主要资料依据。由于一个全及总体有很多可能样本，而抽到不同的样本就会得到不同的样本指标，所以，样本指标是样本这个随机"变量"的函数，其本身也是随机变量。与总体指标相对应，常用的统计量主要有：

① 样本平均数（$\overline{x}$）。样本平均数是样本总体各单位标志值的平均数，用 $\overline{x}$ 表示。其计算方法采用算术平均法，即：$\overline{x} = \dfrac{\sum x}{n}$ 或 $\overline{x} = \dfrac{\sum xf}{\sum f}$

② 样本成数。样本成数是指抽样总体中具有某种标志表现的单位数（n_1）占样本总体单位总数（n）的比重，用 p 表示。即：$p = \dfrac{n_1}{n}$

③ 样本数量标志的标准差（$S_{\overline{x}}$）或方差（$S_{\overline{x}}^2$）。

根据未分组资料计算：$S_{\overline{x}} = \sqrt{\dfrac{(x-\overline{x})^2}{n}}$ $S_{\overline{x}} = \dfrac{\sum(x-\overline{x})^2}{n}$

根据分组资料计算：$S_{\overline{x}} = \sqrt{\dfrac{\sum(x-\overline{x})^2 f}{\sum f}}$ $S_{\overline{x}}^2 = \dfrac{\sum(x-\overline{x})^2}{n}$

④ 样本是非标志的标准差（S_p）或方差（S_p^2）。

$$S_p = \sqrt{p(1-p)} \qquad S_p^2 = p(1-p)$$

6.1.5 抽样方法和样本可能数目

1. 抽样方法

（1）重置抽样

重置抽样，也称回置抽样。其抽样过程为：从总体 N 个单位中，随机抽取一个容量为 n 的样本，每次从总体中抽取一个，将它看做一次试验，连续进行 n 次试验构成一个样本。每次抽出一个单位把结果登记下来又放回，重新参加下一次的抽选，因此重置抽样的样本是由 n 次相互独立的连续试验所组成的。每次试验是在完全相同的条件下进行的，每个单位中选或不中选的机会完全一样。

【实用范例6.1】 总体 A、B、C、D 四个单位，用重置抽样的方法从中抽 2 个单位构成一个样本。全部可能抽取的样本共有 $4 \times 4 = 16$ 个，它们是：

AA，AB，AC，AD，BA，BB，BC，BD，CA，CB，CC，CD，DA，DB，DC，DD。

一般的说，从总体 N 个单位中，随机重复抽取 n 个单位构成一个样本，则共可抽取 N^n 个样本。

（2）不重置抽样

不重置抽样，也称不回置抽样。该种抽样过程为：从总体 N 个单位中要抽取一个量为 n 的样本，每次从总体中抽取一个单位，连续进行 n 次抽选，构成一个样本。但每次抽选一个单位就不再放回。不重置抽样的样本是由 n 次连续抽选的结果组成，实质上等于一次同时从总体中抽 n 个单位组成一个样本。连续 n 次抽选的结果不是相互独立的，第一次抽选的结果影响下一次抽样，每抽一次，总体的单位数就少一个。因此，每个单位的中选或下次中选机会不同。

【实用范例6.2】 总体 A、B、C、D 四个单位，用不重置抽样的方法从中抽 2 个单位构成一个样本。全部可能抽取的样本共有 $4 \times 3 = 12$ 个，它们是：

AB，AC，AD，BA，BC，BD，CA，CB，CD，DA，DB，DC。

一般来说，从总体 N 个单位中，随机不重置抽取 n 个单位构成一个样本，其数目为：样本数目 $= N \cdot (N-1) \cdot (N-2) \cdots (N-n+1)$。

（3）根据对样本的要求不同，抽样方法又有考虑顺序抽样和不考虑顺序抽样两种。

考虑顺序的抽样，即从总体 N 个单位中抽取 n 个单位构成样本，不但要考虑样本各单位的不同性质，而且还考虑不同性质各单位的中选顺序。相同构成成分的单位，由于顺序不同，也作为不同样本。

不考虑顺序的抽样，即从总体 N 个单位抽取 n 个单位构成样本，只考虑样本各单位的组成成分如何，而不问单位的抽选顺序。如果样本的成分相同，不论顺序有多大不同，都作为一种样本。

2. 样本的可能数目

样本的可能数目既和每个样本的容量有关，也和抽样的方法有关，当样本容量为既定时，则样本可能数目便决定于抽样的方法。以上两种抽样方法还存在交叉的情况，因而有考虑顺序的不重置抽样、考虑顺序的可重置抽样、不考虑顺序的不重置抽样和不考虑顺序的可重置抽样等。

（1）考虑顺序的不重置抽样数目。既通常所说的不重复排列数。一般的说，从总体 N 个不同单位每次抽取 n 个不重复的排列，组成样本的可能数目记作 A_N^n。其计算公式为：

$$A_N^n = N(N-1)(N-2)\cdots(N-n+1) = N!/(N-n)!$$

（2）考虑顺序的重置抽样数目。即通常所说的可重复排列数。一般的说，从总体 N 个不同单位每次抽取 n 个允许重复的排列，组成样本的可能数目记作 B_N^n。其计算公式为：

$$B_N^n = N^n$$

（3）不考虑顺序的不重置抽样数目，即通常所说的不重复组合数。一般的说，从总体 N 个不同单位每次抽取 n 个不重复的组合，组成样本的可能数目记作 C_N^n。其计算公式为：

$$C_N^n = N(N-1)(N-2)\cdots(N-n+1)/n! = N!/[n!(N-n)!]$$

（4）不考虑顺序的重置抽样数目。即通常所说的可重复组合数。一般的说，从 N 个不同单位每次抽取 n 个的允许重复的组合记作 D_N^n，它等于 $N+n-1$ 个不同单位每次抽取 n 个的不重复组合。其计算公式为：

$$D_N^n = C_{N+n-1}^n$$

讨论交流

在样本容量一定的情况下，重复抽样与不重复抽样的样本数量哪个更多？

6.1.6 抽样推断的组织形式

抽样推断的组织形式主要有以下五种。

1. 简单随机抽样

简单随机抽样，又称纯随机抽样。这种抽样方式是不对总体做任何处理，直接按随机原则抽取调查单位。常用的方法有抽签法、随机数字表法等。这种方式最能体现抽样的随机原则，所以，抽样误差的计算方法是以此种方式为基础的。

2. 类型抽样

类型抽样，又叫分层抽样或分类抽样。它是将总体中的所有单位先按某一主要标志分成若干类（或组），使组内各单位标志表现比较接近，然后从各类中随机抽取一部分单位，共同组成样本。由于它是按照与调查目的有关的主要标志对总体进行分组处理，使影响抽样误差的组内标志变动减小，所以，其抽样误差要小于纯随机抽样的误差。

类型抽样的特点是把分组法与贯彻随机原则结合起来。在总体单位标志值差异较大时，采用类型抽样较为适宜。

3. 等距抽样

等距抽样，又叫机械抽样。它是先将总体各单位按某一标志进行排队，根据既定的抽样比例确定抽样间距，然后按一定顺序等间隔地抽取一样本单位。这种抽样方式的随机性主要体现在第一个样本单位的抽选上，所以，一定要保证第一个样本单位抽取的随机性。机械抽样具体有两种方法：一是无关标志排队法等距抽样，即按与调查目的无关的标志对总体单位进行排队。此种方式类似于纯随机抽样，其抽样误差大小一般认为与纯随机抽样等同。二是有关标志排队法等距抽样，即按与调查目的有关的标志对总体单位进行排队。此种方式类似于类型抽样，或者说是分组更细的类型抽样，故可按照类型抽样方式计算抽样误差。

4. 整群抽样

整群抽样是先将总体划分为若干个群（组），每一群内包含若干个单位，然后随机抽取一部分群作为样本群，对样本群中的所有总体单位进行全面调查的调查方式。这种方式不同于前面三种的一个一个地抽取调查单位，而是成群地抽取。由于其影响抽样误差的群间标志变动度通常较大，所以其抽样误差往往较大，大于纯随机抽样。要保证推断的准确性和可靠性，一方面在组群时尽量扩大群内方差，缩小群间方差，另一方面在抽样时尽量多抽取调查单位（群）。

前面四种抽样方式都属于单阶段抽样，即经过一次抽选就可以直接确定样本。在调查范围小，调查单位比较集中时，采用单阶段抽样比较适宜。

5. 多阶段抽样

多阶段抽样是把抽取样本单位的过程分成两个或更多阶段进行。先从统计总体中抽取若干大的样本单位，也叫第一阶段单位，再从第一阶段单位中抽取较小的样本单位，也叫第二阶段单位，以此类推，直到最后阶段抽出最终的样本单位，即需要登记其特征的单位。若第二阶段单位是最终样本单位，就是两阶段抽样；若第三阶段单位是最终样本单位，就是三阶段抽样。在调查范围很大，总体单位太多的情况下，可采用多阶段抽样进行抽样推断。

经典案例分享

美国大选预测

在1936年的美国总统选举中有两位候选人，即民主党候选人罗斯福（F. D. Roosevelt）和共和党候选人兰登（G. A. London）。有一家杂志社通过从电话号码簿和一些俱乐部成员的名单中选取1 000万人，以发出询问信的方式进行民意调查，共有240万人作出了回答。据此资料，此文摘杂志预测兰登将以获得57%的选票获胜，而罗斯福的得票率将是43%。而选举结果罗斯福的得票率则是62%，兰登仅得到38%的选票。为此，这家杂志社很快就倒闭了。

自1916年以来，此家杂志社每次所作的预测都是正确的，因而影响很大。这次的预测基于240万人的答卷作出，样本巨大，却预测错误。

当时有电话的家庭有1 100万户，失业者有900万人。

有一个叫乔治·盖洛普（George Gallup）的人建立的一个调查组织从1 000万人中随机选取了3 000人，就提前知道了这家杂志社将要得出的结论：兰登将以56%的选票获胜，这与文摘社公布结果的仅差1%，而这个结论来自于3 000人而非240万人。盖洛普从更大的范围内随机选取了5 000人，据此预测罗斯福将以56%得票率获胜，而兰登的得票率为44%，与实际结果差6%。

讨论与分析

（1）该杂志社此次预测错误的根本原因是什么？
（2）为什么盖洛普能预测成功？
（3）预测的误差是否随着抽样数量的增加而减少？
（4）从这个案例分析中你得到什么启发？

第2讲　抽样误差

6.2.1　抽样误差的含义及其产生原因

1. 抽样误差的含义

抽样推断的特点之一就是运用归纳推理方法，从样本资料得到对总体的认识。由于总体各个单位标志值存在差异，所以随着抽到的样本单位不同，计算出的样本指标也不同，样本指标和总体指标之间总是存在着某种程度的离差，这种离差就是抽样误差。抽样误差是抽样推断所固有的，不可避免。例如，抽样平均数与总体平均数之差$|\bar{x}-\bar{X}|$、抽样成数与总体成数之差$|p-P|$等。

2. 抽样推断中的误差有两个来源

（1）登记性误差，即在调查过程中，由于主客观原因而引起的误差。一般是指由于调查者工作中的差错，如重复登记、遗漏、汇总计算错误及有意弄虚作假等行为而引起的误差。

（2）代表性误差，即样本各单位的结构情况不足以代表总体特征而引起的误差。代表性误差的发生有两种情况：第一，非随机的代表性误差，是指违反抽样的随机原则而使样本不足以代表总体而产生的误差；第二，随机性误差，是指在完全遵循随机原则抽样的情况下，由于随机抽样本身一般会使样本内部结构与总体结构不完全一致而产生的误差。

统计上所讲的抽样误差是指随机性误差。

讨论交流

以下选项中是哪些是抽样误差？哪些是非抽样误差？说明理由。
（1）受访对象隐瞒曾用过毒品的事实；
（2）记录资料时打字错误；
（3）通过要求人们寄回印在报纸上的购物优惠券来搜集资料；
（4）用电话号码簿当做抽样框；
（5）打了五次电话都联系不上受访者；
（6）访问员在街上找人访问。

6.2.2　抽样平均误差

1. 抽样平均误差的含义

抽样平均误差是抽样平均数（或抽样成数）的标准差，它反映抽样平均数（或抽样成数）与总体平均数（或总体成数）的平均差异程度。由于从一个总体可能抽取多个不同的样本，因此抽样指标（如：平均数、抽样成数等）就有多个不同的数值，因而对全及指标（如：总体平均数、总体成数等）的离差也就有大有小，这就必须用一个指标来衡量抽样误差的一般水平。

抽样平均数的平均数等于总体平均数，抽样成数的平均数等于总体成数，因而抽样平均数（或抽样成数）的标准差实际上反映了抽样平均数（或抽样成数）与总体平均数（或总体成数）的平均差异程度。

2. 抽样平均误差的定义公式

（1）以 $\mu_{\bar{x}}$ 表示样本平均数的抽样平均误差，则样本平均数的抽样平均误差的公式为：

$$\mu_{\bar{x}} = \sqrt{\frac{\sum(\bar{x}-\bar{X})^2}{M}}$$

式中：$\bar{x}$ 表示各个可能出现的样本的平均数；

$\bar{X}$ 表示全及总体的平均数；

M 表示可能出现的样本数。

（2）以 μ_p 表示样本成数的抽样平均误差，则样本成数的抽样平均误差的公式为：

$$\mu_p = \sqrt{\frac{\sum(p-P)^2}{M}}$$

式中：p 表示各个可能出现的样本的成数；

P 表示总体成数；

M 表示可能出现的样本数。

在总体单位数量较多的情况下，用随机抽样方式产生的可能样本数量也非常巨大，往往无法计算所有可能样本的平均数或成数；同时也并不知道全及总体的平均数或成数，所以在实际统计工作分析中如果按照上面的定义公式是无法进行计算的。

讨论交流

其他条件不变，采用重复抽样，假定样本单位数增加为原来的 4 倍，则抽样平均误差为原来的（　　）倍？

（1）2　　　　（2）1/2　　　　（3）4　　　　（4）1/4

3. 简单随机抽样的抽样平均误差的计算公式

（1）抽样平均数的平均误差的计算。

① 在重置抽样的情况下，抽样平均数的平均误差：

$$\mu_{\bar{x}} = \frac{\sigma}{\sqrt{n}}$$

抽样平均数的平均误差为总体标准差的 $\frac{1}{\sqrt{n}}$，抽样平均误差和总体标志变动度的大小成正比，而和样本单位数的平方根成反比。

② 在不重置抽样的条件下，抽样平均数的平均误差：

$$\mu_{\bar{x}} = \sqrt{\frac{\sigma^2}{n}\left(\frac{N-n}{N-1}\right)}$$

在总体单位数 N 很大的情况下，$\mu_{\bar{x}}$ 可以近似地用下式计算：

$$\mu_{\bar{x}} = \sqrt{\frac{\sigma^2}{n}\left(1-\frac{n}{N}\right)}$$

（2）抽样成数的平均误差的计算。

抽样成数的平均误差表明样本成数和总体成数的绝对离差的平均水平。

① 在重置抽样的情况下。抽样成数的平均误差：

$$\mu_p = \frac{\sigma}{\sqrt{n}} = \sqrt{\frac{P(1-P)}{n}}$$

其中，P 为总体成数，n 为样本单位数。

② 在不重置抽样的情况下。抽样成数的平均误差：

$$\mu_p = \sqrt{\frac{\sigma^2}{n}\left(\frac{N-n}{N-1}\right)} = \sqrt{\frac{P(1-P)}{n}\left(\frac{N-n}{N-1}\right)}$$

其中，P 为总体成数，n 为样本单位数。

在总体单位数 N 很大的情况下，μ_p 可以近似地用下式计算：

$$\mu_p = \sqrt{\frac{\sigma^2}{n}\left(1-\frac{n}{N}\right)} = \sqrt{\frac{P(1-P)}{n}\left(1-\frac{n}{N}\right)}$$

【实用范例6.3】 要估计某县10万家庭的液晶电视机的拥有率，随机抽取100户家庭，调查结果显示有85户拥有液晶电视机，求拥有液晶电视机的平均抽样误差。

根据已知条件可得：

$$p = 85/100 = 0.85$$

$$\sigma^2 = p(1-p) = 0.85 \times 0.15 = 0.1275$$

在重置抽样下：

$$\mu_p = \sqrt{\frac{P(1-P)}{n}} = \sqrt{\frac{0.1275}{100}} = 0.0357$$

在不重置抽样下：

$$\mu_p = \sqrt{\frac{P(1-P)}{n}\left(1-\frac{n}{N}\right)} = \sqrt{\frac{0.1275}{100}\left(1-\frac{10}{100000}\right)} = 0.0357$$

计算结果表明，用样本的拥有率来估计总体的拥有率，其抽样误差平均说来为3.6%左右。

4. 影响抽样平均误差的因素

（1）总体变异的程度。总体变异程度越大，标准差一般越大，抽样误差也越大；反之，总体变异程度越小，抽样误差也越小。

（2）样本容量的大小。抽样单位数愈多，抽样误差会愈小；反之，抽样单位数愈少，抽样误差会愈大。显然，当总体的全部单位均被抽出时，此时的样本等于总体，抽样误差就等于零。

（3）抽样方法。在相同条件下，重复抽样的抽样误差大于不重复抽样的抽样误差。

（4）抽样组织形式。不同的抽样组织形式，其抽样误差的大小也不一样。比如，在总体变异程度较大的情况下，类型抽样的抽样误差一般较简单随机抽样的要小，而整群抽样则常常比其他抽样形式有更大的误差。

5. 总体方差（标准差）资料的替代问题

在抽样平均误差的实际计算公式中，都含有总体方差（或标准差）。但是，总体方差（标准差）的实际值在抽样推断中是不可知的，所以通常用有关资料替代总体方差（标准差）。通常有三种替代方式：

（1）采用样本的方差代替总体方差；

（2）用过去已进行过的全面调查的方差（抽样调查也可以）；

（3）用实验性调查所获得的方差资料代替。

6.2.3　抽样极限误差

抽样极限误差是指样本指标和总体指标之间误差的可能范围。由于总体指标是一个确定的数，而样本指标则是围绕总体指标上下波动的，它与总体指标之间既有正离差，也有负离差，样本指标变动的上限或下限与总体指标的绝对值就可以表示误差的可能范围，这种以绝对值形式表示的抽样误差可能范围称为抽样极限误差。

抽样极限误差大于或等于样本指标与总体指标之差的绝对值。

设 $\Delta_{\bar{x}}$、Δp 分别表示抽样平均数极限误差和抽样成数极限误差。则有：

$$\Delta_{\bar{x}} \geq |\bar{x} - \bar{X}| \quad \Delta p \geq |p - P|$$

上面不等式可变为下列不等式：

$$\bar{x} - \Delta_{\bar{x}} \leq \bar{X} \leq \bar{x} + \Delta_{\bar{x}} \quad p - \Delta p \leq P \leq p + \Delta p$$

由此可见，确定抽样极限误差实际上是希望以样本指标（$\bar{x}$或p）为中心，长度为 2Δ 的区间能够包含总体指标（$\bar{X}$或P）。

6.2.4　抽样误差的概率度

抽样极限误差的实际意义是期望总体指标被包含在以样本指标为中心，长度为 2Δ 的区间内。不过，我们并没有百分之百的把握肯定该区间包含总体指标。那么，总体指标被包含在该区间内的把握程度有多大？这要取决于区间的长度，即极限误差Δ的大小。极限误差越大，区间越宽，把握程度就越高。所以，总体指标包含在该区间的把握程度问题，实质上就是一定的极限误差对应的概率保证程度问题。

抽样极限误差与抽样平均误差之比，叫做抽样误差的概率度，用 t 表示。抽样极限误差与抽样平均误差的比值大小能反映估计区间的宽窄，标志着概率保证程度的高低，故称概率度。其计算公式为：

$$t = \frac{\Delta}{\mu}$$

在标准正态分布条件下，概率保证程度 $F(t)$ 是概率度 t 的函数，t 值一定，$F(t)$ 也随之确定，t 值越大，$F(t)$ 也越大，其值一一对应（见本书附录二：正态分布概率表）。最常用的对应值如表6-1所示。

表6-1　正态分布概率简表

t	$F(t)$
1	0.6827
1.96	0.9500
2	0.9545
3	0.9973

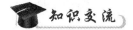

50-68-95-99.7 规则

在任何正态分布中，大约有：

50% 的观测值，落在平均数之上；

68% 的观测值，落在距平均数一个标准差的范围内；

95% 的观测值，落在距平均数两个标准差的范围内；

99.7% 的观测值，落在距平均数三个标准差的范围内。

通过这个规则，就不用一直做啰唆的计算，不过要记住，没有哪组资料是百分百用正态分布描述的，50-68-95-99.7 规则都只是大体正确。

第 3 讲　抽样估计

抽样估计是利用实际调查的样本指标的数值来估计相应的总体指标的数值的方法。由于总体指标是表明总体数量特征的参数，所以，抽样估计也称为参数估计。参数估计有点估计和区间估计两种方法。

6.3.1　参数的点估计

点估计的基本特点是，根据样本资料计算样本指标，再以样本指标数值直接作为相应的总体指标的估计值，也就是说，点估计是不考虑抽样误差的参数估计。例如，以实际计算的样本平均数作为相应总体平均数的估计值；以实际计算的样本成数作为相应总体成数的估计值等。设以样本平均数 $\bar{x}$ 作为总体平均数 $\bar{X}$ 的估计值，样本成数 p 作为总体成数 P 的估计值，则有：

$$\bar{x} = \bar{X} \qquad p = P$$

点估计的优点是原理直观，计算简便，所以在实际工作中经常采用。不足之处是这种估计方法没有考虑到抽样估计的误差，更没有指明误差在一定范围内的概率保证程度。因此，当抽样误差较小，或抽样误差即使较大也不妨碍对问题的认识和判断时，才可以使用这种方法进行参数估计。

6.3.2　参数的区间估计

1. 区间估计的含义

区间估计就是把样本指标和抽样误差结合起来推算总体指标的可能范围，并给出总体指标落在这个区间的概率保证程度。区间估计是抽样估计的主要方法。

区间估计的具体方法，就是在样本指标（$\bar{x}$ 或 P）的基础上，加减若干倍的抽样平均误差（μ），当作置信区间，以此作为推断总体指标所在的可能范围。即：

总体平均数的估计区间：$\bar{x} - t\mu_{\bar{x}} \leqslant \bar{X} \leqslant \bar{x} + t\mu_{\bar{x}}$

总体成数的估计区间：$p - t\mu_p \leqslant P \leqslant p + t\mu_p$

通常，将抽样指标减若干倍的抽样平均误差，当作置信区间的下限；抽样指标加若干倍的抽样平均误差，当作置信区间的上限，上限、下限的数值称为区间估计的置信界限。决定置信界限或置信区间大小的因素有三个：一是抽样指标，即 $\bar{x}$ 或 p；二是抽样平均误差，即 $\mu_{\bar{x}}$ 或 μ_p；三是抽样平均误差的倍数，即概率度 t。

2. 区间估计应解决的两个问题

第一，根据样本指标和抽样误差范围估计出一个可能包括总体指标的区间，即确定置信区间的上限和下限。

第二，确定出估计区间覆盖总体未知参数的概率保证程度。

3. 区间估计的一般模式

第一种模式：根据已给定的误差范围进行区间估计。具体步骤是：

第一步，抽取样本，计算样本指标（$\bar{x}$ 或 p），作为总体指标的估计值，并计算样本标准差 S，以推算抽样平均误差。

第二步，根据给定的抽样极限误差 Δ，估计总体指标的置信区间。

第三步，计算概率度，并查表得到相应的概率保证程度。

【**实用范例6.4**】 某企业为了解职工的奖金情况，从1 500名职员中按纯随机不重复抽样抽取100名进行调查，得到如表6-2所示资料。现要求职员平均月奖金的抽样误差不超过45.7元，月奖金不足1 000元的职员所占比重的抽样误差不超过8.68%，试对全部职员的平均月奖金不足1 000元的职员所占比重进行区间估计。

表6-2 100名职员月奖金标准差计算表

按月奖金分组（元）	组中值	频数（人）f	xf	$x-\bar{x}$	$(x-\bar{x})^2$	$(x-\bar{x})^2 f$
<800	700	10	7 000	-440	193 600	1 936 000
800～1 000	900	20	1 800	-240	57 600	1 152 000
1 000～1 200	1 100	25	27 500	-40	1 600	40 000
1 200～1 400	1 300	30	39 000	160	25 600	768 000
>1 400	1 500	15	22 500	360	129 600	1 944 000
合　计	—	100	114 000	—	—	5 840 000

解：（1）全部职员平均月奖金的估计

样本平均数：$\bar{x} = \dfrac{\sum xf}{f} = \dfrac{114\,000}{100} = 1\,140$（元）

样本方差：$s_{\bar{x}}^2 = \dfrac{\sum(x-\bar{x})^2 f}{f} = \dfrac{5\,840\,000}{100} = 58\,400$

抽样平均误差：$\mu_{\bar{x}} = \sqrt{\dfrac{s_{\bar{x}}^2}{n}\left(1-\dfrac{n}{N}\right)} = \sqrt{\dfrac{58\,400}{100}\left(1-\dfrac{100}{1\,500}\right)} \approx 23.35$（元）

全部职员的平均月奖金的估计区间为：

上限：$\bar{x} + \Delta = 1\,140 + 45.7 = 1\,185.7$（元）

下限：$\bar{x} - \Delta = 1\,140 - 45.7 = 1\,094.3$（元）

即：$1\,094.3$（元）$\leq \bar{X} \leq 1\,185.7$（元）

概率度：$t = \dfrac{\Delta}{\mu} = \dfrac{45.7}{23.35} = 1.96$

查《正态分布概率表》得：$F(t) = 95\%$

推断的结论是，根据要求职员平均月奖金的抽样误差不超过 45.7 元，估计全部职员的平均月奖金在 1 094.3 元至 1 185.7 元之间，该估计的概率保证程度为 95%。

（2）月奖金不足 1 000 元的职员所占比重估计

样本成数：$p = \dfrac{10 + 20}{100} = 30\%$

成数抽样平均误差：$\mu_p = \sqrt{\dfrac{p(1-p)}{n}\left(1 - \dfrac{n}{N}\right)} = \sqrt{\dfrac{0.3 \times 0.7}{100}\left(1 - \dfrac{100}{1\,500}\right)} \approx 4.43\%$

全部职员中月奖金不足 1 000 元的职员所占比重的区间估计为：

上限：$p + \Delta_p = 30\% + 8.68\% = 38.68\%$

下限：$p - \Delta_p = 30\% - 8.68\% = 21.32\%$

即：$21.32\% \leqslant P \leqslant 38.68\%$

概率度：$t = \dfrac{\Delta_p}{\mu_p} = \dfrac{8.68\%}{4.43\%} = 1.96$

$\therefore F(t) = 95\%$

推断的结论是，根据要求月奖金不足 1 000 元的职员所占比重的抽样误差不超过 8.68%，估计全部职员中月奖金不足 1 000 元的职员所占比重在 21.32% ～ 38.68% 之间，该估计的概率保证程度 95%。

第二种模式：根据给定的概率保证程度进行区间估计。具体步骤是：

第一步，抽取样本，计算样本指标（$\bar{x}$ 或 p），作为总体指标的估计值，并计算样本标准差 S 以推算抽样平均误差。

第二步，根据给定的概率保证程度 $F(t)$，从概率表中查出概率度 t 值。

第三步，根据概率度 t 值和抽样平均误差推算抽样极限误差，并推断出总体指标的置信区间。

【实用范例 6.5】 对我国某市进行居民家庭年人均旅游消费支出调查，随机抽取 400 户居民家庭。调查得知居民家庭年人均旅游消费支出额为 2 000 元，标准差为 200 元。要求以 95% 的概率保证程度，估计该市年人均旅游消费支出额。

解：$\mu_{\bar{x}} = \dfrac{S_{\bar{x}}}{\sqrt{n}} = \dfrac{200}{\sqrt{400}} = 10$（元）

$\because F(t) = 95\%$

查《正态分布概率表》得：$t = 1.96$

$\therefore \Delta = t\mu = 1.96 \times 10 = 19.6$（元）

则该市居民家庭年人均旅游消费支出额的置信区间为：

上限：$\bar{x} + \Delta = 2\,000 + 19.6 = 2\,019.6$（元）

下限：$\bar{x} - \Delta = 2\,000 - 19.6 = 1\,980.4$（元）

即：$1\,980.4$（元）$\leqslant \bar{X} \leqslant 2\,019.6$（元）

推断结论：在 95% 的概率保证程度下，估计该市居民家庭年人均旅游消费支出额在 1 980.4～2 019.6 元之间。

经验交流

我们用95%的置信度得到某班学生统计学考试成绩的置信区间为60～80分,如何理解?

错误的理解:

60～80区间以95%的概率包含全班同学平均成绩的真值;或以95%的概率保证全班同学平均成绩的真值落在60～80分之间。

正确的理解:

如果做了多次抽样(如100次),大概有95次找到的区间包含真值,有5次找到的区间不包括真值。

真值只有一个,一个特定的区间"总是包含"或"绝对不包含"该真值。但是,用概率可以知道在多次抽样得到的区间中大概有多少个区间包含了参数的真值。

如果大家还是不能理解,那你们最好这样回答有关区间估计的结果:该班同学平均成绩的置信区间是60～80分,概率保证程度(或置信度、置信水平、可靠度等)为95%。

第4讲 样本容量的确定

前面所讲内容是在样本大小已定的情况下进行抽样推断,在现实统计工作中,样本大小往往是未知的。这就要求抽样推断时先进行样本容量的确定。

合理确定样本容量具有重要的意义。样本容量过大,会增加调查的工作量,造成人力、财力、物力和时间的浪费;样本容量过小,则样本对总体缺乏足够的代表性,从而难以保证推算结果的精确度和可靠性。所以,样本容量的确定得科学合理,一方面可以在既定的调查费用下,使抽样误差尽可能小,以保证推算的精确度和可靠性;另一方面,可以在既定的精确度和可靠性下,使调查费用尽可能少,以保证抽样推断的最大效果。

6.4.1 必要样本容量的确定公式

由于样本单位数是抽样极限误差公式的组成部分,所以可以根据抽样极限误差公式推导出样本单位数。以简单随机抽样为例,推断总体指标所必需的最基本样本单位数公式如下。

(1) 在重置抽样的条件下,抽样平均数的单位数为:

$$n_{\bar{x}} = \frac{t^2 \sigma_{\bar{x}}^2}{\Delta_{\bar{x}}^2}$$

(2) 在不重置抽样的条件下,抽样平均数的单位数为:

$$n_{\bar{x}} = \frac{N t^2 \sigma_{\bar{x}}^2}{N \Delta_{\bar{x}}^2 + t^2 \sigma_{\bar{x}}^2}$$

同理,重置抽样和不重置抽样的抽样成数单位数分别为:

$$n_p = \frac{t^2 p(1-p)}{\Delta_p^2}$$

$$n_p = \frac{t^2 N p (1-p)}{N \Delta_p^2 + t^2 p (1-p)}$$

在确定抽样单位数时,要注意以下两点。

(1) 抽样单位数受允许误差范围 Δ 的制约。Δ 要求愈小,则样本容量 n 就需要愈多。但是,两者并不是按比例变化。以重置抽样来说,在其他条件不变的情况下,误差范围 Δ 缩小一半,则样本容量要扩大 3 倍,或则样本容量扩大到原来的 4 倍;而 Δ 扩大 1 倍,则样本容量只需原来的 1/4。所以在确定抽样单位数目时,对抽样误差的可能性允许范围要予以同时考虑。

【实用范例 6.6】 如果标准差 $\sigma = 0.4\,\text{kg}$,抽样误差分别不超过 $0.08\,\text{kg}$ 和 $0.04\,\text{kg}$,保证这个范围的概率为 95.45%,求在重复抽样条件下产生的必要数目。

解:在抽样误差分别不超过 $0.08\,\text{kg}$ 的情况下:

$$n = \frac{t^2 \sigma^2}{\Delta_{\bar{x}}^2} = 2 \times 2 \times 0.4 \times 0.4 / (0.08 \times 0.08) = 100 \text{(单位)}$$

在抽样误差分别不超过 $0.04\,\text{kg}$ 的情况下:

$$n = \frac{t^2 \sigma^2}{\Delta_{\bar{x}}^2} = 2 \times 2 \times 0.4 \times 0.4 / (0.04 \times 0.04) = 400 \text{(单位)}$$

(2) 一个总体往往同时需要计算抽样平均数和抽样成数,它们的方差和允许的误差范围不同,因此需要的抽样单位数也可能不同。为了防止由于单位数不足而影响抽样误差,在实际工作中往往根据两种情况中单位数比较大的一方确定样本单位数,以满足共同的需要。

【实用范例 6.7】 对生产某型号电池进行电流强度检验,根据以往正常生产的经验,电流强度的标准差 $\sigma = 0.4$ 安培,而合格率为 90%。现在用重置抽样的方式,要求在 95.45% 的概论保证下,抽样平均电流强度的极限误差不超过 0.08 安培,抽样合格率的极限误差不超过 5%,问必要的抽样单位数应该为多少?

解:根据公式,在重置抽样条件下:

抽样平均数的单位数 $n = \dfrac{t^2 \sigma^2}{\Delta_{\bar{x}}^2} = 2 \times 2 \times 0.4 \times 0.4 / (0.08 \times 0.08) = 100$(单位)

抽样成数的单位数 $n = \dfrac{t^2 p (1-p)}{\Delta_p^2} = 2 \times 2 \times 0.9 \times 0.1 / (0.05 \times 0.05) = 144$(单位)

两个抽样指标所要求的单位数不同,应取其中单位数比较多的一方,即抽取 144 个单位数加以检验,以满足共同的需求。

6.4.2 影响样本容量的主要因素

样本容量的影响因素主要有以下几个方面。

1. 总体标志变动度

在其他条件不变的前提下,总体标志变动度越大,则抽样误差就越大,因此,样本容量应大些;反之,总体标志变动度越小,抽样误差就越小,则样本容量就可小些。二者呈正方向变化。

2. 抽样极限误差

若其他条件不变,抽样极限误差越小,即抽样估计的精确度要求越高,样本容量应越大；抽样极限误差越大，即精确度要求越低，样本容量应越小。二者呈反方向变化。

3. 概率保证程度

在其他条件不变的前提下，抽样估计所要求的概率保证程度越高，样本容量应越大；概率保证程度越低，样本容量应越小。二者呈正方向变化。

4. 抽样方式和方法

不同的抽样组织形式会有不同的抽样误差，因此，样本容量也应有所不同。至于抽样方法，由于不重复抽样的误差小于重复抽样的误差，因此，不重复抽样的样本容量可以比重复抽样小一些。

【实用范例6.8】 在某市2013年高中一年级3 490名学生的数学统考中，数学成绩标准差为12.48分，及格率为86%。现对这批学生升入二年级后的统考成绩进行抽样估计，要求平均成绩的允许误差最大不超过2分，及格率的极限误差为5%，概率保证程度为95%。采用不重复抽样方法需要抽查多少学生？

解：由于 $\sigma = 12.48$（分）　　$t = 1.96$　　$\Delta_{\bar{x}} = 2$　　$N = 3\,490$（人）

故平均成绩推算的样本容量为：

$$n_x = \frac{t^2 N \sigma^2}{N \Delta_{\bar{x}}^2 + t^2 \sigma_{\bar{x}}^2} = \frac{3\,490 \times 1.96^2 \times 12.48^2}{3\,490 \times 2^2 + 1.96^2 \times 12.48^2} \approx 144 \text{（人）}$$

由于 $p = 86\%$，$t = 1.96$，$\Delta_p = 5\%$，$N = 3\,490$（人）

故及格率推算的样本容量为：

$$n_p = \frac{N t^2 p(1-p)}{N \Delta_p^2 + t^2 p(1-p)} = \frac{3\,490 \times 1.96^2 \times 0.86 \times (1-0.86)}{3\,490 \times 0.05^2 + 1.96^2 \times 0.86 \times 0.14} \approx 176 \text{（人）}$$

结论：为满足平均成绩和及格率两种推算的共同需要，至少应抽查176名学生。

第5讲　统计实践

实践训练：利用抽样推断技术分析汽车传动系统是否有问题

调查消费者对国内某汽车制造商所生产的某型号汽车的性能的满意程度。许多用户抱怨该型号的车传动系统不佳。为了更好地了解传动系统的问题，采用该汽车制造商一个4S店所提供的实际传动系统的维修记录为样本。下表数据是50辆汽车传动系统出现故障时所行驶的实际里程的数据（单位：km）：

85 092	32 609	59 465	77 437	32 534	64 090	32 464	59 902	39 323	89 641
94 219	116 803	92 857	63 436	65 605	85 861	64 342	61 978	67 998	59 817
101 769	95 774	121 352	69 568	74 376	66 998	40 001	72 069	25 066	77 098
69 922	35 662	74 425	67 202	118 444	53 500	79 294	64 544	86 813	116 269
37 831	89 341	73 341	85 288	138 114	53 402	85 586	82 256	77 539	88 798

结合以上数据，做出具有下列内容的分析报告：

（1）用适当的描述统计量汇总传动系统数据；

（2）求曾经出现过传动系统问题的汽车总体中，在出现传动系统问题时所行驶里程的均值的95%置信区间，并对该区间估计做出管理上的解释。

（3）按照一些汽车用户曾经历过的早期传动系统失灵的说法，你的统计结果说明了什么？

（4）如果研究公司想在5 000 km的允许误差下，估计出现传动系统问题时所行驶里程的均值，则置信度为95%时应选取多大的样本容量？

思考与应用技能训练

一、填空题

1. 总体指标是反映_____的综合指标。

2. 抽样推断是在_____的基础上，利用样本资料计算样本指标，并据以推算_____特征的一种统计分析方法。

3. 抽样误差是_____与_____之间的离差。抽样误差越小，样本对总体的代表性就越_____，抽样推断就越_____。

4. 区间估计是根据_____与_____去推断总体指标所在的_____。

5. 抽样调查过程中可能发生的误差分为_____和_____两类。

6. 计算抽样平均误差，若未知总体标准差，可用_____来代替。

7. 在重复抽样的条件下，抽样平均误差与_____成反比，与_____成正比。

二、单项选择题

1. 抽样推断必须遵循的基本原则是（ ）。
   A. 灵活性原则　　B. 准确性原则　　C. 随机原则　　D. 可靠性原则

2. 抽样误差是（ ）。
   A. 代表性误差　　B. 登记性误差　　C. 系统性误差　　D. 随机误差

3. 抽样平均误差和极限误差的关系是（ ）。
   A. 抽样平均误差小于极限误差
   B. 抽样平均误差大于极限误差
   C. 抽样平均误差等于极限误差
   D. 抽样平均误差可能大于、等于或小于极限误差

4. 在其他条件不变的情况下，如果允许误差缩小为原来的1/2，则样本容量（ ）。
   A. 扩大为原来的4倍　　　　　　B. 扩大为原来的2倍
   C. 缩小为原来的1/4倍　　　　　D. 缩小为原来的1/2倍

5. 一般来说，在抽样组织形式中，抽样误差较大的是（ ）。
   A. 简单抽样　　B. 分层抽样　　C. 整群抽样　　D. 等距抽样

6. 根据抽样的资料，一年级优秀生比重为10%，二年级为20%，在人数相等时，优秀生比重的抽样误差（ ）。
   A. 一年级较大　　B. 二年级较大　　C. 相同　　D. 无法判断

7. 根据重复抽样的资料，甲单位工人工资方差为 25，乙单位为 100，乙单位人数比甲单位多 3 倍，则抽样误差（　　）。
   A. 甲单位较大　　B. 无法判断　　C. 乙单位较大　　D. 相同
8. 一个全及总体（　　）。
   A. 只能抽取一个样本　　　　　B. 可以抽取多个样本
   C. 只能计算一个指标　　　　　D. 只能抽取一个单位
9. 最符合随机原则的抽样组织形式是（　　）。
   A. 整群抽样　　B. 类型抽样　　C. 阶段抽样　　D. 简单随机抽样

三、多项选择题

1. 抽样估计的抽样平均误差（　　）。
   A. 是不可以避免的　　　　　　B. 是可以改进调查方法消除的
   C. 是可以事先计算的　　　　　D. 只有调查结束之后才能计算
   E. 其大小是可以控制的
2. 影响样本容量的因素有（　　）。
   A. 推断的可靠程度　　　　　　B. 抽样方式
   C. 抽样方法　　　　　　　　　D. 允许误差的大小
   E. 总体各单位标志变异程度
3. 抽样估计的特点是（　　）。
   A. 运用归纳推理　　　　　　　B. 运用演绎推理
   C. 运用数学分析法　　　　　　D. 运用概率分析法
   E. 抽样误差和抽样估计的可靠程度有关
4. 提高推断的可靠程度，可以采取的办法是（　　）。
   A. 扩大估计值的误差范围　　　B. 缩小估计值的误差范围
   C. 增大概率度　　　　　　　　D. 降低概率度
   E. 增加样本容量
5. 影响抽样平均误差的因素有（　　）。
   A. 总体标志变异程度　　　　　B. 样本容量
   C. 抽样方法　　　　　　　　　D. 抽样组织形式
   E. 样本指标值的大小
6. 抽样推断遵循随机原则的原因是（　　）。
   A. 样本客量有限
   B. 保证总体中每个单位有同等机会被抽中
   C. 能确定抽样方法
   D. 能确定推断的可靠程度
   E. 能计算抽样误差
7. 和重复抽样相比，不重复抽样的特点是（　　）。
   A. 总体单位数在抽选过程中逐渐减少
   B. 总体中每个单位都有被重复抽中的可能
   C. 总体中每个单位没有被重复抽中的可能

D. 样本可能数目要多些

E. 样本可能数目要少些

8. 总体标准差未知时，常用的替代办法有（　　　）。

　　A. 用过去调查的同类问题的经验数据

　　B. 用样本的标准差

　　C. 凭调查者经验确定

　　D. 用总体方差

　　E. 先组织试验性抽样，用试验样本的标准差

9. 抽样推断的主要目的是（　　　）。

　　A. 对调查单位做深入研究　　　B. 用样本指标推断总体的指标

　　C. 计算和控制误差　　　　　　D. 广泛运用数学方法

　　E. 对总体进行科学的估计和判断

10. 区间估计的基本要素是（　　　）。

　　A. 概率度　　B. 点估计　　C. 误差范围　　D. 抽样数目

　　E. 总体单位数

四、简答题

1. 影响抽样平均误差的因素有哪些？
2. 抽样估计的特点是什么？
3. 什么是类型抽样？有哪些方法？
4. 影响必要样本容量的因素有哪些？
5. 抽样平均误差、抽样极限误差和概率度三者之间是何关系？

五、应用技能训练

1. 某企业生产一批零件共 6 000 个，随机抽查 300 个，发现其中 9 个不合格，求合格品率的抽样平均误差。

2. 某灯管产生产一批灯泡共 8 000 只，随机抽选 400 只进行试验，结果平均寿命 5 000 小时，总体标准差为 300 小时。试用重复与不重复抽样方法计算抽样平均误差。

3. 某地区种植小麦 40 000 亩，随机抽取 200 亩进行实割实测，测得平均亩产量为 400 公斤，根据以往经验，抽样总体的标准差为 6 公斤。试求在概率为 95.45% 的保证程度下，该地区小麦平均亩产量的可能范围。

4. 某公司生产某种电子元件，现从 10 000 件电子元件随机抽取 1% 进行耐用性能检查，并规定电子元件耐用在 9 500 小时以下为不合格，抽检结果如下表所示。

耐用时间（小时）	电子元件个数（个）
9 000 以下	1
9 000～9 500	2
9 500～10 000	7
10 000～10 500	45

续表

耐用时间（小时）	电子元件个数（个）
10 500～11 000	37
11 000～11 500	6
11 500 以上	2
合　　计	100

要求：（1）计算样本平均耐用时间的抽样平均误差和不合格率的抽样平均误差；

（2）在95.45%的概率保证程度下对该批电子元件的平均耐用时间及合格率进行区间估计。

5. 根据以往的调查资料，某袋装产品的重量标准差不超过2克，要求允许误差不超过0.2克，可信程度达到0.954 5，试问从全部40 000件产品中应抽取多少件产品调查才合适？

6. 打算对某批量生产的产品进行质量抽查，以此来判断它是否符合市场销售的要求。如果要求估计产品平均长度时，其误差不能超过标准长度的1%，估计产品合格率时，其误差不能超过正常合格率的3%。根据工艺的设计，标准长度为50 cm，正常生产时长度的标准差为2 cm，合格率为98%。在可靠度为99.73%的条件下，应抽查多少件产品才合适？

7. 某公司接受调查一种新型洗衣机的销售前景。它以通过抽样调查的方式，了解居民在收听（看）有关广告节目后对新型洗衣机感兴趣的户数比例。据从前推销其他商品的经验，这个比例不会超过20%，若确定置信区间宽度为4个百分点，取置信水平为95%，样本容量是多少？

8. 对你所在社区或学校的消费水平进行一次抽样推断，要求设计出调查方案，进行抽样推断分析，并写出调查报告。

项目 7　相关与回归分析

学 习 目 标

1. 了解相关关系的基本概念、特点和种类；
2. 熟悉相关关系的描述方法——相关图和相关表；
3. 掌握相关系数的计算，利用相关系数判断现象相关的密切程度；
4. 掌握一元回归方程的基本形式和回归方程参数的含义。

能力目标

1. 根据公式，会计算相关系数；
2. 能利用最小二乘法建立回归方程（简单线性回归方程）；
3. 能利用一元线性回归方程进行预测；
4. 能熟练使用 Excel 相关工具进行相关及回归分析。

1. 相关系数的计算；
2. 最小二乘法。

社会经济现象之间存在着相互联系和相互制约的关系。例如，降雨量和气温之间，农作物的产量和施肥量之间，居民收入和消费之间，企业投入和产出之间，儿童身高和与父母身高之间等，都存在一定的依存关系，它们之间的关系程度有多密切？怎么来表示和判断？如果从数量上研究这两种不同的现象之间的关系，能不能建立一种模型来体现它们之间的数量变动关系？本项目就是要解决上面的问题和任务。

第 1 讲　相关分析

7.1.1　相关关系的概述

1. 相关关系的概念与特点

在人类社会和自然界当中，许多现象之间是相互联系、相互制约的，可以把现象之间的这种关系概括为两种类型，即函数关系与相关关系。

函数关系是指客观现象之间客观存在的一种完全确定的依存关系。即自变量的每一个取值，因变量都会有唯一确定的数值与其相对应。例如，商品的销售额等于商品的销售量与商品价格的乘积；再比如，银行的 1 年期存款利率为年息 1.73%，

存入的本金用 x 表示，到期本息用 y 表示，则 $y = x + 1.73\% x$（不考虑利息税）。

相关关系是社会现象之间客观存在的，在数量变化上受随机因素影响的，非确定性的相互依存关系。它具有以下两个特点：

第一，相关关系表现为现象间相互依存的关系。两种现象，如果一种现象在数量上发生变化，另一个现象也会相应的在数量上发生变化。例如，在一定程度内，国家经济越发达，其居民的平均寿命就会越高；银行利率越高，吸收的存款就会越多；广告投放量越大，销售量也越大等。

第二，相关关系在现象间表现为非确定性的相互依存关系。存在相关关系的两种现象，一种现象在数量上发生变化，另外一种现象有几种可能的数值与之相对应。例如，同一个班级的学生，学习成绩的好坏与投入的学习时间有密切关系，但同样的学习时间与相对应的学习成绩却是不确定的。这是因为影响学习成绩的因素除了学习时间以外，还有学习方法、学习兴趣等其他偶然因素的影响。

函数关系和相关关系既有区别又有联系。由于有观察和测量误差等原因，函数关系在实际中往往通过相关关系表现出来。在研究相关关系时，又常常要使用函数关系的形式表现，以便找到相关关系的一般数量表现形式。

2. 相关关系的种类

（1）相关关系按照影响因素的多少分为单相关和复相关。

单相关是指两个因素之间的相关关系，即因变量的变化只是由一个因素的变化引起的。例如，圆面积和圆半径之间的关系。

复相关是指三个或三个以上的因素之间的关系，即因变量的变化受到两个或两个以上的自变量变化的影响。例如，销售量、销售价格和销售额之间的关系。

（2）相关关系按表现形态分为直线相关和曲线相关。

相关关系是一种数量上不严格的依存关系。如果两个变量的对应取值在坐标图上近似于一条直线，则称为直线相关。如果两个变量的对应取值在坐标图上近似于曲线，则称为曲线相关。现象表现为不同形式的相关关系，需要用不同的统计方法研究，因此，进行相关分析时，首先要确定相关关系的表现形态。

（3）相关关系按变动方向分为正相关和负相关。

当自变量增加（或减少）时，因变量也会随之增加（或减少），即两变量的变动方向相同，这种相关关系称为正相关。例如，居民收入增加，社会商品零售总额也会增加。当自变量增加（或减少）时，因变量随之减少（或增加），即两变量的变动方向相反，这种相关关系称为负相关。例如，一般情况下，商品价格上升，销售量会随之下降；产品产量提高，单位产品成本就会降低。

（4）相关关系按密切程度分为完全相关、不完全相关和不相关。

两个变量之间有确定的函数关系，则称为完全相关，例如 $S = \pi R^2$。若两个变量之间有一定的依存关系，一个变量的变化会引起另外一个变量的变化，但不存在严格的函数关系，则称为不完全相关。若两个变量彼此独立互不影响，则称为不相关或零相关。

综合以上几种分类方法，其相关关系图如图 7-1 所示。

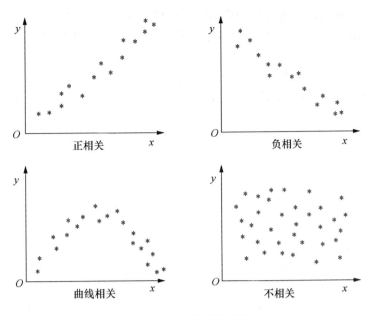

图 7-1　各种相关关系图

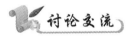

大医院是否对你不利？

一项研究显示，医院的大小（用病床数 x 来估量）和病人住院天数的中位数 y 之间正相关。这代不代表你如果选择一家小点的医院就可以少住院几天？为什么？

3. 相关分析的内容

相关分析是对客观社会经济现象间的密切程度及其表现出的规律性进行数量上的推断和认识，其分析的主要内容如下。

（1）判断现象间是否存在相关关系。

这是相关分析的出发点，当现象间确实存在相关关系时才可进行相关分析。其判定方法主要为定性分析与图表观察。

（2）测定现象间相关关系的密切程度。

这是相关分析的基本内容，其判定方法为计算相关系数。若相关关系不显著，则不需要进行下一步的研究；若相关关系密切，则需要通过回归分析进行进一步的研究。

7.1.2　简单线性相关分析

1. 相关关系的判断

判断现象间是否存在相关关系应先做定性分析再做定量分析。在初步确认有相关关系后，要运用大量的实际资料，编制相关表，绘出相关图，然后再进一步计算相关系数。

（1）定性分析

定性分析就是根据现象质的规定性，运用理论知识、专业知识、实际经验来进行判断和分析。例如，根据经济理论来判别商品的需求量和商品的价格间是否存在相关关系。在定性分析的基础上，再通过编制相关表和绘制相关图来进行定量分析。

（2）相关表

相关表就是把具有相关关系的两个变量的具体数值按照一定的顺序排列在一张表上，以观察他们之间的关系。通过相关表可以粗略的看出相关关系的类型和相关程度的高低。

【实用范例7.1】 某小区10户居民年收入与年支出关系相关表，如表7-1所示。

表7-1 居民收入与支出相关表

序　号	年收入（万元）	年支出（万元）
1	1.4	0.9
2	2.5	1.6
3	2.8	1.6
4	2.9	1.8
5	3.2	2.0
6	3.5	2.5
7	5.7	3.2
8	5.9	3.2
9	9.6	4.8
10	15.0	6.2

从表7-1中可以看出，随着家庭年收入的增加，支出大都会逐渐增加，两者之间存在相关关系。

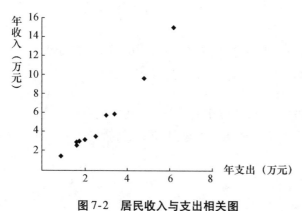

图7-2 居民收入与支出相关图

（3）相关图

相关图又称散点图，它是将相关表中的观测值在平面直角坐标系中用坐标点描绘出来，用以表明相关点分布状况的图形。例如，将相关表7-1所示的资料绘制成相关图，如图7-2所示。

利用相关图可以更直观、更形象地表现出现象之间的相关关系。通过图7-2可以看到10户居民年支出与年收入呈线性正相关关系。

2. 相关关系的测定

虽然相关表和相关图可以对变量间的相关关系做出一定的描述，但这只是相关分析的开始，为了能够准确地表明变量间相关关系的密切程度，需要计算相关系数。

相关系数是在线性（直线）相关条件下，用于说明现象之间相关关系密切程度的统计分析指标。仅对两个变量之间相关程度的度量称为单相关系数，本书仅对这一种进行介绍。相关系数通常用字母 r 表示。相关系数的定义公式如下：

$$r = \frac{\sigma_{xy}^2}{\sigma_x \sigma_y} = \frac{\frac{1}{n}\sum(x-\bar{x})(y-\bar{y})}{\sqrt{\frac{1}{n}\sum(x-\bar{x})^2} \cdot \sqrt{\frac{1}{n}\sum(y-\bar{y})^2}}$$

式中：x 为自变量；$\bar{x}$ 为自变量数列的平均值；

y 为因变量；$\bar{y}$ 为因变量数列的平均值；

σ_{xy}^2 为变量 x、y 的协方差；

σ_x 为变量 x 的标准差；

σ_y 为变量 y 的标准差。

分子（子项）为变量 x 的离差与变量 y 的离差的乘积的均数（又称协方差）；分母（母项）为变量 x 的标准差与变量 y 的标准差的乘积。

讨论交流

在相关系数的计算中，如果自变量和因变量互换位置，重新计算相关系数，结果跟原来有什么差别？为什么？

利用定义公式计算相关系数不仅运算量大、过程烦琐，而且变量的平均数常常是除不尽的小数，因而其计算结果往往缺乏准确性。在实践中多采用由定义公式推导出的简洁公式计算相关系数。相关系数的简洁计算公式为：

$$r = \frac{n\sum xy - \sum x \sum y}{\sqrt{n\sum x^2 - (\sum x)^2} \cdot \sqrt{n\sum y^2 - (\sum y)^2}}$$

相关系数的性质如下：

(1) r 的取值范围在 -1 和 $+1$ 之间，即 $-1 \leqslant r \leqslant 1$；

(2) $r=0$，表明两变量间没有线性相关关系，也称为零相关；

(3) $r>0$，表明两变量呈正线性相关；$r<0$，标明两变量呈负线性相关；

(4) $|r|=1$，表明两变量间为完全线性相关；$r=1$ 时，为完全正相关；$r=-1$ 时，为完全负相关；

(5) r 的绝对值越接近 1，表示两个变量的线性相关关系越强；r 的绝对值越接近 0，表示相关关系越弱。

经典案例分享

是什么造成儿童的肥胖？

父母遗传、吃得太多、活动太少和看太多电视都会被当做儿童肥胖的解释变量。美国曾对 92 个墨西哥裔美国女孩子做过研究，有典型的结果。研究当中度量了女孩子和她们的妈妈的体脂健康指数（BMI, body mass index），这是体重相对于高度的一种量度。BMI 过高的人被认为过重或者肥胖。同时还度量了看电视的时间长短、体力活动的时间长短和数种食物的摄取量。得到的结果是：女孩子的 BMI 和体力活动只有弱相关（$r=-0.18$），和食物及看电视也是弱相关。最强的相关（$r=0.506$）出现在女儿的 BMI 和妈妈的 BMI 之间。

在进行实际分析，判断两个变量之间线性相关系密切程度常用如下标准，如表 7-2 所示。

表 7-2 相关关系密切程度判断标准

相关系数绝对值 $|r|$	相关关系密切程度
0.3 以下	不相关
0.3～0.5	低度相关
0.5～0.8	显著相关
0.8 以上	高度相关

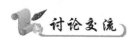

上课有用吗？

一项对美国某州立大学一年级学生上课出勤情况及成绩的研究指出，一般来讲，上课出勤率较高的学生，成绩也较高。如果上课出勤率说明了学生成绩变异的 16%，那么上课出勤率和成绩之间的相关系数的值是多少？

【实用范例 7.2】 根据表 7-3 的资料，判断 10 户居民的年收入与年支出之间的相关关系。

表 7-3 相关系数计算表

序号	年收入（万元）x	年支出（万元）y	x^2	y^2	xy
1	1.40	0.90	1.96	0.81	1.26
2	2.50	1.60	6.25	2.56	4.00
3	2.80	1.60	7.84	2.56	4.48
4	2.90	1.80	8.41	3.24	5.22
5	3.20	2.00	10.24	4.00	6.40
6	3.50	2.50	12.25	6.25	8.75
7	5.70	3.20	32.49	10.24	18.24
8	5.90	3.20	34.81	10.24	18.88
9	9.60	4.80	92.16	23.04	46.08
10	15.00	6.20	225.00	38.44	93.00
合　计	52.50	27.80	431.41	101.38	206.31

解：将表 7-3 当中的相关数据代入相关系数简洁计算公式中，可得：

$$r = \frac{n\sum xy - \sum x \sum y}{\sqrt{n\sum x^2 - (\sum x)^2} \cdot \sqrt{n\sum y^2 - (\sum y)^2}}$$

$$= \frac{10 \times 206.31 - 52.50 \times 27.80}{\sqrt{10 \times 431.40 - 52.50^2} \times \sqrt{10 \times 101.38 - 27.80^2}} = 0.985$$

由计算结果可知 $r = 0.985$，10 户居民的年收入与年支出之间存在着高度的正相关关系。

3. 相关分析中应注意的问题

（1）不能用相关系数解释两变量间的因果关系。

相关系数只能说明两个变量之间相关关系的密切程度以及方向，但它并不能说明两变量间是否有因果关系。即便当两变量间的相关系数非常大，呈现出高度相关的关系时，也不能说明两变量间有显著的因果关系。例如，根据一些研究，发现儿童睡眠时间与其身高成正相关的关系，但不能由此推断是因为较长的睡眠时间促使儿童生长快。

两变量之间的因果关系在很多情况下是可以互换的。如研究发现科研成果与科研经费呈正相关的关系，并且可以用科研究费的多少作为解释科研成果多少的因素。但是，是否存在这样的情况？你的科研经费越多，科研成果就越多，而科研成果越多就越容易获得科研经费。谁是谁的因？谁又是谁的果？众所周知，经济增长与人口增长相关，可是究竟是经济增长引起人口增长，还是人口增长引起经济增长呢？不能从相关系数中得出结论。

（2）警惕"虚假相关"。

两变量之间存在较高的相关系数，但并不表明两变量之间就一定存在着相关关系。在时间序列资料中往往就会出现这种情况，有人曾对医生薪金的提高和房价的上涨作了相关分析，计算得到一个较大的相关系数，这是否表明医生薪金提高导致对房屋的需求量增加，从而导致房价上涨呢？经分析，事实是由于经济繁荣导致医生薪金和房价的上涨，而医生薪金增长和房价之间并没有什么直接关系，这是因为存在另一个共同影响两变量的因素——经济的繁荣。

注意相关关系的成立是在一定的范围之内的，超过了这个范围，相关关系也会发生着变化，可能从正相关变为负相关，也可能从高度相关变为不相关。例如，雨下的多，农作物长的好，在缺水地区，干旱季节下雨是一种福音，但雨量太大，却可能损坏庄稼。又如，广告投入多，销售额上涨，利润增加，但盲目加大广告投入，却未必使销售额再增长，利润还可能减少。

第 2 讲　回归分析

7.2.1　回归分析

1. 回归分析的概念

"回归"的概念来源于英国生物学家法兰西斯·高尔顿（F. Galton）在 19 世纪末期研究父母和他们的孩子的身高时所采用的方法。根据遗传学的观点，子辈的身高受父辈影响，以 x 记父辈身高，y 记子辈身高。虽然子辈身高一般受父辈影响，但同样身高的父亲，其子辈身高并不一致，因此，x 和 y 之间存在一种相

关关系。一般而言，父辈身高者，其子辈身高也高，依此推论，祖祖辈辈遗传下来，身高必然向两极分化，而事实上并非如此，显然有一种力量将身高拉向中心，即子辈的身高有向中心回归的特点。"回归"一词即源于此。虽然这种向中心回归的现象只是特定领域里的结论，并不具有普遍性，但从它所描述的关于 x 为自变量，y 为不确定的因变量这种变量间的关系看，和我们现在的回归含义是相同的。不过，现代回归分析虽然沿用了"回归"一词，但内容已有很大变化，它是一种应用于许多领域的广泛的分析研究方法，在经济理论研究和实证研究中也发挥着重要的作用。

如前所述，在社会经济现象中，各种经济变量相互联系，相互制约。通过相关分析可以研究客观现象之间的相关方向和相关密切程度，但相关分析不能说明现象之间因果的数量关系。因此，为了说明现象间的具体数量变动关系，当其间存在显著的相关关系时，可以配合一定的数学模型进行回归分析。

回归分析就是对具有相关关系的两个或两个以上变量之间数量变化的一般关系进行测定，确定因变量和自变量之间变动关系的数学表达式，以便对因变量进行估计或预测的统计分析方法。用回归分析方法得出的数学表达式称为回归方程。

回归有不同的种类。按自变量的个数分，有一元回归和多元回归。只有一个自变量的称为一元回归；有两个或两个以上自变量的称为多元回归。按照回归线的形状分，有线性回归和非线性回归。本书仅就一元线性回归进行介绍。

2. 回归分析的特点

（1）在对两个变量进行回归分析时，必须根据研究的目的确定自变量和因变量。因为在回归分析当中两个变量是因果关系，若自变量、因变量不同，确定的分析结果也不相同。在相关分析中所研究的两个变量是对等关系，不必区分哪一个是自变量，哪一个是因变量。

（2）回归分析中，因变量是随机变量，自变量是非随机变量（或可控变量）。相关分析中所研究的两个变量都是随机变量。

（3）在两个变量互为因果的前提下，可以依据研究的目的分别建立 y 对于 x 的回归方程，也可以建立 x 对于 y 的回归方程。在相关分析当中，只是通过计算相关系数分析两个变量之间的密切程度，而不是具体的变动关系。

（4）在用回归方程进行估计预测时，只能给出自变量的数值来估计因变量的数值，即一个方程只能做一种推算。

3. 回归分析的内容

回归分析是将变量间的相关关系转变为函数关系，并以此来研究变量间数量变动关系的统计分析方法。其具体的分析内容包括以下两个方面。

（1）对现象进行回归分析。

当现象间的相关关系比较密切时可进行回归分析。通过回归分析可以测定现象间数量变化的相关形式，用含有函数关系的数学公式来反映因变量随自变量的变化而变化的规律。

（2）对因变量估计值的误差程度进行确定。

通过回归分析得到的反映现象间数值变动关系的数学公式是近似的，当用该公式估计因变量数值时会存在一定的误差，统计上一般通过计算估计标准误差来反映估计的精度。估计标准误差小，说明回归方程的代表性强，分析结论的可靠性就大；反之，估计标准误差大，说明回归方程的代表性差，分析结论的可靠性就小。

4. 相关分析与回归分析的区别

相关分析和回归分析既相互区别又相互联系。相关分析是回归分析的基础和前提，回归分析是相关分析的深入和继续。相关分析需要依靠回归分析来表现变量之间数量相关的具体形式，而回归分析则需要依靠相关分析来表现变量之间数量变化的相关程度。只有当变量之间存在高度相关时，进行回归分析寻求其相关的具体形式才有意义。两者的区别主要表现在以下三个方面。

（1）变量间的关系。在相关分析中不涉及自变量和因变量的划分问题，即变量之间的关系是对等的；在回归分析当中变量之间的关系不是对等的，需要根据研究对象的性质和目的划分自变量和因变量。

（2）变量的随机性。在相关分析中所有的变量都必须是随机变量；而在回归分析中，自变量是给定的，因变量才是随机的，即将给定的自变量代入回归方程后，所得到的因变量的估计值不是唯一确定的，而会表现出一定的随机波动性。

（3）变量间关系的表现形式。相关分析是通过计算相关系数来反映变量之间相关程度的大小，由于变量之间是对等的，因此相关系数是唯一确定的。在回归分析中，对于互为因果的两个变量（如商品的价格和需求量），可能存在多个回归方程。

7.2.2 一元线性回归方程

1. 一元线性回归方程的描述

当两个变量完全线性相关时，其关系可表示为方程式：

$$y = a + bx$$

这是简单线性方程的一般形式。

当两个变量存在不完全的相关关系，且通过定性分析和相关图表、相关系数分析，判断变量间存在显著线性相关时，可以对其进行线性回归分析，即建立回归方程。基本公式如下：

$$\hat{y} = a + bx$$

式中：$\hat{y}$ 表示 y 的估计值；

x 为自变量的实际值；

a 为直线在 y 轴上的截距；

b 为自变量增加一个单位时因变量的平均增加值，也称回归系数。

a 和 b 都称作待定参数。

a 和 b 的经济意义是：a 为当 x 为 0 时 y 的估计值，b 是当 x 每增加一个单位时 y 的平均变动值。回归系数 b 的符号与相关系数 r 的符号一致且意义相同。当 $b > 0$ 时，表示变量 x 与变量 y 的变动方向相同，即两个变量为正相关关系；当 $b < 0$ 时，表示变量 x 与变量 y 的变动方向相反，即两个变量为负相关关系。

2. 建立一元线性回归方程的条件

任何一个数学模型都是有条件限制的，一元线性回归模型的构建一般应具备以下条件。

（1）两个变量之间确实存在显著的相关关系。

如果两个变量之间不存在相关关系或者相关关系不显著，建立的回归模型就无法表明两个变量之间的依存关系。只有两个变量之间存在显著相关时，所建立的线性回归模型才有意义，用来进行分析和预测才有价值。

（2）两个变量之间确实存在直线相关关系。

（3）具备一定数量的变量观测值。

线性回归方程是根据自变量和因变量的样本观测值求得的，因此配合线性回归模型的依据是变量 x 和变量 y 应该有一定变量的对应观测值。

3. 一元线性回归方程的参数估计

对研究线性关系而言，总希望 y 的估计值 $\hat{y}$ 最大限度的接近其观测值。即用这条直线来代表的 y 与 x 的关系，它和实际数据的误差比任何其他直线都要小。回归方程所表示的线性函数就是 y 与 x 之间关系的较为合理的一个估计。数学证明，利用最小平方法（即最小二乘法）所配合的直线是最优的理想直线，因为这条直线与实际测定的所有相关点的距离平方和最小。根据这一方法，回归方程中的待定参数 a 和 b 应当满足下列条件：

$$\sum (y - \hat{y})^2 = \min$$

或 $$\sum (y - a - bx)^2 = \min$$

令 $Z = \sum (y - \hat{y})^2 = \sum (y - a - bx)^2$ 要使 Z 值达到最小，其必要条件是它对 a 和 b 的一阶导数等于零。

$$\frac{\partial Z}{\partial a} = -2 \sum (y - a - bx) = 0$$

$$\frac{\partial Z}{\partial b} = -2 \sum x(y - a - bx) = 0$$

经整理得：

$$\begin{cases} \sum y = na + b \sum x \\ \sum xy = a \sum x + b \sum x^2 \end{cases}$$

解方程组得：

$$\begin{cases} b = \dfrac{n \sum xy - \sum x \sum y}{n \sum x^2 - (\sum x)^2} \\ a = \dfrac{\sum y}{n} - \dfrac{b \sum x}{n} = \bar{y} - b \bar{x} \end{cases}$$

【实用范例 7.3】 某地区高校教育经费（x）与高校学生人数（y）连续 6 年的统计资料如表 7-4，要求建立以在校学生人数为因变量的回归方程。

表 7-4 某地区高校教育经费与学生人数表

编 号	教育经费（万元）x	在校学生人数（万人）y	xy	x^2	y^2
1	316	11	3 476	99 856	121
2	343	16	5 488	117 649	256
3	373	18	6 714	139 129	324
4	393	20	7 860	154 449	400
5	418	22	9 196	174 724	484
6	455	25	11 375	207 025	625
合 计	2 298	112	44 109	892 832	2 210

解：将表 7-4 的数据代入参数 a、b 的计算公式，得：

$$b = \frac{n\sum xy - \sum x \sum y}{n\sum x^2 - (\sum x)^2} = \frac{6 \times 44\,109 - 2\,298 \times 112}{6 \times 892\,832 - 2\,298^2} = 0.095\,5$$

$$a = \frac{\sum y}{n} - \frac{b\sum x}{n} = \frac{112}{6} - 0.095\,5 \times \frac{2\,298}{6} = -17.91$$

故回归方程为：$\hat{y} = -17.91 + 0.095\,5x$

式中 $a = -17.91$，是回归直线在 y 轴上的截距；$b = 0.095$ 表示高校教育经费每增加一个单位，在校学生人数平均增加 0.095 5 万人。

根据回归方程，当高校教育经费 x 取一定数值时，就可以求得相应的在校学生人数的预测值。例如，当高校教育经费为 500 万元时，在校学生人数为：

$$\hat{y} = -17.91 + 0.095\,5 \times 500 = 29.84（万人）$$

应当指出，根据回归方程，可以给出一个自变量来估计和预测因变量的平均可能值。但在预测时应注意不要超出现有的数据范围，导致一个很不可信的结果。比如有 3~8 岁儿童的生长资料，年龄 x 和身高 y 之间有很强的直线相关关系，如果对这些数据配一条回归直线，然后用它来预测某个儿童 25 岁时的身高，那么预测的结果会是：这个儿童到 25 岁时会有 2.438 3 米高，预测结果不符合实际。因此，用回归方程进行预测时应注意结果的合理性。

讨论交流

如果两个变量 x 和 y 之间的相关系数是 0，x 和 y 之间没有直线相关。当 $r=0$ 时，用最小二乘法回归直线的斜率是 0。分析一下为什么斜率为 0 就代表 x 和 y 之间没有直线相关？画一条斜率为 0 的直线，然后解释为什么在这种情形下，要预测 y 根本不必用到 x 的值。

7.2.3 估计标准误差

1. 估计标准误差的概念与计算方法

估计标准误差是因变量的实际值与理论值的平均离差，是用来说明回归方程代表性大小的统计分析指标。估计标准误差与标准差的计算原理是一致的，两者都是反映平均差异程度和表明代表性的指标。一般标准差反映的是各变量值与其平均数的平均差异程度，表明其平均数对各变量值的代表性强弱；回归标准误差反映的是因变量各实际值与其估计值之间的平均差异程度。根据已建立的回归直线，可以求出各个自变量 x 值与之相对应的预测值。如表 7-4 根据回归方程的预测，当教育经费为 455 万时，在校学生人数为 25.54 万人，实际人数为 25 万人，相差 0.54 万人。我们不仅用回归方程推算已有实际值的估计值，还要推算未知的值。这样就有了实际值与预测值之间的差异。这种差异直接关系到了预测的准确性问题，同样，这种差异也反映着回归直线的代表性的大小。如果预测值与实际值之间的差距较小，说明预测结果较为准确；反之，表示预测的准确性较差。估计标准误差应用了标准差的原理，对实际值与理论值之间的平均误差进行测量。其计算公式为：

$$S_{yx} = \sqrt{\frac{\sum(y-\hat{y})^2}{n-2}}$$

式中：S_{yx} 为估计标准误差；y 为因变量实际值；$\hat{y}$ 为因变量估计值；n 为数据的项数。

利用定义式计算估计标准误差，运算量大，须计算出所有的估计值。如果已知直线回归方程的参数值，有一个比较简便的计算方法。公式如下：

$$S_{yx} = \sqrt{\frac{\sum y^2 - a(\sum y) - b(\sum xy)}{n-2}}$$

【实用范例 7.4】 仍以表 7-4 有关资料为例，计算估计标准误差。

$$S_{yx} = \sqrt{\frac{\sum y^2 - a(\sum y) - b(\sum xy)}{n-2}}$$

$$= \sqrt{\frac{2\,210 + 17.91 \times 112 - 0.095\,5 \times 44\,109}{6-2}} = 0.936\,8（万人）$$

结果表明，在校学生人数理论估计值与实际值的平均误差为 0.936 8 万人。可见，只有把回归估计值与估计标准误差结合起来运用，才更具有意义。估计标准误差数值越大，就表明估计值的代表性越小，也就是相关点的离散程度大；反之，如果估计标准误差越小，就表明估计值的代表性越大，相关点的离散程度小。如果 $S_{yx} = 0$，就是 y 与 $\hat{y}$ 没有差异，反映在相关图上，则所有的相关点全在直线 $\hat{y}$ 上。说明估计值完全准确。

2. 估计标准误差与相关系数的关系

估计标准差 S_{yx} 与相关系数 r 在数量上也存在着密切关系，即从另外一个角度说明相关分析与回归分析之间的关系。两者之间的关系表述如下：

$$r = \sqrt{1 - \frac{S_{yx}^2}{\sigma_y^2}}$$

$$S_{yx} = \sigma_y\sqrt{1-r^2}$$

从相互联系的两个算式中可以看出 r 与 S_{yx} 的变化方向是相反的。当 r 越大时，S_{yx} 越小，这说明相关密切程度较高，回归直线的代表性较大；当 r 越小时，S_{yx} 越大，这说明相关密切程度较低，回归直线的代表性较小；$r = \pm 1$ 时，$S_{yx} = 0$，说明现象间完全相关,各相关点均落在回归直线上,此时对 x 的任何变化,y 总有一个相应的值与之对应;当 $r=0$ 时,S_{yx} 取得最大值,这说明现象间不存在直线关系。

3. 相关系数与回归系数的关系

相关系数与回归系数的关系推导如下:

因为
$$b = \frac{n\sum xy - \sum x \cdot \sum y}{n\sum x^2 - (\sum x)^2} = \frac{\sigma_{xy}^2}{\sigma_x^2}$$

且
$$r = \frac{n\sum xy - \sum x \sum y}{\sqrt{n\sum x^2 - (\sum x)^2} \cdot \sqrt{n\sum y^2 - (\sum y)^2}} = \frac{\sigma_{xy}^2}{\sigma_x \cdot \sigma_y}$$

$$\frac{b}{r} = \frac{\sigma_x \cdot \sigma_y}{\sigma_x^2}$$

即
$$r = b \cdot \frac{\sigma_x}{\sigma_y}$$

7.2.4 回归模型的预测及应用

预测是回归模型在统计中的重要应用,预测有两种:点估计和区间估计。

1. 点估计

在教育经费与在校学生(例 7.3)的研究中,估计回归方程为 $\hat{y} = -17.91 + 0.0955x$,提供了教育经费 x 与在校学生人数 y 之间关系的一种估计。我们可以用回归方程来对给定某一特定 x 值时 y 的值进行点估计,或者预测某一特定 x 值的 y 值。例如,当教育经费为 500 万时,运用回归方程,我们可以得到

$$\hat{y} = -17.91 + 0.0955 \times 500 = 29.84 \text{(万人)}$$

因此当教育经费为 500 万时,在校学生人数的点估计值是 29.84 万人。

2. 区间估计

在使用回归模型对问题进行预测时,除了可以使用点估计得到预测值外,还希望知道预测的精度,因为仅知道点估计的预测值意义不大,我们往往更希望能给出一个预测值的变动范围,即进行区间估计,而这一预测值范围比只给 $\hat{y}$ 更可信。

按照误差为正态分布的原理,当样本容量 n 大于 30 时,我们可以作以下的假定:

(1) y 的实际观测值在对应的每个估计值 $\hat{y}$ 周围都是正态分布的;

(2) 所有的正态分布都具有相同的标准差,即所谓的同方差性。

根据以上两条假设,如果观测值的点在回归直线两侧呈正态分布,则约有 68.27% 的点落在回归直线 $\pm S_{yx}$ 范围内;约有 95.45% 的点落在 $\pm 2S_{yx}$ 回归直线范围内;约有 99.73% 的点落在回归直线 $\pm 3S_{yx}$ 范围内。

区间估计的一般步骤:

(1) 由样本数据 x 求出估计值 $\hat{y}$ 估计标准误差 S_{yx};

(2) 利用标准化正态分布曲线下的面积查对表查找对应数值;

(3) 根据置信区间的公式可在一定的概率保证下对总体估计值作出置信区间估计,置信区间公式为:

$$\hat{y} - tS_{yx} \leq y \leq \hat{y} + tS_{yx}$$

【实用范例 7.5】 仍以表 7-4 有关资料为例,在 95% 的概率保证下,求当教育经费为 500 万元时,在校学生平均人数的置信区间。

$\hat{y} = -17.91 + 0.0955x$,当 $x = 500$ 万元时,$\hat{y} = -17.91 + 0.0955 \times 500 = 29.84$(万人)

又因为　　　　　$S_{yx} = 0.9368$(万人),$f(t) = 95\%$ 时,$t = 1.96$

所以　　　　　　$29.84 - 1.96 \times 0.9368 \leq y \leq 29.84 + 1.96 \times 0.9368$

得　　　　　　　　　　$28.00 \leq y \leq 31.68$

即在 95% 的概率保证下,教育经费为 500 万元时,平均学生人数的置信区间为 28.00 万～31.68 万人。

7.2.5 应用回归分析应注意的问题

回归分析是人们认识现象研究问题所需要用到的重要的统计分析方法之一。它对于人们加深对现象间相互依存关系的认识,并且促使这种认识由感性进入理性、由定性进入定量阶段都具有重要的意义。当然,任何统计分析方法都有一定的局限性,回归分析也不例外,因此,在实践当中还应注意以下的问题。

(1) 定性分析与定量分析应结合使用。变量之间是否存在回归关系,是由变量之间的内在联系所决定的。回归分析只是定量分析的手段,通过回归分析,虽然可以从数量上反映变量之间的联系形式,但是无法准确判断变量之间内在联系的存在与否,也无法判断变量之间的因果关系。而现象之间是否具有一定的回归关系,主要靠定性分析,即依据社会经济理论、专业知识、实际经验对事物进行分析来判断。不通过定性分析,直接根据样本观测数据进行量化分析,构建模型,于是就可能得出错误的结论。因此,在实际应用当中应注意把定性分析和定量分析结合起来,在准确的定性分析的基础上展开定量分析。

(2) 注意社会经济现象的复杂性。社会经济现象间彼此有着千丝万缕的联系,某一现象发生的原因,有可能是另一现象出现的结果。而且,有时某一事件的出现可能导致诸多事件的发生,产生一系列的连锁反应。影响社会经济现象之间关系的不仅有自然技术条件,而且有政治的、经济的、道德的,甚至心理因素等。因此,在应用回归分析时应注意社会经济现象的复杂性。

(3) 回归系数。相关系数的大小和正负表示着相关关系的强弱和方向。而回归系数虽然也有大小和正负,但是并不表明两个变量之间变化的密切程度,只能表明自变量每变化一个单位的量时因变量平均变化的量。

第 3 讲　统计实践

实践训练：利用一元线性回归分析法预测社会物流需求量

物流行业的发展与一个国家的经济总量和经济发展水平息息相关。根据国家统计局的资料,2007 年我国的经济总量已经上升到世界的第四位,进出口额位列世界第三位。随着经济的快速增长和对外贸易的迅速发展使我国的物流需求量增长较快。

物流需求是指在一定时期内，因社会经济活动对生产、流通、消费领域的原材料、成品和半成品、废旧材料等的调配、流转、交换而产生的对物品在空间、时间、作业量和费用方面的要求。若结合预期的进出口额和GDP对物流需求进行预测可以了解社会经济活动对于货运能力供给的需求强度，从而进行有效的需求管理，引导投资有目的地进入物流服务领域，改进货运供给系统，减少资源浪费。

预测物流需求可以采用很多方法，其中，一元线性回归分析法可以很简单地预测物流需求量。

表7-5 宏观经济指标与全社会物流总额表

年　份	GDP（亿元）x_1	进出口额（亿元）x_2	全社会物流总额（亿元）y
1991	21 617.8	11 127.4	30 221
1992	26 638.1	13 573.5	39 088
1993	34 634.4	16 047.4	54 315
1994	46 759.4	19 402.8	79 237
1995	58 478.1	23 030.5	101 975
1996	67 884.6	23 771.8	110 288
1997	74 462.6	26 654.9	123 665
1998	78 345.2	26 563.9	128 732
1999	81 910.9	29 573.3	138 954
2000	90 016.2	38 892.6	170 561
2001	97 314.8	41 800.3	194 513
2002	105 172.3	50 903.1	232 583
2003	116 898.4	69 799.2	295 488
2004	136 515.4	94 688.7	383 829
2005	182 321.4	115 191.7	481 121

根据表7-5中的数据，可以看出随着GDP与进出口额的增长，全社会物流总额也在增长，其相关程度如何？可以先来计算一下全社会物流总额与GDP的相关系数以及全社会物流总额与进出口额的相关系数。

对以上原始数据进行处理，可知：

$\sum y = 2\,564\,570$；$\sum y^2 = 672\,541\,809\,518$；$\sum x_1 = 1\,218\,969$；

$\sum x_2 = 601\,021.10$；$\sum x_1^2 = 125\,159\,780\,034.88$；$\sum x_2^2 = 37\,286\,284\,564.89$；

$\sum x_1 y = 284\,809\,231\,553.40$；$\sum x_2 y = 158\,065\,085\,492.80$

根据相关系数的计算公式

$$r = \frac{n\sum xy - \sum x \sum y}{\sqrt{n\sum x^2 - (\sum x)^2} \cdot \sqrt{n\sum y^2 - (\sum y)^2}}$$

可知全社会物流总额与GDP的相关系数：

$$r_1 = \frac{15 \times 284\,809\,231\,553.40 - 1\,218\,969 \times 2\,564\,570}{\sqrt{15 \times 125\,159\,780\,034.88 - 1\,218\,969^2} \times \sqrt{15 \times 672\,541\,809\,518 - 2\,564\,570^2}}$$
$$= 0.9774$$

全社会物流总额与 GDP 呈高度正相关关系。

全社会物流总额与进出口额的相关系数：

$$r_2 = \frac{15 \times 158\,065\,085\,492.80 - 601\,021.10 \times 2\,564\,570}{\sqrt{15 \times 37\,286\,284\,564.89 - 601\,021.10^2} \times \sqrt{15 \times 67\,2541\,809\,518 - 2\,564\,570^2}}$$
$$= 0.9948$$

全社会物流总额与进出口额呈高度正相关关系。

即宏观经济指标的增长会带来更大幅度的物流需求量的增长，经济的迅速发展将产生巨大的对物流服务的需求空间。

当变量间存在显著的线性相关关系时，我们可以用一元线性回归分析法对物流需求量进行简单的预测。

1. GDP 与物流需求预测式

根据表 7-6，利用一元线性回归分析法 $\bar{y} = a + bx$ 对原始数据进行处理分析，得：

$$b = \frac{n\sum x_1 y - \sum x_1 \sum y}{n\sum x_1^2 - (\sum x_1)^2} = \frac{15 \times 284\,809\,231\,553.40 - 1\,218\,969 \times 2\,564\,570}{15 \times 125\,159\,780\,034.88 - 1\,218\,969^2} = 2.93$$

$$a = \bar{y} - b\bar{x}_1 = 170\,971.30 - 2.93 \times 81\,264.59 = -66\,901.10$$

由此可知，GDP 与全社会物流总额间的关系：

某年全社会物流总额 = $-66\,901.10 + 2.93 \times$ 该年 GDP

利用上述模型，可以很容易的对预期 GDP 情况下的物流总额做出预测。据国家统计局资料初步统计，2008 年我国 GDP 为 300\,670 亿元。通过上述预测模型，可以得到结论：2008 年我国物流需求总额预计为：$-66\,901.10 + 2.93 \times 300\,670 = 814\,062$ 亿元。

2. 进出口额与物流需求预测式

在进行跨国经营时，需要强大的物流服务作为支撑。物流的需求量与进出口额有着密切关系。一元线性回归分析法同样帮助我们在进出口额与物流总额之间进行预测。

$$b = \frac{n\sum x_2 y - \sum x_2 \sum y}{n\sum x_2^2 - (\sum x_2)^2} = \frac{15 \times 158\,065\,085\,492.80 - 125\,159\,780\,034.88 \times 2\,564\,570}{15 \times 37\,286\,284\,564.89 - 115\,191.7^2}$$
$$= 4.19$$

$$a = \bar{y} - b\bar{x}_2 = 170\,971.30 - 4.19 \times 40\,068.07 = 3\,144.55$$

由此可知，进出口额与全社会物流总额间的关系为：

某年全社会物流总额 = $3\,144.55 + 4.19 \times$ 该年进出口额

利用上述模型，可以很容易的对预期进出口额情况下的物流总额做出预测。据中科院的预测，2008 年我国的进出口额增长率为 18%。我国 2007 年进出口额为 152\,166 万亿元。即 2008 年我国进出口数额预计可以达到 179\,555.98 亿元。

通过上述预测模型，可以得到结论：2008 年我国物流需求总额预计为：

$3\,144.55 + 4.19 \times 179\,555.98 = 755\,483.69$（万亿元）

通过此方法，我们可以简单而准确地对物流市场需求进行预测，并将其利用于物流企业的市场分析中，为物流企业决策活动提供参考信息。

思考与应用技能训练

一、填空题

1. 相关关系按变动方向分为_____和_____。
2. 两变量间相关系数的绝对值在 0.3 到 0.5 之间，则称其为_____相关。
3. 相关关系按自变量的个数分为_____和_____。
4. 在回归分析当中，估计标准误差数值较大时，表明估计值的代表性_____，也就是相关点的离散程度_____。
5. 在 Excel 中，使用函数分析法进行相关分析，所使用的函数为_____。

二、单项选择题

1. 下列现象不存在相关关系的是（　　）。
   A. 广告投放量与产品销售量　　B. 居民收入水平与居民储蓄额
   C. 降雨量与茶叶产量　　　　　D. 利息水平与利率水平
2. 当 $r=0.9$ 时，下列说法正确的是（　　）。
   A. 90% 的点都集中在一条直线的周围
   B. 90% 的点都高度相关
   C. 其线性程度是 $r=0.45$ 时的两倍
   D. 两变量呈高度正相关关系
3. 当所有观测值都落在回归直线 $y=a+bx$ 上，则 x 与 y 之间的相关系数（　　）。
   A. $r=0$　　B. $r=1$　　C. $r=-1$　　D. $|r|=1$
4. 根据样本资料得到单位产品成本 y（元）与产量 x（万件）之间的回归方程为 $\bar{y}=868-8x$，则下列说法正确的是（　　）。
   A. 产量与单位成本之间是正相关关系
   B. 产量为 1 万件时，单位成本为 860 元
   C. 产量为 1 万件时，单位成本平均为 860 元
   D. 产量每增加 1 万件，单位成本增加 8 元
5. 如果估计标准误差 $S_{yx}=0$ 表明（　　）。
   A. 全部观测值和回归值都不相等
   B. 回归值代表性小
   C. 全部观测值与回归值的离差之积为零
   D. 全部观测值都落在回归直线上

三、多项选择题

1. 现象的相关关系按相关因素多少可分为（　　）。
   A. 单相关　　B. 复相关　　C. 完全相关　　D. 不相关

E. 零相关

2. 相关关系按变量的多少可分为（　　　　）。
   A. 一元相关　　B. 曲线相关　　C. 线性相关　　D. 多元相关
   E. 正相关

3. 相关系数能说明相关关系的（　　　　）。
   A. 内容　　　　B. 离散程度　　C. 方向　　　　D. 变化
   E. 密切程度

4. 在一元线性回归方程 $\hat{y} = a + bx$ 中，b 值（　　　　）。
   A. 是回归系数
   B. 表示当 x 每增加一个单位时，y 平均增加的数量
   C. 是回归直线的起点
   D. 是回归直线的截距
   E. 既是回归系数，也是相关系数

5. 下列关系中存在负相关关系的是（　　　　）。
   A. 身高与体重
   B. 产量与单位成本
   C. 正常商品的价格与需求量
   D. 施肥量与亩产量
   E. 产量与总成本

四、思考题

1. 什么是相关关系？它的特点是什么？
2. 如何计算估计标准误差？它的作用是什么？
3. 相关系数和估计标准误差间有什么关系？

五、应用技能训练

1. 某地区 2008—2012 年各年职工生活费支出和商品销售额的资料见表 7-6。

表 7-6　职工生活费与商品销售额表

年　份	职工生活费支出 x（千元）	商品销售额 y（亿元）
2008	15.5	87
2009	16.0	93
2010	16.5	100
2011	17.0	106
2012	17.5	114
合　计	82.5	500

要求：计算相关系数，并分析该职工生活费支出与商品销售额之间的相关性。

2. 表 7-7 为 7 个同类企业生产性固定资产年平均价值和年总产值的资料。

表 7-7　企业生产性固定资产年平均价值与总产值表

企业编号	生产性固定资产年平均价值 x（万元）	总产值 y（万元）
1	320	524
2	200	641
3	409	818
4	415	907
5	502	926
6	316	608
7	910	1 123
合　计	3 072	5 547

要求：（1）建立以年总产值为因变量的直线回归方程；

（2）估计生产性固定资产年平均价值为 1 226 万元时，年总产值为多少？

3. OK 市场调查公司对律师行业的薪酬情况进行调查，发现其工作年限和收入的关系见表 7-8。

表 7-8　工作年限与平均年薪表

工作年限（年）	3	7	15	18	20
平均年薪（万元）	6.5	8.9	12	16	17

要求：（1）计算工作年限与平均年薪之间的相关系数；

（2）确定以工作年限为自变量的回归方程；

（3）计算估计标准误差。

4. 科创制药公司 R&D 投入与公司利润资料见表 7-9。

表 7-9　R&D 投入与利润表

R&D 投入（万元）	20	32	41	45	57
利润（万元）	121	163	266	274	311

要求：（1）计算 R&D 投入与公司利润之间的相关系数；

（2）确定分别以 R&D 投入和利润为自变量的回归方程；

（3）当 R&D 投入为 60 万时，利润可以达到多少？

（4）当利润为 400 万时，需要有多大的 R&D 投入？

5. 某银行 2012 年各月存款平均增加额 $\bar{x}=165$ 万元，各月放款平均增加额 $\bar{y}=124$ 万元。又知各月存款、放款增加额的标准差分别为 $\sigma_x=5$ 万元，$\sigma_y=4$ 万元，存款、放款增加额两现象的相关系数 $r=0.8$。试求：放款增加额 y 与存款增加额 x 的直线回归方程及估计标准误差。

6. 航班的飞行正点率是乘客非常关心的指标，也是顾客经常投诉的对象之一。表 7-10 是某航空公司搜集的样本资料。

表 7-10　航班正点率与投诉率表

航班正点率（%）	投诉率（%）
79.0	0.52
78.3	0.58
76.6	0.61
74.9	0.67
73.7	0.72
71.3	0.76
70.5	0.87
69.8	1.34

要求：（1）建立航班正点率和顾客投诉率之间的回归方程；

（2）当正点率为80%时，在置信水平为95%的条件下估计投诉率的区间范围。

7. 为了对某大城市写字楼的空置率与租金水平的关系进行研究，特收集的资料见表7-11。

表 7-11　写字楼空置率与租金水平表

编　号	空置率（%）	租金水平（万元/平方米）
1	5.0	0.92
2	12.3	1.71
3	13.8	1.87
4	15.1	2.04
5	16.4	2.43
6	16.8	2.46
7	19.6	3.16
8	19.9	3.46
9	20.3	4.69
10	22.6	6.79

要求：（1）绘制散点图，指出变量之间存在的关系；

（2）建立写字楼空置率和租金之间的回归方程；

（3）当租金为7万元/平方米时，写字楼的空置率为多少？（置信水平99.73%）

8. 某百货公司经理收集了关于售货员工龄和销售额的资料，见表7-12。

表 7-12　售货员工龄与年平均销售额表

售货员	工　龄	年平均销售额（万元）
1	1	7.8
2	3	12.1
3	4	15.2
4	5	15.8

续表

售货员	工　龄	年平均销售额（万元）
5	6	18.4
6	8	19.9
7	10	21.0
8	12	26.9
9	15	32.6
10	18	33.4

要求：（1）以工龄为自变量绘制散点图；

（2）以工龄为自变量建立回归方程；

（3）估计工龄为 20 年的售货员的平均年销售额。

9. 经常出差的商务人事较喜欢在网上预订旅店，且预订的时间越早，得到的折扣就越多。如果提前 9 天预订，旅客可以享受最低的优惠价。表 7-13 是国内 5 个大城市同档次旅店一个晚上的商业优惠价和提前 9 天预订的最低优惠价。

表 7-13　旅店商业优惠价和提前预订价表

旅店所处城市	商业优惠价（元/晚）	提前 9 天优惠价（元/晚）
北　京	218	158
上　海	189	146
广　州	238	188
青　岛	166	129
武　汉	178	135

要求：（1）估计自变量为商业优惠价格的回归方程；

（2）在深圳的同档次旅店提供的商业优惠价是每个晚上 248 元。估计该旅店提前 9 天预订的最低优惠价。

10. 将学生分成小组，每组为 4～8 人，进行如下的实验：

记录下每一位同学的身高，并且记录下其一分钟内心跳的次数，进行比较观察，画出相关图和相关表，看看两者之间是否存在关系？如果存在，是怎样的关系？

项目 8 统计指数

学 习 目 标

1. 理解统计指数的含义和作用;
2. 了解指数分类和指数数列的基本内容;
3. 掌握综合指数和平均指数的编制方法;
4. 把握经济指数的现实意义、同度量因素的选择及其固定基期。

1. 能根据实际资料构建总量指标和平均指标的指数体系;
2. 能编制基本的统计指数;
3. 知道价格指数、消费指数、股票指数等常见指数的编制方法。

重点难点

1. 同度量因素;
2. 综合指数的编制方法;
3. 指数因素分析。

"指数"一词经常出现在人们的日常生活中。例如,反映各个时期商品价格水准变动情况的指数——物价指数;反映各个时期股票价格变化的指数——股票价格指数;反映空气质量状况的指数——空气污染指数等。但是什么是指数?生活中常见的指数到底是怎么计算出来的?本项目的学习任务就是要解决以上问题。

第 1 讲 统计指数的概念和种类

8.1.1 统计指数的概念和作用

1. 统计指数的概念

统计指数是一个既古老又现实的统计指标。从最早对物价水平综合变动程度的测定开始,统计指数编制的新方法及其应用就已经层出不穷。统计指数的研究已从动态发展为静态,被推广应用于反映不同空间的对比和实际与计划的对比等问题的研究。

统计指数简称为指数。从广义上讲,是指反映社会经济现象数量变动的相对数。例如,前面讲到的发展速度、动态相对数等,都是广义的指数。但是,从狭义上讲,指数是特指用来反映不能直接相加的复杂的社会经济现象的综合数量的变动相对数。

例如，反映多种商品的价格的综合变动、多种工业产品的产量的综合变动等。本项目所阐述的指数主要是指狭义的指数。

2. 统计指数的作用

统计指数主要有如下几方面的作用。

（1）编制指数，综合反映复杂的社会经济现象综合数量方面的变动方向和变动程度。

例如，编制零售商品价格指数，可以综合反映不同使用价值、不同计量单位的社会零售商品的价格总变动，并根据其数值大小来判断其变动程度与方向。

（2）编制指数体系，对社会经济现象的综合数量的变动及其影响因素进行分析。

社会经济现象数量方面的变动受许多因素的影响，如商品销售额的变动受商品销售价格与销售数量的影响，生产产品的总成本受单位产品成本和生产产品的数量的影响，全体职工的平均工资受各类职工工资水平和职工结构的影响等。通过反映各因素指数之间的关系，建立指数体系，就可分析现象总变动中各个因素变动的影响作用。

（3）编制指数数列，对社会经济现象的变动趋势进行分析。

利用指数数列可以对某一现象的长期发展趋势进行分析。例如，通过比较农产品收购价格指数数列与工业品零售价格指数数列，可分析工农业产品的综合比价的变动趋势。

8.1.2 统计指数的种类

1. 指数按其所包括的范围不同，可分为个体指数、组指数和总指数

个体指数是用来反映个别现象的数量变动的相对数，例如，个别商品的价格变动、个别产品的产量变动等。个别现象的量是可以直接相加、直接对比的，实际上它就是前面讲述过的动态相对数或发展速度。

$$个体指数 = \frac{报告期指标数值}{基期指标数值}$$

比如，个体物量指数：$K_Q = \frac{Q_1}{Q_0}$

个体价格指数：$K_P = \frac{P_1}{P_0}$

个体成本指数：$K_Z = \frac{Z_1}{Z_0}$

式中：K 代表个体指数；

　　　Q 代表物量；

　　　P 代表价格水平；

　　　Z 代表单位成本；

　　　下标号 1 代表报告期，0 代表基期。

组指数也称类指数，是在总体分组的情况下，反映总体内部各组现象的数量的变动的相对数，它是介于总指数与个体指数之间的一种指数，其编制方法与总指数

一样。例如，全社会零售商品按其使用用途的不同可分为食品类、衣着类等，其中食品类商品价格指数即组指数，反映食品类多种商品的价格综合变动情况。

总指数是用来反映复杂现象总体的综合数量的变动的相对数，如全社会零售商品的价格指数、工业总产量指数等。

2. 指数按其反映的指标性质不同，可分为数量指标指数和质量指标指数

数量指标指数是指反映数量指标变动的相对数，例如，工业产品产量指数、商品销售量指数等；质量指标指数是指反映质量指标变动的相对数，例如，价格指数、单位产品成本指数、劳动生产率指数等。

质量指标指数是用来表明现象总体质量指标综合变动程度的相对数。例如，价格指数、产品单位成本指数、劳动生产率指数等都是质量指标指数。

按照我国传统的统计指数理论，数量指标指数与质量指标指数的编制方法是不同的，因此，区分数量指标指数和质量指标指数对于学习指数编制方法是非常重要的。

3. 指数按其选择的对比基期不同，可分为定基指数和环比指数

定基指数是指在指数数列中各期指数都采用某一固定的基期计算的指数，反映社会经济现象的数量在较长时间内的变动情况；环比指数是指在指数数列中各期指数采用报告期的前一期为基础而计算的指数，反映社会经济现象的数量逐期变动的情况。

第2讲 综合指数

8.2.1 综合指数的概念

总指数有两种表现形式：一是综合指数，二是平均指数。这是由指数的性质决定的。综合指数是直接以被研究现象总体中的两个总量指标为基础编制的总指数，它是编制总指数的基本形式。平均指数是以被研究现象总体中的个体指数为基础，对若干个体指数进行加权平均而编制的总指数，它是综合指数的变形，但又具有相对独立的意义。

编制综合指数的基本原理是首先将所研究现象总体中不能同度量的个别现象的量，通过另一因素或多个因素作媒介，使其转化为可同度量的量，然后加总、对比，以综合反映所研究现象总体的变动方向和变动程度。

由于研究社会经济现象有数量指标与质量指标之分，因此综合指数也就有数量指标综合指数与质量指标综合指数之别。这两种综合指数编制的基本原理相同，但在编制方法上略有差异，故分别阐述。

下面以实例来说明如何用综合指数的编制原理来编制数量指标指数和质量指标指数。在指数的编制过程中有关符号说明如下：

k——个体指数；　　　$\bar{k}$——总指数；

1——报告期；　　　　0——基期；

p——质量指标；　　　q——数量指标。

8.2.2 数量指标指数的编制

【实用范例8.1】 某厂生产三种产品，各自产量及价格资料见表8-1。

表8-1 某厂三种产品产量及价格资料

产品名称	计量单位	产量		出厂价格（元）		总产值（元）			
		基期 q_0	报告期 q_1	基期 p_0	报告期 p_1	p_0q_0	p_1q_1	p_0q_1	p_1q_0
甲	千克	2 000	3 000	8	9	16 000	27 000	24 000	18 000
乙	米	3 000	4 000	6	8	18 000	32 000	24 000	24 000
丙	件	5 000	6 000	10	9	50 000	54 000	60 000	45 000
合计	—	—	—	—	—	84 000	113 000	108 000	87 000

先计算各种产品的产量个体指数：

$$k_{q甲} = \frac{q_1}{q_0} = \frac{3\,000}{2\,000} \times 100\% = 150\%$$

$$k_{q乙} = \frac{q_1}{q_0} = \frac{4\,000}{3\,000} \times 100\% = 133.33\%$$

$$k_{q丙} = \frac{q_1}{q_0} = \frac{6\,000}{5\,000} \times 100\% = 120\%$$

计算结果表明，甲产品的产量报告期比基期多50%，乙产品的产量报告期比基期多33.33%，丙产品的产量报告期比基期多20%。这是各种产品产量个别的变化情况，而三种产品的产量由于其计量单位不同、使用价值不同，无法进行汇总，要综合反映它们的总变动，就要编制总指数。

利用综合指数来编制总指数，关键是如何选择合适的同度量因素（能将不同度量的现象转化成可同度量的现象的中间媒介因素称为同度量因素）。首先，编制综合指数需要解决综合的问题，即如何将不能直接相加的三种产品的产量综合起来，以反映其变动。三种产品的产量指标是实物量指标，其使用价值不同，不具有综合性能，是不同度量现象，但它们的价值指标产值具有综合性能，是可同度量现象。因此，可以将产量转化成产值来进行综合。因为产量出厂价格 = 产值，所以出厂价格在此是产量转化成产值的同度量因素。在此，就将产量的汇总问题转换成产值的汇总问题来研究，从而解决了三种产品的产量不能综合的问题。另外，通常将所要反映变动的因素称为指数化因素，在这个例子中，产量就是指数化因素。

但是，计算指数需将两个时期的数值进行对比，才能反映出它的变动，因此，编制综合指数的第二个问题就是要解决价值指标在对比时，如何剔除同度量因素的影响而只反映指数化因素的变动，即同度量因素的时期选择问题。例如，上例中三种产品的产值变动中不仅有产量的变动，而且还含有出厂价格的变动，即 $\frac{\sum p_1 q_1}{\sum p_0 q_0}$ 中，分子与分母的 p、q 都发生了变动。为了使产值变动中只反映产量 q 的变动，就要剔除其中作为同度量因素的出厂价格 p 的变动，其办法就是将除式中的出厂价格 p 固定在某一时期，得到如下两个式子：

$$\bar{k}_q = \frac{\sum p_0 q_1}{\sum p_0 q_0} \qquad (1)$$

$$\bar{k}_q = \frac{\sum p_1 q_1}{\sum p_1 q_0} \qquad (2)$$

在（1）式中，同度量因素 p 是基期的质量指标。因此，利用表 8-1 的资料可计算出三种产品的产量总指数：

$$\bar{k}_q = \frac{\sum p_0 q_1}{\sum p_0 q_0} = \frac{108\,000}{84\,000} = 128.5\%$$

$$\sum p_0 q_1 - \sum p_0 q_0 = 108\,000 - 84\,000 = 24\,000\,（元）$$

计算结果表明，三种产品的产量总指数为 128.5%，即三种产品的产量综合增长了 28.5%。由于产量的增长，使得产值增加了 24 000 元。

在（2）式中，同度量因素 p 是报告期的质量指标。因此，利用表 8-1 的资料可计算出三种产品的产量总指数：

$$\bar{k}_q = \frac{\sum p_1 q_1}{\sum p_1 q_0} = \frac{113\,000}{87\,000} = 129.89\%$$

$$\sum p_1 q_1 - \sum p_1 q_0 = 113\,000 - 87\,000 = 26\,000\,（元）$$

计算结果表明，三种产品的产量总指数为 129.89%，即三种产品的产量综合增长了 29.89%。由于产量的增长，使得产值增加了 26 000 元。

显然，用上述两个式子计算的结果是不同的。在（2）式计算过程中，采用了报告期的出厂价格为同度量因素，相对于（1）式采用基期的出厂价格为同度量因素来讲，它包含了价格的变动。所以，两者相比较，选择基期的出厂价格为同度量因素，能更确切的反映出产量的变动。

以上的例子所述的指数的编制原理，同样可用于其他的数量指标的编制。因此，一般来说，编制数量指标指数，可采用基期的质量指标为同度量因素。

8.2.3 质量指标指数的编制

仍以表 8-1 的资料为例，先计算各个产品的价格个体指数：

$$k_{p甲} = \frac{p_1}{p_0} = \frac{9}{8} = 112.5\%$$

$$k_{p乙} = \frac{p_1}{p_0} = \frac{8}{6} = 133.33\%$$

$$k_{p丙} = \frac{p_1}{p_0} = \frac{9}{10} = 90\%$$

计算结果表明，甲产品的价格报告期比基期提高了 12.5%，乙产品的价格报告期比基期提高了 33.33%，丙产品的价格报告期比基期降低了 10%。这是各种产品价格的个别变动情况，而要综合反映三种产品价格的综合变动情况需要编制价格总指数。不同产品的价格也是不同度量现象，它也需要转化成同度量现象产值，转化的媒介因素是产量，所以，产量就是价格的同度量因素。正如前面编制产量指数所分析的一样，在观察价格变动时，要将产品的产量固定起来，这样同样可以有两种式子：

$$\bar{k}_p = \frac{\sum p_1 q_1}{\sum p_0 q_1} \tag{1}$$

$$\bar{k}_p = \frac{\sum p_1 q_0}{\sum p_0 q_0} \tag{2}$$

在（1）式中，同度量因素产量 q 固定在报告期，利用表 8-1 的资料计算价格总指数：

$$\bar{k}_p = \frac{\sum p_1 q_1}{\sum p_0 q_1} = \frac{113\,000}{108\,000} = 104.63\%$$

$$\sum p_1 q_1 - \sum p_0 q_1 = 113\,000 - 108\,000 = 5\,000 \text{（元）}$$

计算结果表明，三种产品的价格总指数为 104.63%，即三种产品的价格综合提高了 4.63%，由于价格的提高使得产值增加了 5 000 元。

在（2）式中，同度量因素产量 q 固定的基期，利用表 8-1 的资料计算的价格总指数：

$$\bar{k}_p = \frac{\sum p_1 q_0}{\sum p_0 q_0} = \frac{87\,000}{84\,000} = 103.573\%$$

$$\sum p_1 q_0 - \sum p_0 q_0 = 87\,000 - 84\,000 = 3\,000 \text{（元）}$$

计算结果表明，三种产品的价格总指数为 103.57%，即三种产品的价格综合提高了 3.57%，由于价格的提高使得产值增加了 3 000 元。

显然，以上两个式子计算的结果不同。在（2）式计算过程中，采用了基期的产量作为同度量因素，说明基期生产的产品的价格在报告期与基期间的变动情况，其绝对数也是说明由于价格的提高使得基期产品的产值发生的变动；而（1）式的计算结果更具有现实意义，它是在报告期的产品产量与结构下，说明价格的变动及其对产值产生的影响。

上例所述的指数的编制原理，同样可用于其他的质量指标的编制。因此，一般来说，编制质量指标指数，可采用报告期的数量指标为同度量因素。

经验交流

编制综合指数的一般原则是：编制数量指标指数，一般采用基期的质量指标为同度量因素；编制质量指标指数，一般采用报告期的数量指标为同度量因素。但这只是一般原则，具体编制指数时，还需根据现象的特点，以及统计研究的目的，来具体选择合适的同度量因素。

第3讲　平均指数

8.3.1　平均指数的概念

编制综合指数，需要全面的原始资料，但在许多情况下，某些资料是很难得的。例如，在编制产品产量指数与产品价格指数时，需要基期和报告期的所有产品的产量与价格资料；又如在编制商品的销售量和价格指数时，也需要所有商品的基期与报告期的销售量和价格的资料，在实际工作中，这些往往很难全面做到。在这种情况下，由于没有全面的原始资料，就不能直接利用综合指数公式来编制总指数，而改用综合指数的变形公式——平均指数的形式来计算。

平均指数是以个体指数为基础，以平均数的形式来计算复杂现象总体的总指数，可分为加权算术平均指数和加权调和平均指数两种。它由综合指数公式变形而来，不改变综合指数的经济内容和计算结果，是编制总指数的另一种形式。

8.3.2　加权算术平均指数

加权算术平均指数一般可以用来编制数量指标指数，它是以数量指标的个体指数为变量，以综合指数的分母为权数来计算的加权算术平均数。

现以表8-1的资料为例，说明加权算术平均指数的编制方法。

产品的产量综合指数公式为：

$$\bar{k}_q = \frac{\sum p_0 q_1}{\sum p_0 q_0}$$

产量个体指数为：

$$k_q = \frac{q_1}{q_0}$$

所以 $q_1 = q_0 k_q$，将该式代入综合指数公式中，可得：

$$\bar{k}_q = \frac{\sum k_q p_0 q_0}{\sum p_0 q_0}$$

这就是产量的加权算术平均指数公式。

【实用范例8.2】　利用表8-1的相关资料，计算产量的加权算术平均指数，其计算过程见表8-2。

表8-2　某厂三种产品基期产值及产量资料

产品名称	计量单位	基期产值（元）$p_0 q_0$	产量个体指数（%）$k_q = \dfrac{q_1}{q_0}$	$k_q p_0 q_0$
甲	千克	16 000	150	124 000
乙	米	18 000	133.33	123 994
丙	件	50 000	120	160 000
合　计	—	84 000	—	107 994

产品的产量指数：$\bar{k}_q = \dfrac{\sum k_q p_0 q_0}{\sum p_0 q_0} = \dfrac{107\,994}{84\,000} = 128.56\%$

$$\sum k_q p_0 q_0 - \sum p_0 q_0 = 107\,994 - 84\,000 = 23\,994\,（元）$$

计算结果表明，三种产品的产量总指数为128.56%，即三种产品的产量综合增长了28.56%。由于产量的增长，使得产值增加了23 994元。这个结果与综合指数公式计算的结果略有差距，是由小数点后数字的四舍五入计算引起的。

8.3.3 加权调和平均指数

加权调和平均指数一般可以用来编制质量指标指数，它是以质量指标的个体指数为变量，以综合指数的分子为权数来计算的加权调和平均数。

现以表8-1的资料为例，说明加权调和平均指数的编制方法。

产品的价格综合指数公式为：

$$\bar{k}_p = \dfrac{\sum p_1 q_1}{\sum p_0 q_1}$$

产品价格的个体指数为：

$$k_p = \dfrac{p_1}{p_0}$$

所以 $p_0 = \dfrac{p_1}{k_p}$，将该式代入产品价格综合指数公式中，可得：

$$\bar{k}_p = \dfrac{\sum p_1 q_1}{\sum \dfrac{p_1 q_1}{k_p}}$$

这就是产品价格的加权调和平均指数公式。

【实用范例8.3】 利用表8-1的相关资料，计算价格的加权调和平均指数，其计算过程见表8-3。

表8-3 某厂三种产品报告期产值及价格资料

产品名称	计量单位	报告期产值	价格个体指数（%） $k_p = \dfrac{p_1}{p_0}$	$\dfrac{p_1 q_1}{k_q}$
甲	千克	27 000	112.5	24 000
乙	米	32 000	133.33	24 000.6
丙	件	54 000	90	60 000
合 计	—	113 000	—	108 000.6

产品的价格指数：$\bar{k}_p = \dfrac{\sum p_1 q_1}{\sum \dfrac{p_1 q_1}{k_p}} = \dfrac{113\,000}{108\,000.6} = 104.63$

$$\sum p_1 q_1 - \sum \dfrac{p_1 q_1}{k_p} = 113\,000 - 108\,000.6 = 4\,999.4\,（元）$$

计算结果表明，三种产品的价格总指数为104.63%，即三种产品的价格综合提高了4.63%，由于价格的提高使得产值增加了4 999.4元。这个结果与综合指数公式计算的结果略有差距，这是由小数点后数字的四舍五入计算引起的。

以上介绍的是平均指数如何作为综合指数的变形来应用的，与综合指数相比，它的计算不像综合指数那样需要全面的原始资料，可避免使用假定资料，还可避免权数资料的不断更新，在计算上比较灵活，因此，平均指数在实践中得到了广泛应用。

中关村指数

2005年1月，北京市统计局和中关村科技园区管理委员会首次发布"中关村指数"，2005—2007年进行了三年多的编制尝试，取得了初步成效。

经过几年的反复修改完善，形成了新的"中关村指数"指标体系。这一指标体系选取最能体现"具有全球影响力的科技创新中心"的内涵和特征、最能突出企业主体地位的核心指标，构建了较为全面反映和深入刻画中关村创新、创业和高新技术产业发展的框架体系。经中关村管委会同意，改版后的"中关村指数"于2012年9月13日面向社会正式对外发布。

"中关村指数"借鉴了美国硅谷指数的编制思想和方法，结合中关村的实际，形成独特、开放式的指标体系，包括创新创业企业、产业发展、创新能力、创新创业环境、国际化、中关村300强和上市公司100强等6个一级指标，涵盖20个二级指标以及122个三级指标。

"中关村指数"编制意义：

第一，编制"中关村指数"是监测中关村发展状态和趋势，把握中关村发展特征和规律的要求。

第二，科学编制"中关村指数"，及时向全国科技园区展示中关村创新发展中的好的做法、好的经验，也有助于其他园区学习借鉴。

第三，编制"中关村指数"是提升全社会对中关村的认识、增进全社会对以中关村为代表的我国高科技园区和高新技术产业发展了解的有效方式。

第四，编制与发布"中关村指数"，有助于向国际社会展示中关村的创新能力，引导全球高端要素资源集聚。

（详细资料请解读《中关村指数2012分析报告》）

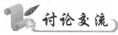

CPI中的项目比重

在美国，买房子的花费占CPI的20%，房租构成CPI的6%，这个20%和6%从哪里来的？为什么买房子占的比重大？

8.3.4 平均指数的应用

应该指出的是平均指数也可作为区别于总指数的一种独立形式，在经济指数的编辑中得到广泛的应用。例如，我国计算居民消费价格指数等。

1. 居民消费价格指数

居民消费价格指数也称消费者价格指数（简称CPI），是反映一定时期内城乡居民所购买的生活消费品价格和服务项目价格变动趋势和程度的一种相对数。它是分析和制定货币政策、价格政策、居民消费政策、工资政策以及进行国民经济核算的重要依据。其按年度计算的变动率通常被用来作为反映通货膨胀（或紧缩）程度的指标。

我国采用国际通行做法，现在逐月编制并公布以2010年价格水平为基期的居民消费价格定基指数，作为反映我国通货膨胀（或紧缩）程度的主要指标。经国务院批准，国家统计局城市经济调查总队负责全国居民消费价格指数的编制及相关工作，并组织、指导和管理各省区市的消费价格调查统计工作。

我国编制的居民消费价格指数是以固定权数加权计算的平均指数，其权数是依据全国近11万户城乡居民家庭调查资料中的消费支出构成确定的。随着人民生活水平的提高，消费结构在不断变化。为此，我国的居民消费价格指数权数每年都做一些小调整，每五年做一次大调整。目前编制价格指数的商品和服务项目，共包括食品、烟酒、衣着、家庭设备用品及服务、医疗保健及个人用品、交通和通信、娱乐教育文化用品及服务、居住八大类，约700个代表品种。居民消费价格指数就是在对全国550个样本市县3万个采价点进行价格调查的基础上，根据国际规范的流程和公式算出来的。

计算居民消费价格指数的公式如下：

$$\bar{k}_p = \frac{\sum kw}{\sum w}$$

式中：

w 表示比重权数，亦即消费构成，为固定权数。确定时，先确定大类权数，然后确定小类权数，最后确定商品权数，权数以百分比表示，各权数之和为1。

k 表示个体指数或各类指数。先计算出各代表规格品的报告期与基期的全社会综合平均价，对比计算出相应的个体价格指数，然后分层次计算小、中、大类价格指数。

【实用范例8.4】 现以表8-4为例，说明居民消费价格指数的编制方法。

表8-4　某地2012年居民消费价格指数计算表

类　　别	类指数 k（%）	权数 w（%）	kw（%）
居民消费价格指数	100.7	—	—
1. 食品	101.2	43	43.52
2. 烟酒及用品	100.2	2.2	2.2
3. 衣着	95.9	8.9	8.54
服装	(96.0)	(65)	—
衣着材料	(98.8)	(1.5)	—
鞋袜帽	(94.6)	(28.7)	—
衣着加工服务费	(102.0)	(4.8)	—

类　　别	类指数 k (%)	权数 w (%)	kw (%)
4. 家庭设备用品及维修服务费	96.7	6.7	6.48
5. 医疗保健和个人用品	97.3	7.3	7.1
6. 交通和通信	96.5	7.5	7.24
7. 娱乐教育文化用品及服务	104.6	14.1	14.75
8. 居住	104.6	10.3	10.77

(1) 计算衣着类的价格指数

$$\bar{k} = \frac{\sum kw}{\sum w}$$

$$= \frac{96\% \times 0.65 + 98.8\% \times 0.015 + 94.6\% \times 0.287 + 102\% \times 0.048}{1}$$

$$= 95.9\%$$

(2) 计算居民消费价格指数

$$\bar{k} = \frac{\sum kw}{\sum w}$$

$$= \frac{101.2\% \times 0.43 + 100.2\% \times 0.022 + 95.9\% \times 0.089 + 96.7\% \times 0.067}{1}$$

$$+ \frac{97.3\% \times 0.073 + 96.5\% \times 0.075 + 104.6\% \times 0.141 + 104.6\% \times 0.103}{1}$$

$$= 100.6\%$$

2. 居民消费价格指数的应用

(1) 反映通货膨胀

通货膨胀是指流通中的货币数量与商品数量相比过剩，引起货币价值下跌，物价上涨，对经济产生严重影响。通货膨胀率是说明通货膨胀严重程度的指标，一般是以居民消费价格指数来表示，公式为：

通货膨胀率 = 居民消费价格指数 − 1

通货膨胀率大于 0，说明价格上涨，可能出现通货膨胀；通货膨胀率小于 0，说明物价下跌，可能出现通货紧缩。

(2) 反映居民购买力水平

居民购买力是指单位货币能够购买到的消费品和服务的数量。消费品和服务的价格越高，单位货币能够购买到的消费品和服务的数量越少。因此，货币购买力的变动与居民消费价格指数的变动成反比。公式为：

$$货币购买力指数 = \frac{1}{居民消费价格指数}$$

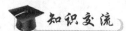

购买力的换算

要将时间 a 的某人民币数目，转换成在时间 b 时有同样购买力的人民币数目，可用下列公式：

$$\text{时间 } b \text{ 的人民币数目} = \text{时间 } a \text{ 的人民币数目} \times \frac{\text{时间 } b \text{ 的 CPI}}{\text{时间 } a \text{ 的 CPI}}$$

在使用该公式时，要注意年度 CPI 的转换。

(3) 反映职工实际工资

货币工资是职工的名义工资收入，将货币工资除以居民消费价格指数，才是职工的实际工资收入。因此，在一定的货币工资条件下，居民消费价格指数越低，职工所能购买到的消费品和服务的数量就越多；反之，职工所能购买到的消费品和服务的数量就越少。用公式表示：

$$\text{职工实际工资指数} = \frac{\text{职工货币工资指数}}{\text{居民消费价格指数}}$$

$$= \text{职工货币工资指数} \times \text{货币购买力指数}$$

在此，职工的实际工资就是货币工资中剔除价格变动影响后的实际收入水平。

讨论交流

(1) 10 元人民币，2002 年比 2012 年多购买 20% 的商品，问物价上升了多少？

(2) 某车间生产零部件单位成本上升 8%，产量下降 8%，问总成本是升了降了还是不变？

(3) 某地区棉花播种总面积减少 5%，总产量增加 6%，问棉花每亩的产量有什么变化？

第 4 讲　指数体系及其因素分析

8.4.1　指数体系的概念与作用

1. 指数体系的概念

在统计中，若干个指数由于经济上的相互联系以及数量上保持一定的对等关系而组成的整体，称为指数体系。

在社会现象中，有许多现象的数量变动都可以分解成若干因素变动的共同影响，在实际统计工作中，可以利用这若干因素指数的相互关系组成的指数体系，来分析现象的总变动情况。例如，由于商品的销售额的变动是商品的销售量和商品的价格变动的共同影响的结果，因此可以编制商品销售额指数、销售量指数和价格指数，以组成指数体系来分析其变动情况，即商品销售额指数 = 销售量指数 × 价格指数；同理，产品的产值与产量、出厂价格之间也存在相互关系，它们的指数也有同样的关系并组成一个指数体系，即产值指数 = 产量指数 × 价格指数。具有这种相互关系的指数还有许多，概括来讲，就是各因素指数的乘积等于现象总体数量总变动的指数，由此可以从相对数上分析现象的变动方向与程度。另外，从指数之间的相互关系中，还可以概括得到，各因素指数的分子与分母差额的总和等于总变动指数的分子与分母的差额，由此，也可以从绝对数上分析现象变动的增减绝对量。

为了保持指数体系的完整，必须遵循这样的原则：

（1）指数体系的建立，应根据现象的内在经济联系来确定各因素指数。

（2）要根据指数的编制原则，来编制各个因素指数。

2. 指数体系的作用

指数体系的主要作用有以下两个方面。

（1）利用指数体系，可以进行因素分析，测定某一现象的总变动中各个影响因素作用的方向、影响的程度以及影响的绝对额，以探索现象变动的具体原因。利用指数体系，既可对简单经济现象总体的总变动进行因素分析，也可对复杂经济现象总体的总变动进行因素分析；既可分析总量指标变动的具体原因，也可以分析平均指标、相对指标变动的具体原因。

（2）利用指数体系，可以进行有关指数之间的换算。

例如，某地区某年的社会商品零售总额比上一年增长42%，商品零售量比上年增长了25%，求商品零售价格指数。

根据公式：商品零售额指数 = 商品零售量指数 × 零售价格指数，得：

$$零售价格指数 = \frac{商品销售额指数}{商品销售量指数} = \frac{142\%}{125\%} = 113.6\%$$

即该地区商品零售物价比上年上涨了13.6%。

8.4.2　指数体系的种类

1. 两因素指数体系和多因素指数体系

按因素指数的多少的不同，指数体系有两因素指数体系和多因素指数体系两种。

两因素指数体系是只有两个因素指数的指数体系，如上面的商品销售额指数体系。多因素指数体系是有三个或三个以上因素指数的指数体系，如上面的原材料消耗总额指数体系就是一个三因素指数体系。

2. 总量指标指数体系和平均指标指数体系

按总变动指标的性质不同，指数体系有总量指标指数体系和平均指标指数体系两种。

总量指标指数体系是对总量指标的变动进行因素分析所使用的指数体系，其总变动指数为总量指标指数。例如，产品总成本指数体系：

$$总成本指数 = 产量指数 \times 单位成本指数$$

平均指标指数体系是对平均指标的变动进行因素分析所使用的指数体系，其总变动指数为平均指标指数。例如，职工平均工资指数体系：

$$职工平均工资指数 = 职工工资水平指数 \times 职工人数结构指数$$

8.4.3　总量指标指数体系及其因素分析

总量指标指数体系用来反映复杂现象总体总量指标的变动并分析其影响因素。例如，分析多种工业产品的产值变动及其影响因素、全社会零售商品的销售额的变动及其影响因素、多种工业产品的总成本变动及其影响因素等。总量指标指数体系的因素分析可分为双因素分析和多因素分析两种。

1. 双因素分析：用来分析受两个因素影响的总量指标的变动

根据指数体系中各指数之间的相对数与绝对数的关系，用一般式来表示，可得到如下两个表达式：

$$\bar{k}_{pq} = \bar{k}_p \cdot \bar{k}_q，即 \quad \frac{\sum p_1 q_1}{\sum p_0 q_0} = \frac{\sum p_1 q_1}{\sum p_0 q_1} \times \frac{\sum p_0 q_1}{\sum p_0 q_0}$$

这是总量指标指数体系双因素分析的相对数表达式。

$$\sum p_1 q_1 - \sum p_0 q_0 = \left(\sum p_1 q_1 - \sum p_0 q_1\right) + \left(\sum p_0 q_1 - \sum p_0 q_0\right)$$

这是总量指标指数体系双因素分析的绝对数表达式。

【**实用范例**8.5】 以表8-1的资料说明总量指标指数体系的双因素分析方法。
依据前面的资料，先计算出指数体系中的各个指数：

产值总指数：$\bar{k}_{pq} = \dfrac{\sum p_1 q_1}{\sum p_0 q_0} = \dfrac{113\,000}{84\,000} = 134.52\%$

产值增加额：$\sum p_1 q_1 - \sum p_0 q_0 = 113\,000 - 84\,000 = 29\,000$（元）

产量总指数：$\bar{k}_q = \dfrac{\sum p_0 q_1}{\sum p_0 q_0} = \dfrac{10\,800}{84\,000} = 128.5\%$

由于产量的增长而增加的产值：$\sum p_0 q_1 - \sum p_0 q_0 = 108\,000 - 84\,000 = 24\,000$（元）

价格总指数：$\bar{k}_p = \dfrac{\sum p_1 q_1}{\sum p_0 q_1} = \dfrac{113\,000}{108\,000} = 104.63\%$

由于价格提高而增加的产值：$\sum p_1 q_1 - \sum p_0 q_1 = 113\,000 - 108\,000 = 5\,000$（元）

根据以上三个指数之间的关系，可以得到以下指数体系的两个表达式：

$$\frac{\sum p_1 q_1}{\sum p_0 q_0} = \frac{\sum p_1 q_1}{\sum p_0 q_1} \times \frac{\sum p_0 q_1}{\sum p_0 q_0}$$

即： $134.52\% = 104.63\% \times 128.5\%$

$$\sum p_1 q_1 - \sum p_0 q_0 = \left(\sum p_1 q_1 - \sum p_0 q_1\right) + \left(\sum p_0 q_1 - \sum p_0 q_0\right)$$

即： 29 000 元 = 5 000 元 + 24 000 元

上述计算表明，该厂的产值报告期比基期增长了34.52%，增加产值29 000元，这是由于出厂价格提高4.63%而增加产值5 000元、产品产量增长28.5%而增加产值24 000元共同影响的结果。

讨论交流

某生产企业报告期工人平均工资比基期下降，而各组工人平均工资比基期上升，原因是工人人数的变动影响。这种说法对吗？

2. 多因素分析：用来分析受两个以上因素影响的总量指标的变动

多因素分析方法所应用的指数分析原理与双因素分析一样，但由于它所包含的因素较多，在分析时应注意以下两点。

（1）在指数体系中，各个因素指标要根据指标之间的经济联系，遵循数量指标在前、质量指标在后的排列顺序进行排列。例如，原材料费用总额的变动，可以分解出三个因素指标并作如下排列：产量、单位产品原材料消耗量和单位原材料价格。

（2）在应用指数体系进行因素分析时，要遵循指数的一般编制原则来编制各因素指数，即编制数量指标指数时同度量因素要用基期的质量指标，编制质量指标指数时同度量因素要用报告期的数量指标。如果遵循第一点的排列顺序，编制各因素指数时对同度量因素的时期的选择就有如下规律：分析某一因素的变动时，在其前面的诸因素（已分析过的因素）固定在报告期，在其后面的诸因素（为分析过的因素）固定在基期。例如，在分析产量的变动对原材料费用总额的影响时，要编制产量指数，则其同度量因素为单位产品原材料消耗量和单位原材料价格，二者均固定在基期；分析单位产品原材料消耗量对原材料费用总额的影响时，要编制单位产品原材料消耗量指数，则其同度量因素为产量和单位原材料价格，前者固定在报告期，后者固定在基期；分析单位原材料价格的变动对原材料费用总额的影响时，要编制单位原材料价格指数，其同度量因素为产量和单位产品原材料消耗量，二者均固定在报告期。

以上的例子，如果写成指数体系的表达式，就是：

原材料费用总额指数 = 产量指数 × 单位产品原材料消耗量指数 × 单位原材料价格指数

设 q 为产品产量，m 为单位产品原材料消耗量，p 为单位原材料价格，则列出指数体系的表达式如下：

$$\frac{\sum q_1 m_1 p_1}{\sum q_0 m_0 p_0} = \frac{\sum q_1 m_0 p_0}{\sum q_0 m_0 p_0} \times \frac{\sum q_1 m_1 p_0}{\sum q_1 m_0 p_0} \times \frac{\sum q_1 m_1 p_1}{\sum q_1 m_1 p_0} \quad \text{①}$$

$$\sum q_1 m_1 p_1 - \sum q_0 m_0 p_0 = \left(\sum q_1 m_0 p_0 - \sum q_0 m_0 p_0 \right) + \left(\sum q_1 m_1 p_0 - \sum q_1 m_0 p_0 \right) + \left(\sum q_1 m_1 p_1 - \sum q_1 m_1 p_0 \right) \quad \text{②}$$

进行因素分析时，先计算出各个因素指数以及各个指数的分子与分母的差，再利用指数体系从相对数与绝对数两方面进行分析，分析原理与双因素分析一样。

【实用范例8.6】 某企业生产两种产品，产品产量及原材料消耗方面的有关资料见表8-5，分析原材料费用总额的变动及其影响因素。

表8-5 某企业生产两种产品的产量、单耗及原材料单价资料

产品种类	产品产量（万件）		单耗（千克）		原材料单价（元）	
	基期 q_0	报告期 q_1	基期 m_0	报告期 m_1	基期 p_0	报告期 p_1
甲	20	22	5	4	50	58
乙	9	10	8	8	95	100

由于原材料费用总额 = 产量 × 单位产品原材料消耗量 × 单位原材料价格，可利用指数体系如上述①式、②式分别从相对数、绝对数两方面进行分析。

利用表8-5资料，计算相关分析数据见表8-6。

表 8-6　各种产品原材料费用总额计算表

产品名称	原材料费用总额（万元）			
	$q_0 m_0 p_0$	$q_1 m_1 p_1$	$q_1 m_0 p_0$	$q_1 m_1 p_0$
甲	5 000	5 104	5 500	4 400
乙	6 840	8 000	7 600	7 600
合　计	11 840	13 104	13 100	12 000

$$\text{原材料费用总额指数} = \frac{\sum q_1 m_1 p_1}{\sum q_0 m_0 p_0} = \frac{13\,104}{11\,840} = 110.68\%$$

$$\sum q_1 m_1 p_1 - \sum q_0 m_0 p_0 = 13\,104 - 11\,840 = 1\,264\,（万元）$$

$$\text{产量指数} = \frac{\sum q_1 m_0 p_0}{\sum q_0 m_0 p_0} = \frac{13\,100}{11\,840} = 110.64\%$$

$$\sum q_1 m_0 p_0 - \sum q_1 m_0 p_0 = 13\,100 - 11\,840 = 1\,260\,（万元）$$

$$\text{单耗指数} = \frac{\sum q_1 m_1 p_0}{\sum q_1 m_0 p_0} = \frac{12\,000}{13\,100} = 91.6\%$$

$$\sum q_1 m_1 p_0 - \sum q_1 m_0 p_0 = 12\,000 - 13\,100 = -1\,100\,（万元）$$

$$\text{原材料价格指数} = \frac{\sum q_1 m_1 p_1}{\sum q_1 m_1 p_0} = \frac{13\,104}{12\,000} = 109.2\%$$

$$\sum q_1 m_1 p_1 - \sum q_1 m_1 p_0 = 13\,104 - 12\,000 = 1\,104\,（万元）$$

即：　　　　　　$110.68\% = 110.64\% \times 91.6\% \times 109.2\%$

$1\,264\,（万元）= 1\,260 - 1\,100 + 1\,104$

计算结果表明：该企业因产量增长 10.64% 而增加原材料费用 1 260 万元，降低原材料单耗 8.4% 而节约原材料费用 1 100 万元，原材料单价提高 9.2% 而增加原材料费用 1 104 万元，三者共同影响的结果使得企业的原材料费用比基期增长 10.68%，增加费用 1 264 万元。

8.4.4　平均指标指数体系及其因素分析

1. 平均指标指数体系的概念

在总体分组情况下，平均指标（$\bar{x}$）的变动受到两个因素的影响：各组变量水平（x）与各组单位数占总体单位数的比重 $\left(\dfrac{f}{\sum f}\right)$ 的变动影响。平均指标指数分析就是利用指数分析法，分析在分组情况下平均指标（$\bar{x}$）受各组变量水平（x）与各组单位数占总体单位数的比重 $\left(\dfrac{f}{\sum f}\right)$ 影响的方向和程度。

平均指标指数体系用来反映同一现象总体在两个不同时期的某一平均指标的变

动，并分析其影响因素。例如，分析某一企业的职工平均工资在报告期与基期的对比变动情况以及影响变动的原因；分析某一管理局下属企业平均劳动生产率的变动情况及其影响因素等。它包括三个指数：可变构成指数、固定构成指数和构成影响指数。

可变构成指数是指两个时期的平均指标对比而形成的指数。用公式表示如下：

$$\frac{\bar{x}_1}{\bar{x}_0} = \frac{\dfrac{\sum x_1 f_1}{\sum f_1}}{\dfrac{\sum x_0 f_0}{\sum f_0}}$$

该指数反映了总平均指数的变动方向与程度，它是由各组变量值（x）与各组单位数占总体单位数的比重 $\left(\dfrac{f}{\sum f}\right)$ 的变动共同影响的结果。

固定构成指数是指在两个时期的平均指标对比中，将总体单位数构成固定起来而只反映各组变量水平（x）的变动对总平均指标变动的影响的指数。用公式表示如下：

$$\frac{\bar{x}_1}{\bar{x}_n} = \frac{\dfrac{\sum x_1 f_1}{\sum f_1}}{\dfrac{\sum x_0 f_1}{\sum f_1}}$$

式中：$\bar{x}_n = \dfrac{\sum x_0 f_1}{\sum f_1}$ 是假定的平均指标。

构成影响指数也称结构影响指数，是指在两个时期的平均指标对比中，将各组变量值（x）固定起来而只反映各组单位数占总体单位数的比重 $\left(\dfrac{f}{\sum f}\right)$ 的变动对总平均指标变动的影响的指数。用公式表示如下：

$$\frac{\bar{x}_n}{\bar{x}_0} = \frac{\dfrac{\sum x_0 f_1}{\sum f_1}}{\dfrac{\sum x_0 f_0}{\sum f_0}}$$

根据指数分析法的一般原理，写出平均指标指数体系的两个表达式如下：

$$\frac{\dfrac{\sum x_1 f_1}{\sum f_1}}{\dfrac{\sum x_0 f_0}{\sum f_0}} = \left(\frac{\dfrac{\sum x_1 f_1}{\sum f_1}}{\dfrac{\sum x_0 f_1}{\sum f_1}}\right) \times \left(\frac{\dfrac{\sum x_0 f_1}{\sum f_1}}{\dfrac{\sum x_0 f_0}{\sum f_0}}\right)$$

即：可变构成指数 = 固定构成指数 × 构成影响指数

$$\frac{\sum x_1 f_1}{\sum f_1} - \frac{\sum x_0 f_0}{\sum f_0} = \left(\frac{\sum x_1 f_1}{\sum f_1} - \frac{\sum x_0 f_1}{\sum f_1}\right) + \left(\frac{\sum x_0 f_1}{\sum f_1} - \frac{\sum x_0 f_0}{\sum f_0}\right)$$

2. 平均指标指数体系的因素分析

现举例来具体说明平均指标指数体系的因素分析。

【实用范例8.7】 某年某企业职工的平均工资与人数资料见表8-7。

表8-7 某年某企业职工的平均工资与人数资料

按专业技术职称分组	平均工资（元）		职工人数（人）		$x_0 f_0$	$x_1 f_1$	$x_0 f_1$
	基期 x_0	报告期 x_1	基期 f_0	报告期 f_1			
初级职称	900	1 100	150	185	135 000	203 500	166 500
中级职称	1 020	1 500	240	265	244 800	397 500	270 300
高级职称	1 200	2 000	210	230	252 000	460 000	276 000
合　　计	—	—	600	680	631 800	1 061 000	712 800

$$\overline{x_0} = \frac{\sum x_0 f_0}{\sum f_0} = \frac{631\,800}{600} = 1\,053 \text{（元）}$$

$$\overline{x_1} = \frac{\sum x_1 f_1}{\sum f_1} = \frac{1\,061\,000}{680} = 1\,560.29 \text{（元）}$$

$$\overline{x_n} = \frac{\sum x_0 f_1}{\sum f_1} = \frac{712\,800}{680} = 1\,048.24 \text{（元）}$$

所以可变构成指数为：

$$\frac{\overline{x_1}}{\overline{x_0}} = \frac{\dfrac{\sum x_1 f_1}{\sum f_1}}{\dfrac{\sum x_0 f_0}{\sum f_0}} = \frac{1\,560.29}{1\,053} = 148.18\%$$

$$\overline{x_1} - \overline{x_0} = \frac{\sum x_1 f_1}{\sum f_1} - \frac{\sum x_0 f_0}{\sum f_0} = 1\,560.29 - 1\,053 = 507.29 \text{（元）}$$

计算结果表明，该企业职工的总平均工资提高了48.18%，平均每位职工的工资增加了507.29元。

固定构成指数为：

$$\frac{\overline{x_1}}{\overline{x_n}} = \frac{\dfrac{\sum x_1 f_1}{\sum f_1}}{\dfrac{\sum x_0 f_1}{\sum f_1}} = \frac{1\,560.29}{1\,048.24} = 148.85\%$$

$$\overline{x_1} - \overline{x_n} = \frac{\sum x_1 f_1}{\sum f_1} - \frac{\sum x_0 f_1}{\sum f_1} = 1\,560.29 - 1\,048.24 = 512.05 \text{（元）}$$

计算结果表明，由于该企业各组职工的工资水平提高，使得职工的总平均工资提高了 48.85%，平均每位职工的工资增加了 512.05 元。

结构影响指数为：

$$\frac{\bar{x}_n}{\bar{x}_0} = \frac{\dfrac{\sum x_0 f_1}{\sum f_1}}{\dfrac{\sum x_0 f_0}{\sum f_0}} = \frac{1\,048.24}{1\,053} = 99.55\%$$

$$\bar{x}_n - \bar{x}_0 = \frac{\sum x_0 f_1}{\sum f_1} - \frac{\sum x_0 f_0}{\sum f_0} = 1\,048.24 - 1\,053 = -4.76（元）$$

计算结果表明，由于该企业各组职工人数结构的变化，使得职工的总平均工资降低了 0.45%，平均每位职工的工资减少了 4.76 元。

根据以上三个指数之间的关系，写出指数体系的两个表达式：

$$148.18\% = 148.85\% \times 99.55\%$$
$$507.29（元）= 512.05 - 4.76$$

上述计算结果表明，该企业职工的总平均工资报告期比基期增长了 48.18%，平均每位职工的工资增加了 507.29 元。这是由于该企业各组职工的实际工资水平提高了 48.85%，平均每位职工增加工资 512.05 元，和各组职工人数的结构变动使得总平均工资降低了 0.45%，每位职工的工资减少了 4.76 元两者共同影响的结果。

第 5 讲　常用的统计指数

8.5.1　常用物价指数

1. 居民消费价格指数

（1）基本定义

居民消费价格指数（Consumer Price Index，缩写为 CPI），是度量消费商品及服务项目价格水平随着时间变动的相对数，反映居民购买的商品及服务项目价格水平的变动趋势和变动程度。CPI 按年度计算的变动率通常被用来反映通货膨胀或紧缩的程度；CPI 及其分类指数还是计算国内生产总值以及资产、负债、消费、收入等实际价值的重要参考依据。

（2）编制方法

国家统计局负责全国居民消费价格指数的编制及相关工作，并组织、指导省、市、县级开展居民消费价格调查统计工作。采用国际通行的链式拉氏公式，编制定基价格指数序列。对比基期 5 年调整一次，现行对比基期为 2010 年。基本方法为：固定一篮子居民消费商品及服务项目以及各个项目在篮子中的权数，通过对比报告期与基期的权数金额（即购买该篮子的金额）反映价格变动情况。基本流程包括以下几个。

① 确定一篮子居民消费商品及服务项目。中国居民消费价格调查对象包括食

品、烟酒及用品、衣着、家庭设备用品及维修服务、医疗保健和个人用品、交通和通信、娱乐教育文化用品及服务、居住等 8 个大类的商品（服务），每个大类下分别依次划分中类、小类、基本分类，每个基本分类下设一定数量的代表规格品作为经常性调查项目。代表规格品按消费量大、价格变动趋势和变动程度代表性强的原则进行选择。目前共有 262 个基本分类，各调查市县选择至少 600 种代表规格品作为经常性调查项目。

② 确定篮子中各类商品及服务项目的权数。其主要依据全国 14 万户城乡居民家庭收支抽样调查资料，并辅之以典型调查数据作补充。一般每 5 年更换一次。

③ 确定调查市、县和调查网点。按照大中小兼顾以及地区分布合理原则，采用划类选择法，抽选 500 个市、县作为全国 CPI 调查市、县。按照等距抽样方法，兼顾规模、分布、注册登记类型等因素，抽选各调查市、县的调查网点。目前，全国 CPI 调查网点（包括食杂店、百货店、超市、便利店、专业市场、专卖店、购物中心、农贸市场、服务网点等）共计 6.3 万个。

④ 编制各类 CPI。每月编制一次。基本步骤包括：一是计算市县级各基本分类月度环比指数，根据所属代表规格品价格变动相对数，采用几何平均法计算得出。二是计算市县级各基本分类当月权数金额，由上月基本分类权数金额乘以本月基本分类月度环比指数。三是计算市县级各类（小类、中类、大类）当月权数金额，为下属所有基本分类当月权数金额之和。四是计算市县级各类（小类、中类、大类）月度环比指数，为下属所有该类当月权数金额之和与下属所有基本分类上月权数金额之和的比值。五是计算省级和全国月度环比指数。省级各类（含基本分类、小类、中类、大类）的月度环比指数等于下属所有市县该类当月权数金额之和与下属所有市县该类上月权数金额之和的比值。全国各类（含基本分类、小类、中类、大类）的月环比价格指数等于 31 个省（区、市）该类当月权数金额之和与 31 个省（区、市）该类上月权数金额之和的比值。五是由月度环比指数分别计算各类定基、同比指数。

具体计算方法见本项目【实用范例 8.4】。

（3）资料来源

国家调查队系统负责 CPI 基础数据收集工作。全国有 4 000 余名现场调查员，按照"定人、定时、定点"原则直接收集 CPI 基础数据。对一般性规格品每月调查 2～3 次；与居民生活密切相关、价格变动比较频繁的规格品，每 5 天调查一次；价格变动不频繁的规格品每月调查 1 次。调查员收集的基础数据由县级调查队通过网络上报省级调查总队；省级调查总队审核后上报国家统计局。在 50 个地级市已实现由调查员通过手持数据采集器将基础数据向国家统计局、省级调查总队、县级调查队同时报送。

（4）数据公布

全国 CPI 数据由国家统计局统一对外发布，每月一次。发布内容包括 CPI 总指数，城市 CPI，农村 CPI，8 个大类类别指数的环比、同比数据。

2. 住宅销售价格指数

（1）基本定义

住宅销售价格指数是综合反映住宅商品价格水平总体变化趋势和变化幅度的相对数。中国住宅销售价格指数由 70 个大中城市的新建住宅销售价格指数和二手住宅销售价格指数组成。

（2）编制方法

国家统计局统一编制各类住宅销售价格指数。采用国际通行的链式拉氏公式，编制定基住宅销售价格指数序列。对比基期 5 年调整一次，现行对比基期为 2010 年。

① 新建住宅销售价格指数编制方法。

新建住宅设置保障性住房和新建商品住宅两个类别，新建商品住宅类下设 90 平方米及以下、90～144 平方米、144 平方米以上 3 个基本分类。新建住宅销售价格指数每月编制一次。

● 分别计算各城市各基本分类（含保障性住房）月度环比指数。基本步骤包括：一是计算各项目各基本分类本月与上月的平均价格，通过将各项目各基本分类本月和上月的销售金额与销售面积相比得到。二是计算各项目各基本分类的月度环比指数，为各项目各基本分类本月平均价格与上月平均价格之比。三是计算全市各基本分类月度环比指数，分别利用月度销售面积和金额作为权数计算两个加权平均数后再简单平均得出。

● 分别计算各城市各基本分类（含保障性住房）以上月度环比指数。基本步骤包括：一是通过链式拉氏公式计算各基本分类月度环比指数；二是再利用房屋销售额为权数，加权计算新建商品住宅月度定基指数；三是利用本月定基指数除以上月定基指数，得出本月新建商品住宅月度环比指数；四是综合保障性住房月度定基指数，计算出新建住宅月度定基指数；五是利用本月新建住宅定基指数除以上月定基指数，得到本月新建住宅月度环比指数。

● 由月度定基指数再计算同比指数。

② 二手住宅销售价格指数编制方法。

二手住宅设置 90 平方米及以下、90～144 平方米、144 平方米以上 3 个基本分类。二手住宅销售价格指数每月编制一次。方法同新建住宅销售价格指数编制方法。

（3）资料来源

① 新建住宅销售价格指数基础数据来源。直辖市、省会城市、自治区首府城市（不含拉萨市）、计划单列市以及部分地级市等 70 个城市，使用房地产管理部门的网签数据。

② 二手住宅销售价格指数基础数据来源。由国家调查队系统向各有关城市房地产管理部门、房地产经纪机构收集相关数据。

（4）数据公布

70 个大中城市分城市的房屋销售价格指数由国家统计局统一对外发布，每月一次。发布内容包括分城市的新建住宅和二手住宅环比、同比、定基价格指数。

3. 商品零售价格指数

（1）基本定义

商品零售价格指数（Retail Price Index），简称 RPI，是指反映一定时期内商品零售价格变动趋势和变动程度的相对数。商品零售价格指数分为食品、饮料烟酒、服装鞋帽、纺织品、中西药品、化妆品、书报杂志、文化体育用品、日用品、家用电器、首饰、燃料、建筑装潢材料、机电产品等 14 个大类，国家规定的 304 种必报商品。需要予以特别说明的是，从 1994 年起，国家、各省（区）和县编制的商品零售价格指数不再包括农业生产资料。零售物价的调整变动直接影响到城乡居民的生活支出和国家的财政收入，影响居民购买力和市场供需平衡，影响消费与积累的比例。因此，计算零售价格指数，可以从一个侧面对上述经济活动进行观察和分析。

（2）主要分类

我国的零售物价指数主要有：零售商品牌价指数、零售商品议价指数、集市贸易价格指数和全社会零售物价总指数。零售物价指数主要用来观察、研究零售物价变动对城乡居民生活的影响，为平衡市场供求、加强市场管理、控制货币发行量提供参考。

零售物价的调整升降直接影响城乡居民的生活费用节约或多支，直接关系国家财政的收支，直接影响居民购买力和市场商品供需平衡，还影响消费和积累的比例。

零售物价指数是编制财政计划、价格计划，制定物价政策、工资政策的重要依据。目前，统计工作中按月、季、年编制零售物价指数，计算工作量和采价工作量非常大。

（3）编制方法

零售物价指数采用加权算术平均公式计算。权数直接影响指数的可靠性，因此每年要根据居民家庭收支调查的资料调整一次权数。物价不可能全面调查，只能在部分市、县调查，在我国根据人力、财力，大约选 200 个市、100 个县城作为物价变动资料的基层填报单位。在城市选 350 种左右的商品，在县城选 400 种左右的商品。每种商品的指数采用代表规格品的平均价格计算。

8.5.2 股票价格指数

1. 股票价格指数

（1）基本定义

股票价格指数即股票指数，是由证券交易所或金融服务机构编制的表明股票行市变动的一种供参考的指示数字。

（2）股票指数的计算

股票指数是反映不同时点上股价变动情况的相对指标。通常是将报告期的股票价格与定的基期价格相比，并将两者的比值乘以基期的指数值，即为该报告期的股票指数。股票指数的计算方法有三种：一是相对法，二是综合法，三是加权法。

① 相对法

相对法又称平均法，就是先计算各样本股票指数，再加总求总的算术平均数。其计算公式为：

$$股票指数 = n 个样本股票指数之和 / n$$

英国的《经济学人》普通股票指数就使用这种计算法。

② 综合法

综合法是先将样本股票的基期和报告期价格分别加总，然后相比求出股票指数。即：

$$股票指数 = 报告期股价之和 / 基期股价之和$$

从平均法和综合法计算股票指数来看，两者都未考虑到由各种采样股票的发行量和交易量的不相同，而对整个股市股价的影响不一样等因素，因此，计算出来的指数亦不够准确。为使股票指数计算精确，则需要加入权数，这个权数可以是交易量，亦可以是发行量。

③ 加权法

加权股票指数是根据各期样本股票的相对重要性予以加权，其权数可以是成交股数、股票发行量等。按时间划分，权数可以是基期权数，也可以是报告期权数。以基期成交股数（或发行量）为权数的指数称为拉斯拜尔指数；以报告期成交股数（或发行量）为权数的指数称为派许指数。

拉斯拜尔指数偏重基期成交股数（或发行量），而派许指数则偏重报告期的成交股数（或发行量）。目前世界上大多数股票指数都是派许指数。

2. 世界上几种著名的股票指数

(1) 道·琼斯股票指数

道·琼斯股票指数是世界上历史最为悠久的股票指数，它的全称为道·琼斯股票价格平均指数。它是在 1884 年由道·琼斯公司的创始人查理斯·道开始编制的。道·琼斯股票价格平均指数包含 65 种股票。

现在的道·琼斯股票价格平均指数是以 1928 年 10 月 1 日为基期，因为这一天收盘时的道·琼斯股票价格平均数恰好约为 100 美元，所以就将其定为基准日。而以后股票价格同基期相比计算出的百分数，就成为各期的股票价格指数，所以现在的股票指数普遍用点来做单位，而股票指数每一点的涨跌就是相对于基准日的涨跌百分数。

道·琼斯股票价格平均指数四种股价平均指数构成。这四种股价均平指数分别是：

① 以 30 家著名的工业公司股票为编制对象的道琼斯工业股价平均指数；

② 以 20 家著名的交通运输业公司股票为编制对象的道琼斯运输业股价平均指数；

③ 以 15 家著名的公用事业公司股票为编制对象的道琼斯公用事业股价平均指数；

④ 以上述三种股价平均指数所涉及的 65 家公司股票为编制对象的道琼斯股价综合平均指数。

(2) 标准普尔股票价格指数

标准普尔股票价格指数是美国最大的证券研究机构即标准普尔公司编制的股票价格指数。该公司于 1923 年开始编制发表股票价格指数。最初采选了 230 种股票，编制两种股票价格指数。到 1957 年，这一股票价格指数的范围扩大到 500 种股票，分成 95 种组合。其中最重要的四种组合是工业股票组、铁路股票组、公用事业股票组和 500 种股票混合组。从 1976 年 7 月 1 日开始，改为 400 种工业股票，20 种运输业股票，40 种公用事业股票和 40 种金融业股票。几十年来，虽然有股票更迭，但始终保持为 500 种。标准普尔公司股票价格指数以 1941 年至 1943 年抽样股票的平均市价为基期，以上市股票数为权数，按基期进行加权计算，其基点数为 10。以目前的股票市场价格乘以股票市场上发行的股票数量为分子，用基期的股票市场价格乘以基期股票数为分母，相除之数再乘以 10 就是股票价格指数。

（3）纽约证券交易所股票价格指数

纽约证券交易所股票价格指数是由纽约证券交易所编制的股票价格指数。它起自1966年6月，先是普通股股票价格指数，后来改为混合指数，包括在纽约证券交易所上市的1500家公司的1570种股票。具体计算方法是将这些股票按价格高低分开排列，分别计算工业股票、金融业股票、公用事业股票、运输业股票的价格指数，最大和最广泛的是工业股票价格指数，由1093种股票组成；金融业股票价格指数包括投资公司、储蓄贷款协会、分期付款融资公司、商业银行、保险公司和不动产公司的223种股票；运输业股票价格指数包括铁路、航空、轮船、汽车等公司的65种股票；公用事业股票价格指数则有电话电报公司、煤气公司、电力公司和邮电公司的189种股票。

纽约股票价格指数是以1965年12月31日确定的50点为基数，采用的是综合指数形式。纽约证券交易所每半个小时公布一次指数的变动情况。虽然纽约证券交易所编制股票价格指数的时间不长，因它可以全面及时地反映其股票市场活动的综合状况，所以较为受投资者欢迎。

（4）日经道·琼斯股价指数（也称日经平均股价）

日经道·琼斯股价指数是由日本经济新闻社编制并公布的反映日本股票市场价格变动的股票价格平均数。该指数从1950年9月开始编制。

按计算对象的采样数目不同，该指数分为两种：一种是日经225种平均股价。其所选样本均为在东京证券交易所第一市场上市的股票，样本选定后原则上不再更改。1981年定位制造业150家，建筑业10家，水产业3家，矿业3家，商业12家，路运及海运14家，金融保险业15家，不动产业3家，仓库业、电力和煤气4家，服务业5家。由于日经225种平均股价从1950年一直延续下来，因而其连续性及可比性较好，成为考察和分析日本股票市场长期演变及动态的最常用和最可靠指标。该指数的另一种是日经500种平均股价。这是从1982年1月4日起开始编制的。由于其采样包括有500种股票，其代表性就相对更为广泛，但它的样本是不固定的，每年4月份要根据上市公司的经营状况、成交量和成交金额、市价总值等因素对样本进行更换。

（5）《金融时报》股票价格指数

《金融时报》股票价格指数的全称是"伦敦《金融时报》工商业普通股股票价格指数"，是由英国《金融时报》公布发表的。该股票价格指数包括在英国工商业中挑选出来的具有代表性的30家公开挂牌的普通股股票。它以1935年7月1日作为基期，其基点为100点。该股票价格指数以能够及时显示伦敦股票市场情况而闻名于世。

（6）中国香港恒生指数

香港恒生指数是中国香港股票市场上历史最久、影响最大的股票价格指数，由香港恒生银行于1969年11月24日开始发表。

恒生股票价格指数包括从香港500多家上市公司中挑选出来的33家有代表性且经济实力雄厚的大公司股票作为成分股，分为四大类——4种金融业股票、6种公用事业股票、9种地产业股票和14种其他工商业（包括航空和酒店）股票。

这些股票占香港股票市值的63.8%，因该股票指数涉及香港的各个行业，具有较强的代表性。

恒生股票价格指数的编制是以 1964 年 7 月 31 日为基期，因为这一天香港股市运行正常，成交值均匀，可反映整个香港股市的基本情况，基点确定为 100 点。其计算方法是将 33 种股票按每天的收盘价乘以各自的发行股数为计算日的市值，再与基期的市值相比较，乘以 100 就得出当天的股票价格指数。

（7）上海证券综合指数

上海证券综合指数，简称上证综指或上证综合指数，通常简称：Shanghai composite index（上证综指）。上海证券综合指数是上海证券交易所编制的，以上海证券交易所挂牌上市的全部股票为计算范围，以发行量为权数综合。上证综指反映了上海证券交易市场的总体走势。这一指数自 1991 年 7 月 15 日起开始实时发布，基日定为 1990 年 12 月 19 日，基日指数定为 100 点。

上证指数系列均采用派许加权综合价格指数公式计算。

上海证券综合指数主要包括：上证 180 指数、上证 50 指数、上证国债指数、上证企债指数、上证公司债指数、上证分离债指数、上证基金指数、A 股指数、B 股指数等。

A 股的正式名称是人民币普通股票。它是由我国境内的公司发行，供境内机构、组织或个人（不含台、港、澳投资者）以人民币认购和交易的普通股股票，我国 A 股股票市场经过几年快速发展，已经初具规模。上证 A 股指数定义的样本股是指在上海证券交易所的全部上市 A 股股票，反映了 A 股的股价整体变动状况，自 1992 年 2 月 21 日起正式发布。

B 股指数是由上海证券交易所编制，其样本股是全部上市 B 股，以 1992 年 2 月 21 日为基准日，基日指数定为 100 点，反映了 B 股的股价整体变动状况，自 1992 年 2 月 21 日起正式发布。

（8）深圳证券交易所成份股价指数

深圳证券交易所成份股价指数，简称深证成指，是深圳证券交易所的主要股指。它是按一定标准选出 40 家有代表性的上市公司作为成份股，用成份股的可流通数作为权数，采用综合法进行编制而成的股价指标。从 1995 年 5 月 1 日起开始计算，基数为 1000 点。其基本公式为：

$$股价指数 = 现时成分股总市值 / 基期成分股总市值 \times 1000$$

计算方法是：从深圳证券交易所挂牌上市的所有股票中抽取具有市场代表性的 40 家上市公司的股票为样本，以流通股本为权数，以加权平均法计算，以 1994 年 7 月 20 日为基日，基日指数定为 1000 点。

深圳综合股票指数系由深圳证券交易所编制的股票指数，1991 年 4 月 3 日为基期。该股票指数的计算方法基本与上证指数相同，其样本为所有在深圳证券交易所挂牌上市的股票，权数为股票的总股本。

8.5.3　工业生产指数

1. 基本定义

工业生产者价格指数，是工业企业产品第一次出售时的出厂价格和企业作为中间投入的原材料、燃料、动力购进价格在某个时期内变动的相对数，反映全部工业生产者出厂和购进价格变化趋势和变动幅度。中国的工业生产者价格指数由工业生产者出厂价格指数和工业生产者购进价格指数两部分组成。通常，我们把工业生产者出厂价格指数称为 PPI。

2. 编制方法

国家统计局统一编制全国和省级工业生产者价格指数。采用链式拉氏公式，编制定基工业生产者价格指数序列。对比基期 5 年调整一次，现行对比基期为 2010 年。基本流程包括：确定调查产品目录（即产品篮子），确定调查企业，确定各调查基本分类的代表权数，搜集基础数据，计算各类指数。

① 确定调查产品目录。中国工业生产者出厂价格调查产品目录包括 41 个行业大类、201 个行业中类、581 个行业小类、1702 个基本分类的 11000 多种工业产品；购进价格调查目录包括 900 个基本分类的 6000 多种工业产品。上述调查产品的确定，严格遵循了对工业行业代表性强，对国计民生影响大，生产稳定，有发展前景等原则。

② 确定调查企业。对全部规模以上工业企业（即年主营业务收入 2000 万元以上的工业企业）通过主观选样和抽样相结合方式确定调查企业；对规模以下工业企业通过随机抽样方式确定调查企业。目前，全国工业生产者价格调查企业近 6 万家，分布在 430 个调查市、县。

③ 确定各调查基本分类的代表权数。出厂价格指数小类及小类以上的权数根据工业统计中分行业的销售产值资料计算，基本分类的权数根据典型调查资料估算确定，购进价格指数的权数根据投入产出资料和典型调查资料估算确定。一般每 5 年更换一次，在 5 年期内各年度适当调整。

④ 编制各类指数。每月编制一次，分别编制工业生产者出厂价格指数和工业生产者购进价格指数。其中，各基本分类月度环比指数，根据所属工业产品价格变动相对数，采用几何平均法计算；小类以上月度环比指数采用逐级加权平均法计算；各省（区、市）各类月度环比指数通过对辖区内所有调查企业相关数据超级汇总得出，全国各类月度环比指数通过对各省（区、市）相关指数加权汇总计算得出。由月度环比指数再分别计算各类定基、同比指数。

3. 资料来源

国家调查队系统负责工业生产者价格基础数据收集工作。由国家统计局统一选定近 6 万家调查企业；市级国家调查队向调查企业布置调查任务；各调查企业需按月填报本企业每月 5 日和 20 日出厂、购进时点价格并报送市级调查队；企业原始资料经市级调查队、省级调查总队审核后报送国家统计局。

8.5.4 采购经理指数

PMI 指数英文全称 Purchasing Managers' Index，中文翻译为采购经理指数。PMI 是一套月度发布的、综合性的经济监测指标体系，分为制造业 PMI、服务业 PMI，也有一些国家建立了建筑业 PMI。PMI 是通过对采购经理的月度调查汇总出来的指数，反映了经济的变化趋势。

PMI 体系现包含新订单、产量、雇员、供应商配送、库存、价格、积压订单、新出口订单、进口等商业活动指标。

指标	权重（%）
生产指数	25
新订单指数	30
从业人员指数	20
供应商配送时间指数	15
原材料库存指数	10

对样本企业采购经理的月度问卷调查所得数据合成得出各项指标指数，再对生产、新订单、雇员、供应商配送与库存五项类指标加权计算得到制造业 PMI 综合指数。

服务业 PMI 指标体系则包括：商业活动、投入品价格指数、费用水平、雇员、未来商业活动预期等指数，但因其建立时间不长，尚未形成综合指数。PMI 每项指标均反映了商业活动的现实情况，综合指数则反映制造业或服务业的整体增长或衰退。调查采用非定量的问卷形式，被调查者对每个问题只需做出定性的判断，在（比上月）上升、不变或下降三种答案中选择一种。进行综合汇总就是统计各类答案的百分比，通过各指标的动态变化来反映经济活动所处的周期状态。

制造业及非制造业 PMI 商业报告分别于每月 1 号和 3 号发布，时间上大大超前于政府其他部门的统计报告，所选的指标又具有先导性，所以 PMI 已成为监测经济运行的及时、可靠的先行指标，得到政府、商界与广大经济学家、预测专家的普遍认同。

第 6 讲 统计实践

实践训练：为某农贸市场编制粮食价格指数

某农贸市场的粮食类产品的销售资料如下表：

产品名称	计量单位	商品价格		销售量	
		基期	报告期	基期	报告期
面粉	kg	4.20	4.40	520 000	560 000
米类	kg	5.90	6.20	750 000	680 000
花生	kg	9.80	10.10	10 000	9 000
豆类	kg	6.20	6.70	5 000	5 400
植物油	升	14.30	15.80	160 000	156 000

实践任务：

（1）根据上面提供的农贸市场的粮食销售数据，用不同的方法编制粮食价格总指数。

（2）以小组为单位，到附近的农贸市场调查粮食、蔬菜等的销售情况，每月编制价格总指数，并分析指数变化的原因。

思考与应用技能训练

一、填空题

1. 按照一般原则，编制数量指标指数时，同度量因素固定在_____，编制质量指标指数时，同度量因素固定在_____。

2. 反映现象相对水平或平均水平变动的指数是_____。

3. 将不同时期的某种指数按时间先后顺序加以排列而形成的数列，称为_____。

4. 在指数数列中各个指数都是以某一固定时期为对比基期编制的指数，称为_____。

5. 在指数数列中各个指数都是以前一期为对比基期编制的指数，称为_____。

6. 总指数有两种表现形式：一是_____，二是_____。

7. 平均指数的计算形式基本上分两种：一是_____指数，二是_____指数。

二、单项选择题

1. 用综合指数计算总指数的重要问题是（　　）。
   A. 选择同度量因素　　　　　　B. 同度量因素时期的选择
   C. 同度量因素的原则和时期的确定　　D. 个体指数和权数的选择

2. $\bar{k}_p = \dfrac{\sum p_1 q_1}{\sum \dfrac{p_1 q_1}{k_p}}$ 式子中的 k_p 是（　　）。
   A. 数量指标个体指数　　　　　B. 质量指标个体指数
   C. 同度量因素　　　　　　　　D. 权数

3. 在指数数列中，每个指数都以前一期为基期的是（　　）。
   A. 定基指数　　B. 环比指数　　C. 静态指数　　D. 可变权数指数

4. 按指数的性质不同，指数可分为（　　）。
   A. 个体指数和总指数　　　　　B. 简单指数和加权指数
   C. 数量指标指数和质量指标指数　　D. 动态指数和静态指数

5. 零售商品物价增长2%，零售商品销售量增长5%，则零售商品销售额增长（　　）。
   A. 3%　　　　B. 8%　　　　C. 10%　　　　D. 7.1%

6. 某管理局各分局职工的工资总额报告期比基期提高了5%，职工人数报告期比基期增长了2%，则该局全部职工的平均工资指数为（　　）。
   A. 108%　　　B. 107.1%　　　C. 103%　　　D. 102.94%

三、多项选择题

1. 下列各项指示中属于质量指标的有（　　　　）。
   A. 劳动生产率　　　　　　　　B. 工业产品单位成本
   C. 生产工人平均工资　　　　　D. 工人平均技术等级
   E. 从业人员平均文化程度

2. 平均指标的作用是（　　　　）。
   A. 对不同时间、不同地点、不同部门的同质总体平均指标进行对比
   B. 反映总体的一般水平
   C. 测定总体各单位分布的离散程度
   D. 测定总体各单位分布的集中趋势
   E. 反映总体的规模

3. 用综合指数形式计算的商品销售价格指数，表明了（　　　　）。
   A. 商品销售量的变动幅度　　　B. 商品销售品种的变动
   C. 商品销售价格的变动程度　　D. 商品销售价格的变动趋向
   E. 销售价格变动对销售额产生的影响

4. 根据经济内容确定综合指数中同度量因素的所属时期一般是在（　　　　）。
   A. 编制质量指标综合指数作为同度量因素的数量指标固定在基期
   B. 编制数量指标综合指数作为同度量因素的数量指标固定在基期
   C. 编制质量指标综合指数作为同度量因素的数量指标固定在报告期
   D. 编制数量指标综合指数作为同度量因素的数量指标固定在报告期
   E. 编制质量指标综合指数和数量指标综合指数作为同质量因素的指标都固定在基期上

5. 设 p 为价格，q 为销售量，则总指数 $\dfrac{\sum p_0 q_1}{\sum p_0 q_0}$ 的意义是（　　　　）。
   A. 综合反映多种商品的销售量的变动程度
   B. 综合反映商品价格和销售量的变动程度
   C. 综合反映商品销售额的变动程度
   D. 反映商品销售量变动对销售额变动的影响程度
   E. 综合反映多种商品价格的变动程度

四、判断题

1. 计划完成相对数是广义指数。　　　　　　　　　　　　　　　　　（　　）
2. 总指数的平均性是以综合性为基础的，没有综合性就没有平均性。　（　　）
3. $k_d = \dfrac{q_1}{q_0}$ 是总指数。　　　　　　　　　　　　　　　（　　）
4. 影响因素指数是有两个因素同时变动，并从属于某一现象总体指数的相对数，属于广义指数。　　　　　　　　　　　　　　　　　　　　　（　　）
5. 编制总指数的基本形式是平均指数。　　　　　　　　　　　　　　（　　）

6. 商品销售价格指数是质量指标指数。（ ）

7. 在任何情况下，平均指数与综合指数虽然形式不同，但计算结果相同。（ ）

8. 在建立指数体系时，首先要分析研究对象与其影响因素之间的内在联系。
（ ）

9. 在指数体系的影响因素指数中，每一个因素指数只有一个同度量因素，其余皆为指数化因素。（ ）

10. 平均之比因素分析中，平均指标是总体在分组的条件下，用加权算术平均法计算出来的平均指标。（ ）

五、简答题

1. 平均指数与综合指数之间有何区别与联系？

2. 为什么有了综合指数还要使用平均指数？

六、应用技能训练

1. 某商店三种商品的销售资料如下：

产　品	计量单位	销售量		价格（元）	
		2011 年	2012 年	2011 年	2012 年
甲	台	30	36	1.80	2.00
乙	件	140	160	1.90	2.20
丙	吨	100	100	1.50	1.60

试计算：（1）三种商品的销售额总指数和销售额变动；

（2）三种商品的价格综合指数和对销售额的影响；

（3）三种商品的销售量综合指数和对销售额的影响；

（4）分析销售量和价格变动对销售额的影响程度和影响绝对额。

2. 某商店三种商品的销售资料如下：

商品名称	销售额（万元）		今年销售量比去年增长的百分比（%）
	基　期	报告期	
甲	150	180	8
乙	200	240	5
丙	400	450	15

试计算：（1）销售额指数及销售额增加绝对值；

（2）销售量指数及由销售量变动而增加的销售额。

3. 某企业三种产品的产值和产量资料如下：

产　品	实际产值（万元）		1995年比1990年产量增长的百分比（％）
	1990年	1995年	
甲	200	240	25
乙	450	485	10
丙	350	480	40

试计算：（1）三种产品的总产值指数；
　　　　（2）产量总指数及由于产量变动而增加的产值；
　　　　（3）利用指数体系推算价格总指数。

4．某企业工人数和工资总额的资料如下：

组　别	工人数（人）		工资总额（元）	
	基　期	报告期	基　期	报告期
普工	320	380	22 400	30 400
技工	280	420	22 400	37 800

试计算：（1）总平均工资指数（平均工资可变指数）；
　　　　（2）工资水平固定指数，人数结构变动影响指数；
　　　　（3）从相对数方面分析因素变动对总平均工资的影响程度。

5．某厂甲、乙、丙三种产品的产量及出厂价格资料如下：

产品名称	计量单位	产　量		出厂价格（元）	
		基　期	报告期	基　期	报告期
甲	吨	6 000	5 000	110	100
乙	台	10 000	12 000	50	60
丙	件	40 000	41 000	20	20

要求：对该厂总产值变动进行因素分析。（计算结果百分数保留2位小数）

模块四 国民经济统计

本模块主要是学习和掌握国民经济统计特有的分析技能的有关理论、方法，包括项目9国民经济核算。

完成本模块的任务，需要的岗位知识要求如下：

1. 认识国民经济核算的作用，了解核算的方法；
2. 了解我国国民经济核算体系的基本内容；
3. 掌握国内生产总值的含义及其计算方法。

通过该模块的学习，学生应掌握的方法和实践技能如下：

1. 能利用有关经济指标反映的信息，解释某些社会经济现象或分析某些经济问题；
2. 知道国内生产总值常用的计算方法。

项目 9　国民经济核算

学习目标

1. 认识国民经济核算的作用，了解核算的方法；
2. 理解国民经济核算体系的基本内容；
3. 掌握国内生产总值的含义及其计算方法。

1. 能利用有关经济指标反映的信息，解释某些社会经济现象或分析某些经济问题；
2. 知道国内生产总值常用的计算方法。

国内生产总值的计算方法。

经初步核算，2012 年我国国内生产总值为 519 322 亿元，按可比价格计算，比上年增长 7.8%。分产业看，第一产业增加值是 52 377 亿元，第二产业增加值是 235 319 亿元，第三产业增加值是 231 626 亿元。全年城镇居民人均总收入 26 959 元，其中，城镇居民人均可支配收入 24 565 元。这些国民经济指标是怎么得出来的？本项目就是要解决这个问题。

第 1 讲　国民经济核算概述

9.1.1　国民经济核算体系

国民经济是由各行各业构成的各个经济部门的总和，它的基本构成细胞就是各个企业、事业和行政单位以及居民户。对国民经济的观察可以从静态和动态两个角度进行：从静态上看，国民经济是由一个国家和地区的各行各业有经济利益关系的各单位构成；从动态上看，就是社会再生产的各个环节。即一次从生产开始，经过分配，达到最终使用的不断循环过程。

国民经济运动过程表现为产品实物运动和货币资金运动对立统一的过程。实物运动体现在产品的生产、流通和使用过程，资金运动体现为收入的分配和资金融通的过程；资金运动既伴随着实物运动而产生，又可以脱离实物运动而存在，具有相对的独立性。

所以说国民经济核算是以整个国民经济运行（即社会再生产的全过程）为对象，从生产到分配、交换直至最终使用的周而复始的经济循环等多角度进行的宏观经济核算，并在整体结构上把国民经济循环中实物运动与资金运动、经济流量与经济存量以及国内交易与国外交易紧密联系起来进行反映。

9.1.2 国民经济核算的基本概念与分类

1. 国民经济核算的基本概念

根据国民经济核算的总体原则要求，生产范围划到哪里，生产成果就算到哪里，中间投入和最终使用也就算到哪里，分配与再分配、原始收入与派生收入也就在哪里分界。即确定了生产范围也就决定了整个体系的核算范围。所以首先要明确生产的意义及其核算范围。

（1）生产及其核算范围

国民经济核算体系中的生产，是指经过劳动和物质资料的投入，形成货物和服务产出的活动过程。生产的范围包括以下三部分：第一，生产者提供或准备提供给其他单位的货物或服务的生产；第二，生产者用于自身最终消费或固定资本形成的所有货物的自给性生产；第三，自有住房提供的住房服务和付酬家庭雇员提供的家庭服务的自给性的生产。可见生产活动的结果表现为货物和服务两种形式。

① 货物。货物是核算期内生产的全部实物产品，它是有形的，并在生产过程结束后才能进入使用过程，它可以储存并进行多次交换。

② 服务。服务是生产者提供给使用者的无形产品，它的生产和使用过程一般是同时进行的，生产的完成也就是使用的结束，所以一般不能存储和进行多次交换。

目前的核算理论中，对于货物的产出，不论其目的是对外提供还是自产自用，都应该包括在生产范围内。而对于服务的生产，则基本上限于对外提供的部分，自给性服务，除了自有住房服务和付酬家庭雇员提供的家庭或个人服务外，均被排除在生产范围之外。被排除在生产范围之外的自给性服务是指住户成员为本住户提供的家庭或个人服务，如清扫房屋、做饭、照顾老人、教育儿童等。

（2）其他核算范围

① 分配。国民经济核算体系中的分配包括初次分配和再分配两部分。由于再分配的复杂性，目前的核算理论主要集中在以要素报酬为中心的初次分配的核算上，即将生产的结果首先按投入的生产要素所有关系，在国家、集体和个人之间进行最初分配。这种分配活动只能是对生产的结果进行分配，在初次分配的基础上，经过复杂的再分配才能形成最终的使用。

② 消费。国民经济核算体系中的消费是对生产成果在各种分配的基础上形成的最终使用。因此，生产范围就决定着消费的范围，即用于最终消费的货物和服务只能是生产范围内所包括的货物和服务。

（3）资产范围

国民经济核算中的资产是根据所有权的原则界定的经济资产，也就是说，资产必须为某人或某些单位所拥有，其所有者因持有或使用它们而获得经济利益。根据这个定义，金融资产和由生产过程创造出来的固定资产、存货等，以及某些不是经过生产过程创造出来的自然产生的资产（如土地、矿藏、森林、水资源资产等），只要某人或某些单位对这些资产有效的行使所有权，并能够从中获得经济利益，都属于资产范畴。资产范围中不包括诸如大气或公海等无法有效地行使所有权的那些自然资源与环境，以及尚未发现或难以利用的矿藏，即一定时期内，鉴于它们本身的状况和现有的技术不能为其所有者带来任何经济利益的资源与环境。

（4）经济流量和存量

经济流量是指某一时期发生的量，经济存量是指某一时点的量。期初存量与本期流量之和，形成期末存量。经济中的许多流量都有与其直接对应的存量。例如，金融资产流量与金融资产存量相对应，但也有一些流量没有直接对应的存量，如进、出口及工资等。

（5）市场价格

市场价格是市场上买卖双方认定的成交价格，具体分为生产者价格和购买者价格。生产者价格是生产者的货物和服务向购买者出售时获得的价值，包括开给购买者发票上的增值税或类似可抵扣税。该价格不包括货物离开生产者后所发生的运输费用和商业费用。购买者价格是购买者购买货物和服务所支付的价值，包括购买者按指定的时间和地点取得货物所发生的运输和商业费用。购买者价格等于生产者价格加上购买者支付的运输和商业费用，再加上购买者缴纳的不可扣除的增值税和其他税。

2. 国民经济核算的基本单位及其分类

（1）基本核算单位

国民经济是由各类复杂的职能机构组成的，这里将其基本构成细胞叫做机构单位，它是进行经济核算的最基本单位。一个机构单位是指有权拥有资产和承担负债，能够独立地从事经济活动并与其他实体进行交易的经济实体。机构单位具有以下基本特点：

① 有权独立拥有货物和资产，能够与其他机构单位交换货物或资产的所有权；

② 能够做出直接负有法律责任的经济决定和从事相应的经济活动；

③ 能以自给的名义承担负债、其他义务或未来的承诺，并能签订契约；

④ 能够编制出包括资产负债表在内的一套在经济和法律上有意义的完整账户。

（2）基本分类

从不同角度观察机构单位，可以形成国民经济核算的基本分类体系。按照国民经济核算体系是否纳入核算主体的范围可将各机构单位分为常住机构单位和非常住机构单位。

① 常住机构单位，是指在我国的经济领土上具有经济利益中心的经济单位，称为我国的常住机构单位（简称为常住单位）。这里所说的经济领土由我国政府控制的地理领土组成，它包括我国大陆的领陆、领水、领空，以及位于国际水域，但我国具有捕捞和海底开采管辖权的大陆架和专属经济区；它还包括我国在国外的所谓领土"飞地"，即位于其他国家，通过正式协议为我国政府所拥有或租借、用于外交等目的、具有明确边界的地域，例如，我国驻外使馆、领馆用地。经济领土不包括我国地理边界内的"飞地"，即位于我国地理领土范围内，通过正式协议为外国政府所拥有或租借、用于外交等目的、具有明确边界的地域，如外国驻华使馆、领馆用地及国际组织用地。

一个法人企业，如果它的全部经济活动发生在我国经济领土范围内，那么它就是我国的常住单位。一个企业虽然它的经济活动并非全部发生在我国经济领土范围内,但在我国经济领土内建立了一个子企业,从事生产经营活动一年以上,则该子企业也是我国的一个常住单位。一个住户,如果它在我国的经济领土范围内拥有住房,该住房为它的主要住所,则认为它是我国的常住单位。一个政府单位是它行使管辖权的经济领土范围内的常住单位。中央政府组成单位,包括位于国外的使馆、领馆等,均为我国的常住单位。

② 非常住机构单位。所有不具有常住性条件的机构单位都是非常住机构单位,它只是与常住机构单位发生过某种交易或往来,引起当期某常住机构单位与外部经济的联系。在没有对外往来的假设下,常住机构单位是国民经济核算体系中全部的基本核算单位。

国民经济核算分类除基本分类以外,还有机构部门分类、产业活动单位和产业部门分类、交易及其分类等。

9.1.3 国民经济核算的基本内容

1. 基本框架

我国国民经济核算体系由基本核算表、国民经济账户和附属表三部分构成。基本核算表包括国内生产总值表、投入产出表、资金流量表、国际收支表和资产负债表;国民经济账户包括经济总体账户、国内机构部门账户和国外部门账户;附属表包括自然资源实物量核算表和人口资源与人力资本实物量核算表。基本核算表和国民经济账户是本体系的中心内容,它通过不同的方式对国民经济运行过程进行全面的描述。附属表是对基本核算表和国民经济账户的补充,它对国民经济运行过程所涉及的自然资源和人口资源与人力资本进行描述。我国国民经济核算体系的基本框架和各部分的基本内容如图9-1所示。

2. 国民经济核算表

五张基本表对国民经济总体运行情况进行了全面、综合、系统的价值量核算。这五张核算表彼此衔接,连成一体,构成社会再生产过程的系统描述,但他们又是各自相对独立的子体系。五张核算表的核心是国内生产总值表,它核算社会生产、分配和消费、投资、进出口等社会再生产中的基本总量,并对其他核算表中的有关总量起着控制作用。其他基本表是国内生产总值表的进一步延伸和扩展:通过投入产出表反映社会产品生产与使用的结构,特别是各产业部门在生产中的经济技术联系;通过资金流量表反映社会生产过程中与实物运动相对应的各部门之间的收入分配与金融交易等资金运动;通过国际收支表集中反映对外经济往来的各种联系。以上四张核算表构成了对国民经济总流量和部门之间流量的系统描述。流量核算表的进一步延伸则是把经济流量核算与经济存量核算联系起来,这是通过资产负债表来实现,它核算各种资金与金融负债的存量,是社会再生产的基本条件,也是社会再生产的结果。把流量核算与存量核算结合起来,能够更为完整地反映国民经济循环的全貌。

附属表是对国民经济核算体系核心部分的补充,用于描述我国自然资源和资源资产、人口资源和人力资本的规模、结构与变动以及经济、资源和人口之间的相互关系。具体包括人口资源与人力资本实物量核算表和自然资源实物量核算表。它是对不以价值量表现的社会再生产基本条件的核算，其内容是经济核算不可缺少的重要组成部分，但它与价值形式的基本表及账户没有直接的数量关系。

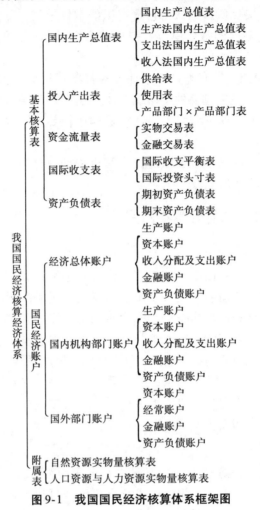

图 9-1　我国国民经济核算体系框架图

3. 国民经济账户

国民经济账户是以账户的形式对国民经济运行过程与结果进行描述。它采用"T"形账户和复式记账方法，把基本核算表中各种流量和存量的基本指标连接起来，形成一套逻辑严密、结构严谨的账户体系，系统描述国民经济循环过程中各环节、各部门间的内在联系。国民经济核算体系中针对国民经济运行的各个环节，分别设置了不同的账户，即生产账户、收入分配及支出账户、资本账户、金融账户、资产负债账户和国外部门账户。

与整个体系的机构部门分类相对应，国民经济账户针对每个机构部门及经济总体都设置了一套完整账户。通过国民经济账户即可以从每个国内机构部门的角度观察从生产、收入分配、消费到投资的整个循环过程，又可以从经济总体的角度观察整个经济的循环过程；既可以观察每个国内机构部门与国外部门发生的各种经济往来活动，又可以观察经济总体与国外部门发生的各种经济往来活动。

第2讲 国民经济总量核算及指标

国民经济总量核算是国民经济核算的核心部分，也叫国民收入核算。本节将以社会再生产的循环为主线，分别介绍各环节的经济总量指标，以及各总量的构成指标。

9.2.1 生产核算及主要指标

社会再生产过程中，生产是首要环节，是国民经济最基本的活动。国民经济核算必须首先反映社会生产活动的成果及其构成情况。国民经济生产总量以社会总产出为基础，减去中间投入，从而形成国内生产总值。

1. 社会总产出

社会总产出是指常住单位在一定时期内生产的按生产者价格计算的所有货物和服务的完全价值，既包括新增价值，也包括转移价值，反映常住机构单位生产活动的总规模。从全社会的角度看，社会再生产活动的总规模就是全部常住机构单位的总产出合计。社会总产出简称总产出，也称社会总产品或社会总价值。

总产出是各产业活动单位向社会提供的货物和服务的总值之和，因各基层单位的生产特点不同，各单位的核算方法也不同。

（1）农林牧渔业总产出采用产品法计算，是指核算期内凡有产品产量的农产品均按单位产品的市场价格乘以产量的方法计算求得。

（2）工业总产出采用"工厂法"计算，即以工业产业作为一个整体，按企业工业生产活动的最终成果计算总产出，同一企业内部产品价值不允许重复计算。它主要包括核算期内生产的产成品价值、对外加工的服务作业价值和自制半成品、在制品期末期初差额的价值。

（3）建筑总产出按两种方法计算：一种是从施工企业和自营建设单位的建筑生产活动角度入手直接计算；另一种是从建筑产品所有方的建筑工程造价角度入手计算。考虑到建筑产品的稳定性和施工单位的流动性特点，目前以后一种方法为主。具体包括建筑工程产值、机器设备安装工程产值、房屋建筑物修理产值、非标准设备制造产值等。

（4）交通、运输、仓储和邮政业总产出按核算期内的营业总收入计算。

（5）批发和零售业总产出等于商业附加费，即商品销售收入净额减去商品销售成本，即通常所说的毛利（毛利＝商品的销售收入－商品进价－对外支付的运输和装卸搬运费）。

（6）住宿和餐饮业的总产出等于其营业收入。

（7）银行业总产出等于金融媒介服务活动的虚拟服务收入加实际服务费收入。其中，虚拟服务收入等于利息收入减去利息支出的差额，但应扣除银行业利用自有资金获得的利息收入，实际服务费收入为手续费收入和其他业务收入。

（8）保险业总产出的计算方法与银行业类似，等于保费收入与理赔支出之差加其他营业收入。

（9）房地产业总产出包括房地产开发经营业总产出、物业管理总产出、房地产中介服务总产出和居民自有住房服务总产出。房地产开发经营业总产出是经营房屋销售的差价收入和从事房地产租赁活动获得的租金收入；物业管理总产出为管理服务的经营收入；房地产中介服务总产出是从事房地产经济与代理中介活动取得的收入；居民自有住房服务总产出原则上应等于按市场上同等住房的房租价格计算的虚拟房租，由于我国尚未形成健全的房地产市场，没有合适的房租价格可以参考，目前以按房屋价值和规定的折旧率虚拟计算的固定资产折旧作为总产出。

（10）其他营利性服务单位总产出就是其营业总收入。

（11）非营利性服务单位总产出。非营利性服务单位主要是事业、行政单位和社会团体等公共管理单位。这些单位一般没有营业收入，其经费支出主要来源于国家财政和其他赞助，或虽然有部分营业收入，但无法弥补自身经营活动成本。这些部门的总产出就是该核算期内为社会提供服务的业务活动支出，即等于经常性业务支出加虚拟折旧（不计算营业盈余）。

2. 中间投入

中间投入指常住单位在一定时期内生产过程中消耗和使用的，由非本核算单位生产提供的，非固定资产性的货物和服务的价值。中间投入也称为中间消耗或中间产品，反映用于生产过程中的转移价值，一般按购买者价格计算。中间投入是常住产业活动单位在生产经营过程中，消费和使用的由其他单位提供的原材料、燃料、动力及各种服务（运输、邮电、金融、保险、广告、贸易、信息、咨询及技术服务等）的价值。计算中间投入的货物和服务必须具备下面两个条件：

（1）中间投入的核算口径与总产出保持一致，即只有计入总产出的货物、服务才能计入总产出；

（2）一般为本期一次性使用的，即本期消耗的不属于固定资产的非耐用品，低值易耗品则按本期摊销的部分计算。

3. 国内生产总值（GDP）

从生产的角度观察，国内生产总值是所有产业活动单位的增加值之和。增加值也称为最终产品，即一定时期内的社会总产出价值中扣除本期中间投入价值后的余额，是本期内不再进行加工，可供社会最终用于消费和投资及出口的产品。

各基层单位增加值的计算式为：

$$增加值 = 总产出 - 中间投入$$

各部门增加值的计算式为：

$$部门增加值 = \sum 部门内各单位的增加值$$

$$国内生产总值 = \sum 各部门的增加值$$

或　　　国内生产总值 = 社会总产出 − 全社会的中间投入

由于公式：国内生产总值 = 社会总产出 − 全社会的中间投入，是先核算全社会的总产出，再核算全社会的中间投入，在国民经济核算中通常把这种方法称为"生产法"。

4. 国内生产净值

国内生产净值是指国内生产总值扣除固定资产损耗后的价值。这是因为固定资产折旧具有两重性,一是在短期内固定资产并不存在磨损,不管是否提取折旧,它都照常发挥原有的功能,从这一角度来看,所计提的折旧是新创造价值的一部分,并不是对中间消耗补偿。因此,总增加值中包含着固定资产折旧的价值。二是在长期内固定资产确实存在磨损,折旧也的确是在补偿固定资产的磨损,从这一角度来看,折旧并不是新创造的价值,应该包括在中间投入中。因此,在国民经济核算中就产生了一系列净值指标,即不包括折旧的各项指标就叫做净值。

将固定资产折旧作为损耗纳入中间投入的情况下,可以得到反映生产最终成果中纯的新创造的价值指标有如下两个:

$$净增加值 = 总产出 - 包括折旧的中间投入$$
$$国内生产净值 = 国内生产总值 - 固定资产折旧$$

9.2.2 分配核算及主要指标

在经济活动中对收入分配核算的主题进行划分的依据,多是对生产成果的占有权和处分权。占有权确定初次分配主题,处分权确定再分配主题。收入分配核算的客体是被分配的对象,它是当期的生产成果,即以价值形态表示的各单位增加值(国内生产总值),重点是其中的净增加值(国内生产净值)部分。可见,对国民经济生产成果的分配可以分为两部分:一是指生产过程中所创造的价值在参与生产活动过程的各要素之间直接进行的分配,称之为收入初次分配;二是在初次分配的基础上,各要素的收入在不同部门、单位和个人之间的收支转移而产生的间接分配,通常称为再分配。

1. 收入初次分配

收入初次分配是指国内生产总值在参与生产过程的生产要素之间进行的分配。通过初次分配形成各种原始收入。

(1) 产业活动单位的初次分配指标

收入分配是从生产领域开始的,在生产领域内部对各生产要素之间的直接分配是伴随着生产的开始而进行的,它是生产核算的延伸和细化。这些分配内容是对各产业活动单位主营业务所创造的增加值进行的最直接的分配,其指标构成如下:

① 劳动者报酬,指劳动者从事生产活动所应得的全部报酬,包括劳动者应得的工资、奖金和津贴,既有货币形式的,也有实物形式的,还有劳动者所享受的公费医疗和医药卫生费、上下班交通补贴和单位为职工缴纳的社会保险费等。对于个体经济来说,其所有者获得的劳动报酬和经营利润不易区分,这两部分统一作为劳动者报酬处理。

② 生产税净额,指各产业活动单位向政府缴纳的生产税与政府向各单位支付的生产补贴相抵后的差额,是对国家管理和公共事业的补偿。

③ 固定资产折旧,指一定时期内为弥补固定资产损耗,按照核定的固定资产折旧率提取的固定资产折旧,或按国民经济核算统一规定的折旧率虚拟计算的固定资产折旧。它反映了固定资产在当期生产中的转移价值。各种类型企业和企业化管理的事业单位的固定资产折旧是实际计提的折旧费;不计提折旧的单位,如政府机关、非企业化管理的事业单位和居民住房的固定资产折旧则是按照统一规定的折旧率和固定资产原值计算的虚拟折旧。

④ 营业盈余指常住单位创造的增加值扣除劳动者报酬、生产税净额和固定资产折旧后的余额。它是企业组织生产经营所得到的盈余，即企业经营活动的补偿。如果将折旧纳入中间投入，营业盈余就是支付固定资产损耗后的净额，否则叫总额。通常情况营业盈余都是指净额。

(2) 收入分配法的指标计算

收入分配法是从生产过程形成收入的角度来计算的方法。它反映全社会经初次分配所形成的国家、集体和个人的利益格局。一般初次分配可看做是社会再生产的最初投入，因此收入分配法也叫最初投入核算法。国内生产的价值量从初次分配角度观察有如下平衡关系：

国内生产总值 = 劳动者报酬 + 生产税净额 + 固定资产损耗 + 营业盈余

国内生产净值 = 劳动者报酬 + 生产税净额 + 营业盈余

(3) 国民收入的其他指标

国民收入是经济分析中常用的基本概念，但它不是某个具体的统计指标，而是一类统计指标的总称。它是以国民生产总值为中心形成的，除了包括前述的国内生产总值（GDP）、国内生产净值（NDP）、国民生产总值（GNP）、国民生产净值（NNP）等指标外，还包括后述的可支配收入等指标。

一国（或地区）所有机构单位（部门）的原始总（净）收入之合计，称为该国（地区）的国民总（净）收入。国民总收入习惯上叫国民生产总值，国民净收入习惯上叫国民生产净值。

国民生产总值与国内生产总值有着密切的关系，即国民生产总值等于国内生产总值加上来自国外的净要素收入（来自国外的劳动者报酬和利息、红利等财产收入扣除支付给国外的劳动者报酬等财产支出的净额）。可见，国民生产总值是一国的常住机构单位原始收入的总和，它是一个收入概念，不是生产的最终成果。因此，联合国 1993 年 SNA 中将它称为国民总收入。国内生产净值与国民生产净值也存在着相应的关系，只是两者都不含有固定资产的损耗价值。

2. 收入再分配

收入再分配是指不同的部门、单位和个人在初次分配获得的要素收入的基础上，通过转移收支进一步在部门之间内部形成的分配。其分配方式主要是财政、捐赠、救济等各种经常性转移。

(1) 转移收支

转移是交易的一种形式，是指一机构单位向另一机构单位提供货物、服务或资产等各种资源，而不从后者那里收取任何上述资源作为对等物回报的行为，因此，它是"单方面"的转让，由转移所产生的收支即为转移收支。转移收支从性质上分为经常转移和资本转移。经常转移构成再分配内容，资本转移则与投资相关，不构成再分配的内容。收入再分配核算是对再分配过程中各种经常性转移收支及其结果的核算。其包括下列指标：

① 现期所得税，指对当期收入征收的收入税，包括所得税、财产经常税和其他经常税。

② 社会缴款和社会福利，其中社会缴款是对各种社会保障计划所缴纳的款项，以期在未来获取社会保障福利；社会福利则包括社会保障福利和社会救济福利，前

者是与社会缴款对应存在的社会福利,后者则不与社会保障计划相联系。

③ 其他经常性转移,是指除上述转移以外的经常转移,包括保险索赔、保险费净额、罚金等。

(2) 可支配收入

可支配收入包括两项指标:一是单位(部门)可支配收入,指各机构单位或部门的原始收入加上再分配收入减去再分配支出的转移收支后的余额,反映各单位或部门参与收入初次分配和收入再分配后的最终收入总量,是该单位或部门可用于最终使用(消费和投资)的收入;二是国民可支配收入,指该国内(或地区内)各机构部门可支配收入的合计,是全社会可用于消费和储蓄的收入。

9.2.3 相关指标

从社会使用的角度看,社会总产品中的一部分被用作中间使用(包括各种原材料、燃料、动力和各种服务的消耗,其价值量是各单位用作中间消耗的产品价值之和),剩余部分主要用于最终消费、资本形成以及净出口等方面,这些都是报告期末社会产品存在的最终形式,所以称之为最终使用。中间使用的情况已在各产业活动单位的中间投入核算介绍过,这里只就最终使用的主要指标进行介绍:

1. 最终消费

最终消费指常住单位为满足物质、文化和精神生活的需要,从本国经济领土和国外购买的货物和服务的支出,不包括非常住单位在本国领土内的消费支出。参与最终消费的主体是指具有消费功能的各机构单位(部门),包括居民、政府和为居民服务的非营利机构。最终消费的客体是货物和服务等消费品,核算消费品的使用时,有必要将货物区分成耐用消费品和非耐用消费品。根据主体的性质,可以将最终消费分为居民消费和政府消费。

(1) 居民消费

居民消费是指常住住户在一定时期内对于货物和服务的全部最终消费支出。居民对于货物的最终消费支出在货物的所有权发生变化时记录,对于服务的最终消费支出在服务提供时记录。居民消费按居民支付的购买者价格计算,货物的购买者价格是购买者取得货物所支付的价格,它包括购买者支付的运输和商业费用。居民消费除了直接以货币形式购买的货物和服务的消费支出外,还包括以其他方式获得的货物和服务的消费支出,即所谓的虚拟消费支出。居民虚拟消费支出包括如下几种类型:单位以实物报酬及实物转移的形式提供给劳动者的货物和服务;住户生产并由本住户消费了的货物和服务,其中的服务仅指住户的自有住房服务和付酬的家庭雇员提供的家庭和个人服务,以及金融机构提供的金融媒介服务和保险公司提供的保险服务。

(2) 政府消费

政府消费是指政府部门为全社会提供的公共服务的消费支出和免费或以较低的价格向居民住户提供的货物和服务的净支出,前者等于政府服务的产出价值减去政府单位所获得的经营收入的价值,后者等于政府部门免费或以较低价格向居民住户提供的货物和服务的市场价值减去向住户收取的价值。

(3) 总消费

总消费是指常住单位在核算期内用于货物和服务的全部最终消费支出,包括居民消费和政府消费，前者指居民个人满足物质与文化精神生活需要的消费，后者是社会公共服务部门提供给全社会享用的消费。

2. 资本形成

资本形成是指常住单位在一定时期内获得减去处置的固定资产和存货的净额。这是一个经济的积累过程，即主要是对非金融资产的投资而形成资本的过程，资本形成的最终成果叫总投资额。资本形成的对象是非金融资产，包括有形资产和非金融无形资产。按其产生情况不同，可将非金融资产分为生产资产和非生产资产，前者是指在生产范围内作为生产过程的产出而形成的非金融资产，包括固定资产、存货和珍贵物品；后者是指通过生产之外的方式产生的非金融资产，包括土地、矿藏及非人工培育的森林，以及专利、商誉等无形资产。

资本形成过程是各机构单位通过经济交易来获得或处置生产资产的行为。资本形成的结果是各机构单位的总投资，即当期获得或处置生产资产的净额，包括固定资产形成、库存增加和贵重物品的净获得。这里的生产资产的净获得，不是为了当期的中间消耗，也不是为了当期的消费，而是当期投入和获得的为以后使用的积累准备，在宏观上是国内生产总值最终使用的一部分。资本形成总额包括下列指标：

（1）固定资本形成总额

固定资本形成总额是指生产者在一定时期内获得的固定资产减去处置的固定资产的价值总额。固定资产是通过生产活动生产出来、且使用年限在一年以上、单位价值在规定标准以上的资产，不包括自然资产。它可分为有形固定资本形成总额和无形固定资本形成总额。有形固定资本形成总额包括一定时期内完成的建筑工程、安装工程和设备工、器具购置（减处置）价值，以及土地改良、新增役、种、奶、毛、娱乐用牲畜和新增经济林木价值。无形固定资产形成总额包括矿藏的勘探、计算机软件等获得减处置。

（2）存货增加

存货增加是指常住单位在一定时期内存货实物量变动的市场价值，一般采用"差额法"计算，即期末价值减期初价值的差额，再扣除当期由于价格变动而产生的持有收益。存货增加可以是正值，也可以是负值，正值表示存货上升，负值表示存货下降。存货包括生产单位购进的原材料、燃料和储备物资等存货，以及生产单位生产的产成品、在制品和半成品等存货。

（3）土地及其他非生产资产的净购买

土地及其他非生产资产的净购买是指对土地、贵重物品、其他非生产资产的获得与处置后的净价值。

3. 净出口

货物和服务净出口指货物和服务出口减去货物和服务进口的差额。出口包括常住单位向非常住单位出售或无偿转让的各种货物和服务的价值；进口包括常住单位从非常住单位购买或无偿得到的各种货物和服务的价值。由于服务活动的提供和使用同时发生，一般把常住单位从非常住单位得到的服务作为进口，非常住单位从常住单位得到的服务作为出口。货物的出口和进口都按离岸价格计算。

4. 支出法的指标计算

从最终使用的角度来计算国内生产总值及其使用去向的方法叫支出法。用这种方法计算的国内生产总值，是指在一定时期（核算期内）全社会用于最终使用的消费、投资和净出口的价值之和。其平衡关系为：

$$国内生产总值 = 总消费 + 总投资 + 净出口$$

至此可见，国内生产总值有生产法、收入分配法和支出法等三种核算方法，分别从不同的角度反映国民经济生产活动成果，方法不同，但指标相等。即生产多少才能分配多少，而分配多少才能使用多少，这就是核算中的三面等值原理。由此可见，国内生产总值核算是围绕社会生产与使用进行的全面核算，它概括地描述从社会生产到使用的再生产过程。

第3讲 国民经济其他核算及指标

9.3.1 投入产出核算及指标

投入产出核算是对核算体内部的实物流量进行观察的核算技术，它是运用投入与产出间的平衡关系，通过编制投入产出表，建立投入产出数学模型，从数量上系统反映各部门间经济技术联系的宏观分析。对投入产出关系的核算是经济总量核算的延伸和发展，它侧重于中间产品的核算，能够提供生产活动中更为丰富、详细和全面的各类实物流量信息。

1. 投入产出的概念与核算原理

投入产出核算中的投入，是指核算期内生产社会总产品中的所有投入，包括中间投入、最初投入，两者之和就是总投入。中间投入又称为中间消耗，是国民经济各个部门在生产经营过程中所耗用的各种原材料、燃料、动力及各种服务的价值。最初投入是增加值各要素的投入，包括固定资产损耗、劳动者报酬、生产税净额和营业盈余。投入产出核算中的产出，是指核算期内社会总产品的产出及其使用去向，包括中间使用和最终使用，两者之和为总产出。中间使用是指国民经济各个部门所生产的产品被用于中间消耗的部分，最终使用指被用于最终消费、投资和出口（减进口）的部分。

国民经济各个部门在生产中是互为条件、互相依存的。一方面，任何一个部门的生产活动的投入都要消耗其他部门的产品，另一方面，每一个部门生产活动的产出都要提供给其他部门使用，因此各部门之间在投入与产出上具有错综复杂的数量依存关系。投入产出核算就是运用一系列指标、系数和模型来研究和测定各部门在产品生产和消耗之间的数量依存关系，以揭示各部门之间的直接与间接的经济技术联系。

2. 投入产出的主要指标

国民经济投入产出核算中的指标有直接消耗系数、完全消耗系数、完全需要系数、影响力系数、感应度系数、使用分配系数、最终使用结构系数、增加值结构系数等，其中直接消耗系数和完全消耗系数最为基础，现简述如下。

（1）直接消耗系数

直接消耗系数也称为直接投入系数，是指某一部门（如 j 部门）在生产经营过程中生产单位总产品将直接消耗另一部门（如 i 部门）的产品或服务的数量，它可以用 j 部门生产中对 i 部门产品的消耗量占 j 部门的总产出的比重来表示，记为 a_{ij}。这样 a_{ij} 就表示 j 部门生产单位总产品中间消耗的 i 部门产品的数量，也表示 i 部门提供给 j 部门使用的中间产品占 j 部门总产量的比重。直接消耗系数是一种结构相对数，所以 $0 \leq a_{ij} < 1$。直接消耗系数越大则说明两部门之间的直接相互依赖性越强，直接技术联系越密切；直接消耗系数越小，则说明两部门之间的直接相互依赖性越小；直接消耗系数等于零则说明两个部门之间没有直接的相互依赖关系。

（2）完全消耗系数

国民经济各部门之间的技术经济联系，除了直接联系外，还有间接联系，两者结合起来就是全部联系。直接联系可以通过直接消耗系数得以揭示，而间接联系主要通过计算完全消耗系数才能得到。完全消耗系数，通常记为 b_{ij}，是指某一部门（如 j 部门）每提供1个单位最终产品，需要直接和间接消耗（即完全消耗）各部门（如 i 部门）的产品或服务的数量。完全消耗系数是直接消耗系数和全部间接消耗系数之和。

9.3.2 资金流量核算及指标

资金流量信息由反映全社会资金运动过程的统计核算指标组成。在市场经济条件下，社会产品的实物运动与价值运动，是错综复杂地交织在一起的，构成同一经济运行过程紧密联系的两个方面。一方面通过生产投入形成产品产出，提供社会使用；另一方面创造收入，经过分配和金融交易（即以现金、信用、证券等金融资产负债为交易对象的交易活动），才能最终实现消费和投资。前述国民收入核算及投入产出核算多数是从使用价值的实物流量来反映社会产品运动的。资金流量信息则是以金融交易的价值运动形式来描述国民经济运行的。资金流量核算可系统反映社会资金的来源、利用、结构、余缺情况。这些信息是研究货币政策、管理宏观经济不可缺少的。资金流量核算的主要指标如下：

1. 初次分配总收入

初次分配指生产活动形成的收入在参与生产活动的生产要素的所有者及政府之间的分配。生产要素包括劳动力、土地、资本。劳动力所有者因提供劳动而获得劳动报酬；土地所有者因出租土地而获得地租；资本的所有者因资本的形态不同而获得不同形式的收入；借贷资本所有者获得利息收入，股权所有者获得红利或未分配利润。政府因对生产活动或生产要素征税而获得生产税或因对生产进行补贴而支付生产补贴。初次分配的结果形成各个机构部门初次分配总收入，各机构部门的初次分配总收入之和就等于国民总收入。

2. 可支配总收入

在初次分配总收入的基础上，通过经常转移的形式对初次分配总收入进行再次分配。再分配的结果形成各个机构部门可支配总收入。各机构部门的可支配总收入之和称为国民可支配总收入。

3. 总储蓄

总储蓄是指可支配总收入用于最终消费后的差额。各机构部门的总储蓄之和称为国民总储蓄。

4. 净金融投资

从实物交易角度看，净金融投资是指总储蓄加资本转移收入净额减去非金融投资后的差额。从金融交易角度看，它是金融资产增加额减去负债增加额的差额。

9.3.3 国际收支核算及指标

国际收支是指一个国家与世界其他国家（地区）之间，由于进行各种经济往来而发生的收入和支付。国际收支信息是采用复式记账的方法，通过国际收支核算，对一定时期一国与世界其他国家（地区）之间发生的贸易、非贸易和资金往来以及该国储备资产的增减变化所作的系统记录。最终以国际收支平衡表的形式系统、综合的反映国际收支平衡状况和结构，为分析产生国际收支不平衡的因素和调整的办法提供依据。我国的国际收支核算信息主要反映在国际收支平衡表和国际投资头寸表中。

1. 国际收支平衡表

国际收支平衡表反映一定时期内常住单位（居民）和非常住单位（非居民）之间发生的交易。该表是按照国际货币基金组织规定的各项原则编制的。国际收支项目的记录时间遵循权责发生制原则，以成交的市场价格作为计价基础。国际收支平衡表中的各项交易所采用的货币或价值尺度往往不同，为了便于分析和开展国际比较，必须将这些价值量折算成同一个记账单位，目前我国国际收支平衡表使用的记账单位是美元。国际收支平衡表包括四大部分，即经常账目、资本和金融项目、储备资产、净误差与遗漏。

（1）经常项目

经常项目包括货物、服务、收益和经常转移。货物是指通过我国海关进出口的货物和一些未经我国海关的转口贸易，以及商品退货等。出口记在贷方，进口记在借方。服务项的贷方表示我国对外提供上述服务获得的收入，借方表示我国接受境外提供的上述服务的支出。收益项的贷方表示我国获得的收益，借方表示我国对外支付的收益。经常转移项的贷方表示我国从国外获得的无偿转移，借方反映我国向国外提供的无偿转移。

（2）资本和金融项目

资本和金融项目包括资本项目和金融项目。借方表示资产增加或负债减少，贷方表示资产减少或负债增加。

（3）储备资产

储备资产是指我国中央银行拥有的对外资产。

（4）净误差与遗漏

净误差与遗漏是指由于资料不完整，统计时间、计价标准以及不同币种间的换算差额等原因而形成的误差与遗漏。

2. 国际投资头寸表

国际投资头寸表反映特定时点上常住单位对外金融资产和负债的存量状况，以及在一定时期内由交易、价格变化、汇率变化和其他调整引起的存量变化。我国的国际投资头寸表在记账单位和折算等核算原则上均与国际收支平衡表一致。

国际投资头寸表的主栏是资产和负债，两者之间的差额是净头寸。主栏的具体分类与我国国际收支平衡表中的资本和金融账户的标准组成部分完全一致。国际投资头寸表的宾栏反映期初和期末头寸，以及引起头寸变化的各种因素，包括交易、价格变化、汇率变化、其他调整等。

9.3.4 资产负债核算及指标

资产负债核算是以经济资产存量为对象的核算，反映某一时点上机构部门及经济总体所拥有的资产和负债的历史积累情况。期初资产负债规模和结构是当期经济活动的初始条件，经过一个核算期的经济活动（生产、分配、消费、投资、资金融通等）和非经济活动（如自然灾害、战争等）形成了期末资产负债的规模和结构。因此，资产负债核算与经济流量核算之间有着密切的联系。

1. 相关的概念

资产即经济资产，必须同时具备以下两个条件：（1）资产的所有权已经确定；（2）其所有者由于持有或使用它们而能够在目前或可预见的将来获得经济利益。不属于任何机构单位，或即使属于某个机构单位但不在其有效控制下，或不能在可预见的将来获得经济利益的自然资源，如空气、公海、部分原始森林以及在可预见的将来不具有商业开发价值的地下矿藏等，不能视为经济资产，因而不属于我国资产负债核算的范围。资产分为非金融资产和金融资产两大类，非金融资产细分为固定资产、存货和其他非金融资产；金融资产细分为国内金融资产、国外金融资产和储备资产。

负债是指一个机构单位或机构部门对其他机构单位或机构部门的债务，负债是金融债权的对应体。

资产负债差额是指某个机构单位或机构部门所拥有的全部资产减去全部负债后的差额（亦称资产净值），同时也是资产负债表的平衡项。资产大于负债用正数表示，反之用负数表示。

2. 资产负债表

我国资产负债表采用国际上通用的矩阵结构，主栏为资产和负债项目，宾栏为机构部门和经济总体，并下设使用项和来源项，其中使用项目记录资产，来源项目记录负债和资产负债差额。资产负债表的宾栏是按照机构部门分为非金融企业、金融企业、政府、住户和国外。资产负债表的主栏包括三个部分。

（1）非金融资产项目，反映国内各机构部门、经济总体的非金融资产总规模及构成情况。

（2）金融资产与负债项目，其中，国内金融资产与负债项目，反映国内各机构部门、经济总体的金融资产与负债的状况及机构部门之间的债权债务关系；国外金融资产与负债项目，反映国内各机构部门与国外部门由于资本往来和金融交易形成的资产负债存量状况；储备资产项目，反映国家对外支付能力。

（3）资产负债差额项目，反映各机构部门和经济总体的资产与负债相抵后的净值，它是各机构部门及经济总体的主要财富和经济实力的最终体现。

9.3.5 核算体系附属表及指标

附属表是对国民经济核算体系核心部分的补充，用于描述我国自然资源和资产资源、人口资源和人力资本的规模、结构与变动以及经济、资源和人口之间的相互关系，为党和政府制定、实施社会经济可持续发展战略提供科学依据。

1. 自然资源实物量核算表

自然资源是指我国境内所有自然形成的，在一定的经济、技术条件下可以被开发利用以提高人们生活福利水平和生存能力，同时具有某种"稀缺性"的实物性资源的总称。它包括土地资源、森林资源、矿产资源、水资源等，不包括人文资源（如人力、资金、市场、信息等资源）及具有自然资源和人文资源双重性质的旅游资源等。自然资源分为资源资产和非资产性自然资源。资源资产指所有权已经界定，所有者能够有效控制并能够在目前或可预见的将来产生预期经济收益的自然资源。资源资产属于经济资产范畴，包括土地资产、森林资产、矿产资产、水资产等。不具备资源资产性质的自然资源属于非资产性自然资源。

自然资源实物量核算表反映主要自然资源在核算期期初和期末两个时点的实物存量及在核算期内的变动情况。其指标有期初存量、本期增加、本期减少、调整变化和期末存量。引起本期增加或减少的因素包括自然因素、经济因素、分类及结构变化等，影响调整变化的因素主要是科技进步、核算方法变化等。表中基本指标间的关系为：期末存量＝期初存量＋本期增加－本期减少±调整变化。

2. 人口资源与人力资本实物量核算表

人口资源是指我国在特定时点内具有生命的常住"自然人"的人口数量，包括人力资源和其他人口资源，其中人力资源包括初级劳动力和人力资本。人力资本指人口资源中"自然人"具有的知识、健康、技能与能力等素质的总和，包括受教育程度、再培训水平、卫生保健状况、劳动技能与能力等。

人口资源与人力资本实物量核算表反映人口资源与人力资本在期初、期末两个时点的存量状况及在核算期内的变动情况。其指标有期初人口、本期增加人口、本期减少人口和期末人口。引起本期增加或减少的因素包括出生、死亡及迁入迁出等。根据人口与经济活动的相关关系，该表将人口的年龄分为 0～15 岁、16 岁及 16 岁以上两个基本部分。每部分突出其所受教育程度，它是构成人力资本的最主要内容。人口资源与人力资本实物量核算表分为五部分反映我国 0～15 岁人口、就业人口、失业人口、非经济活动人口、总人口的期初期末存量、结构以及变动情况。表中基本指标间的关系为：期末人口＝期初人口＋本期增加人口－本期减少人口；16 岁以及以上人口＝就业人口＋失业人口＋非经济活动人口；总人口＝0～15 岁人口＋16 岁及以上人口。

思考与应用技能训练

一、单项选择题

1. 社会再生产各环节中，处于中心环节的是（　　）。
   A. 生产　　　　B. 分配　　　　C. 流通　　　　D. 使用
2. 国民经济核算是对（　　）实行现代化管理，加强总体控制和调节的重要手段。
   A. 市场经济   B. 计划经济   C. 宏观经济   D. 中观经济
3. 国民经济核算五大核算中，属于存量核算的是（   ）。
   A. 国内生产总值 B. 投入产出核算 C. 资金流出核算 D. 资产负债核算
4. 常住单位指在一国（   ）上具有经济利益中心的经济单位。
   A. 地理领土   B. 领海   C. 领空   D. 经济领土
5. 中国新国民经济核算体系是由（   ）组成的。
   A. 基本表、会计账户和附属表
   B. 国民经济平衡表、国民经济账户和附属表
   C. 基本表和国民经济账户
   D. 基本核算表、国民经济账户和附属表

二、多项选择题

1. 国民经济核算中的资产范围不包括（   ）。
   A. 大气   B. 土地   C. 金融资产   D. 公海
2. 国民经济分配核算中，再分配方式主要有（   ）。
   A. 财政   B. 税收   C. 捐赠   D. 救济
3. 下列属于自然资源的是（   ）。
   A. 水资源   B. 森林资源   C. 人文资源   D. 旅游资源
4. 资产负债表的主栏包括（   ）等部分。
   A. 金融资产与负债项目   B. 非金融资产项目
   C. 资产负债差额项目   D. 经常项目
5. 国际收支平衡表主要包括（   ）等部分。
   A. 经常项目   B. 资本和金融项目
   C. 储备资产   D. 净误差与遗漏

三、判断题

1. 国民账户体系和物质产品平衡表体系曾是国际存在的两大核算体系。（   ）
2. 国内生产总值和国民生产总值的差别是国内净要素收入。（   ）
3. 国民经济核算的生产范围包括所有货物的生产和服务的生产。（   ）
4. 固定资产折旧是物耗转移，属于生产单位的中间投入。（   ）
5. 自然资源属于经济资产范畴。（   ）
6. 流量是指某一时期发生的量，存量是指某一时点的量。（   ）
7. 国民经济核算体系把所有常住机构单位划分为三个机构部门。（   ）
8. 国民经济核算是由国民收入演化而来的。（   ）
9. 我国新国民经济核算体系的五张基本表中，国内生产总值表是基本表的核心。（   ）
10. 国民经济账户的来源方记录收入、资产变动和资产存量。（   ）

四、简答题

1. 国民经济核算体系的作用主要表现在哪些方面?
2. 国民经济核算中,生产的范围包括哪些?
3. 何谓国民经济的基本核算单位?其基本特点是什么?
4. 什么是国内生产总值?它的实物构成是怎样的?

五、应用技能训练

1. 已知某地区 2008 年 GDP 为 2 943 亿元,支出财政收入 56 亿元,对国外支付雇员报酬 3 亿元,支付经常性转移 49 亿元,来自国外的雇员报酬 5 亿元,财产收入 76 亿元,所得税 2 亿元,其他经常性转移收入 27 亿元。请计算该地区 2008 年的国民总收入和国民可支配收入。

2. 已知某地区 2008 年的资料如下:国内总产出 4 576 亿元,中间消耗 3 190 亿元,总消费 1 401 亿元,总投资 346 亿元,出口 321 亿元,进口 298 亿元,固定资产折旧 167 亿元,劳动者报酬 997 亿元,营业盈余 287 亿元,国外净要素收入 −76 亿元。试用生产法、分配法、支出法计算该地区的国内生产总值、国民总收入、国民净收入。

模块五 统计实验

本模块主要是利用 Excel 进行统计分析和统计实验，掌握具体的实践操作技能，主要包括项目 10EXCEL 统计实践。

完成本模块的任务，需要的岗位知识要求如下：

1. 具备一定的计算机基础知识和操作技能；
2. 熟练操作 Excel 软件。

通过该模块的学习，学生应掌握如下方法和应用技能：

1. 利用 Excel 进行统计数据的整理；
2. 利用 Excel 制作统计图；
3. 利用 Excel 统计函数计算平均指标；
4. 利用 Excel 测定离中趋势；
5. 利用 Excel 计算描述统计量；
6. 利用 Excel 进行区间估计；
7. 利用 Excel 进行相关分析；
8. 利用 Excel 进行回归分析；
9. 利用 Excel 进行动态数列的统计分析；
10. 利用 Excel 进行统计指数分析；
11. 利用 Excel 进行长期趋势分析。

项目 10 Excel 统计实践

学 习 目 标

1. 了解 Excel 的统计功能；
2. 知道 Excel 中常用的统计函数。

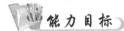

能够熟练应用 Excel 进行各种统计实验。

学生掌握了从事统计的一般岗位知识和技能后，转化为应用技能是对这门课程的最终要求。目前，常用的统计分析工具有 Excel、SPSS、SAS 等统计分析软件，Excel 统计分析功能基本能满足日常工作需要。本模块的主要任务就是通过 Excel 统计实践，使学生能熟练操作软件，掌握基本的统计实践技能。

第 1 讲 Excel 统计功能概述

10.1.1 Excel 概述

Excel 表格处理软件是美国微软公司研制的办公自动化软件 Office 中的重要成员。它能够方便的制作出各种电子表格，使用公式和函数对数据进行复杂的运算；用各种图表来表示数据直观明了；利用超级链接功能，用户可以快速打开局域网或 Internet 上的文件，与世界上任何位置的互联网用户共享工作簿文件。

Excel 提供了许多张非常大的空白工作表，每张工作表由 256 列和 65 536 行组成，行和列交叉处组成单元格，每一单元格可容纳 32 000 个字符。这样大的工作表可以满足大多数数据处理的业务需要。将数据从纸上存入 Excel 工作表中，这对数据的处理和管理发生了质的变化，使数据从静态变成动态，能充分利用计算机自动、快速的进行处理。在 Excel 中不必进行编程就能对工作表中的数据进行检索、分类、排序、筛选等操作，利用系统提供的函数可完成各种数据的分析。它的主要功能如下。

1. 数据管理

启动 Excel 之后，屏幕上显示由横竖线组成的空白表格，可以直接填入数据，就可形成现实生活中的各种表格，如学生出勤表、考试成绩表、工资表、物价表等。而表中的不同栏目的数据有各种类型，对于用户建表类似于日常习惯，不用特别指定，Excel 会自动区分数字型、文本型、日期型、时间型、逻辑型等。对于表格的编辑也非常方便，可任意插入和删除表格的行、列或单元格；对数据进行字体、大小、颜色、底纹等修饰。

2. 制作图表

Excel 提供了 14 类 100 多种基本的图表，包括柱形图、饼图、条形图、面积图、折线图、气泡图以及三维图。图表能直观的表示数据间的复杂关系，同一组数据用不同类型图表表示也很容易改变，图表中的各种对象如：标题、坐标轴、网络线、图例、数据标志、背景等能任意的进行编辑，图表中可添加文字、图形、图像，精心设计的图表更具说服力。利用图表向导可方便、灵活的完成图表的制作。

3. 数据网上共享

Excel 为我们提供了强大的网络功能，用户可以创建超级连接获取互联网上的共享数据，也可将自己的工作簿设置成共享文件，保存在互联网的共享网站中，让世界上任何一个互联网用户分享。

10.1.2 Excel 常用的统计函数

在 Excel 中大约有 200 个工作表，分为常用函数、财务函数、日期与时间函数、数学和三角函数、统计函数等 11 个模块。其中，统计函数模块中有 78 个统计函数，如图 10-1 所示。

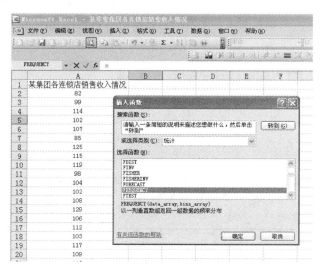

图 10-1 Excel 统计函数

常用的统计函数有：

（1）Sum：返回某一单元格区域中所有数字之和；

（2）Average：计算所有参数的算术平均值；

（3）Sumif：根据指定条件对若干单元格、区域或引用求和；

（4）Max：返回数据集中的最大数值；

（5）Count：返回数字参数的个数，它可以统计数组或单元格区域中含有数字的单元格个数；

（6）Min：返回给定参数表中的最小值；

（7）Median：返回给定数值集合的中位数，是一个位置测量函数；

（8）Countif：统计某一区域中符合条件的单元格数目；

（9）Frequency：以一列垂直数组返回某个区域中数据的频率分布；

（10）Harmean：返回数据集合的调和平均值；

（11）Mode：返回在某一数组或数据区域中出现频率最多的数值，是一个位置测量函数；

（12）StDev：估算总体的标准偏差，样本为总体的子集；

（13）StDevp：计算总体的标准偏差，汇总的所有数据为总体；

（14）Var：估计总体方差，样本为总体的子集；

（15）Varp：计算总体的方差，汇总的所有数据为总体；

（16）Normsinv：返回正态分布的区间点，进行区间估计使用；

（17）Correl：返回两组数值的相关关系，计算相关系数时使用。

其他统计函数还可以在 Excel 软件中学习了解，在此不一一介绍了。

第2讲　Excel 统计实践

10.2.1　利用 Excel 进行统计数据的统计和整理

本次实训内容，主要针对 Excel 表格的数据统计和已有数据的搜集与整理。

1. 数据排序

以项目3【例3.1】为例，对营业额进行排序。

82	102	125	98	108	112	109	108	87	125
99	107	115	104	129	103	116	116	105	113
114	85	119	102	106	117	93	111	107	123

首先，选定进行排序的区域 A2：A31，然后在菜单栏中选定"数据"菜单中子菜单中的"排序"命令，按升序排序。如图 10-2 所示。

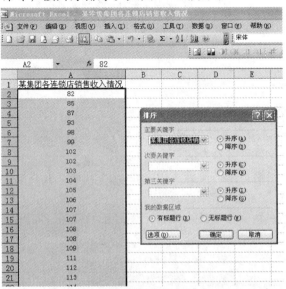

图 10-2　某零售集团各连锁店营业额排序图

2. 数据分组

数据分组通常用 Frequency 函数。

Frequency 函数用途：以一列垂直数组返回某个区域中数据的频率分布。

语法：Frequency（data_array，bins_array）

data_array 为一数组或对一组数值的引用，用来计算频率。如果 data_array 中不包含任何数值，函数 Frequency 返回零数组。

例如：使用函数 Frequency 可以计算在给定的分数范围内测验分数的个数。由于函数 Frequency 返回一个数组，所以必须以数组公式的形式输入。

我们还是以上例数据为例用 Excel 进行数据分组。

根据分配数列的编制方法，对上例的资料编制成以营业额为分组标注，以 10 百万元为组距的分配数列。

第一步，在图 10-2 的基础上，在 B1 单元格输入"分组"，在 C1 单元格输入"频数"标识。

第二步，在 B2：B6 单元格依次输入 90、100、110、120、130，分别表示营业额在 90 百万元以下，90 百万～100 百万元，100 百万～110 百万元，110 百万～120 百万元，120 百万～130 百万元。

第三步，选定 C2：C6 区域，然后在"插入"菜单中打开"函数"命令，在对话框中找到"统计"项中的"Frequency"函数，然后单击"确定"按钮，出现"频数分布"对话框。

第四步，在"频数分布"对话框在数据区域（data-array）内输入"A2：A31"，在数据接受区间（bins-array）内输入"B2：B6"，这时可以在对话框中相应地看到"3，3，11，9，4"。此时不能直接单击"确定"按钮，应该按住"Ctrl + Shift"组合键，同时敲击回车键，就可以得出各组的频数。如图 10-3、图 10-4 所示。

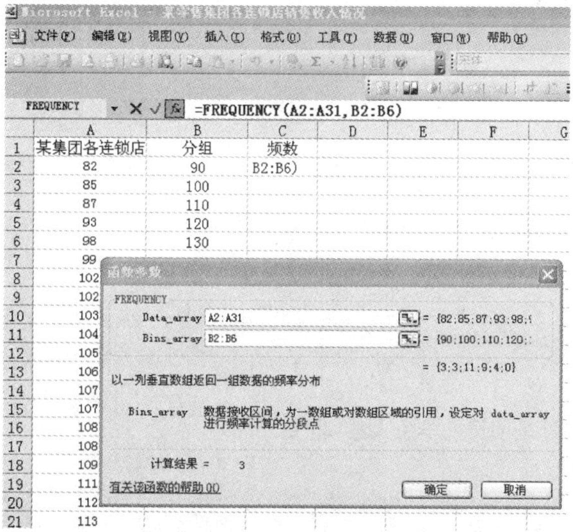

图 10-3　各零售店频数分布情况计算图

图 10-4　各零售店频数分布情况

3. 函数法

如果统计时涉及的单元格区域很大，有上百条记录，直接统计时需要滚动屏幕才能选定单元格区域，这时最好使用函数。用于统计的常用函数有 Count、CountA、CountBlank 和 CountIf，它们的功能分别是：Count 用于计算数组或单元格区域中数字项的个数；CountA 用于计算数组或单元格区域中数据项的个数；CountBlank 用于计算指定单元格区域中空白单元格的数目；CountIf 用于计算给定区域内满足特定条件的单元格的数目。其中，CountIf 函数最常用，其语法为 CountIf（Range，Criteria），其中"Range"为需要计算其中满足条件的单元格数目的单元格区域，"Criteria"为确定哪些单元格将被计算在内的条件，其形式可以为数字、表达式或文本。例如，条件可以表示为"397"、">397"、"男"、"团员"等。

例如，某高校某班级共44人，具体资料见图10-5。根据相关标志进行统计。

（1）统计班级团员人数。

第一步，打开"插入"栏里面的"函数"功能，找到"统计"栏中 CountIf 函数；

第二步，输入"=CountIf（E2：E43，团员）"，具体方法见图10-5。

图10-5　统计是团员的学生人数

（2）统计城市往届生人数。

第一步，打开"插入"栏里面的"函数"功能，找到"统计"栏中 CountIf 函数；

第二步，输入"=CountIf（D2：D43，城市往届）"，具体方法见图10-6。

（3）F列为成绩，统计大于400分的人数，需要输入"=CountIf（F2：F45，

>400)",见图10-7。

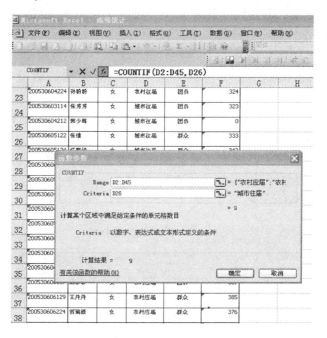

图10-6 统计是城市往届生的学生人数

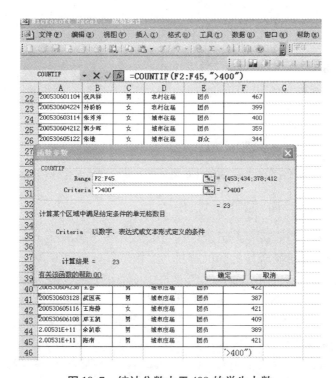

图10-7 统计分数大于400的学生人数

4. 透视表法

在统计工作中常常遇到需要统计的记录很多、而且需要统计的项目也很多的情况。例如，统计各个年级中来自不同地区的不同类别的学生的人数，这时如果我们使用前两种方法统计，很显然工作量太大。如何快速高效完成任务呢？使用 Excel 的数据透视表功能可以快捷准确地完成统计任务。

例如，在上面例题数据基础上在数据区域 G2：G45 为每个学生添加地区，G 列为"地区"。要求按地区统计不同地区不同考生类别的数量，具体操作步骤如下：

把光标放在数据区域内，单击"数据"菜单中的"数据透视表和图表报告"命令，按"数据透视表和数据透视图向导—3 步骤之 1、2、3"三个步骤提示进行操作，待出现数据透视表工具条后，将数据透视表工具条上的"身份类别"添加到"列区域"，将"地区"添加到"行区域"，系统将自动统计出不同地区不同考生类别的数量，具体如图 10-8 所示。

图 10-8　用透视表法统计不同地区不同类别的考生分布情况

10.2.2　利用 Excel 制作统计图

例如，某地区各产业历年产值统计资料如图 10-9 所示。

第一步，选定要绘制统计的图的资料，本例用鼠标选定 B、C、D 三列数据，作为绘图的依据。然后，单击"插入"工具栏中的"图表"一栏，屏幕弹出"图表向导—4 步骤之 1—图表类型"，如图 10-10 所示。

第二步，在"4 步骤之 1"对话框中，有标准类型和自定义类型两个选项。本例选标准类型的柱形图中的三维簇形柱状图，也可以根据自己的需要决定选择哪一种图形。操作完成后，点击"下一步"按钮进入"图表向导—4 步骤之 2—图表源数据"，如图 10-11 所示。

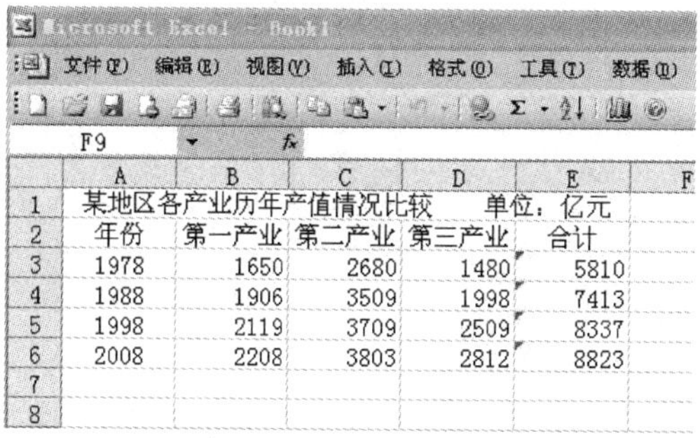

	A	B	C	D	E	F
1	某地区各产业历年产值情况比较			单位：亿元		
2	年份	第一产业	第二产业	第三产业	合计	
3	1978	1650	2680	1480	5810	
4	1988	1906	3509	1998	7413	
5	1998	2119	3709	2509	8337	
6	2008	2208	3803	2812	8823	
7						
8						

图 10-9　某地区各产业产值情况

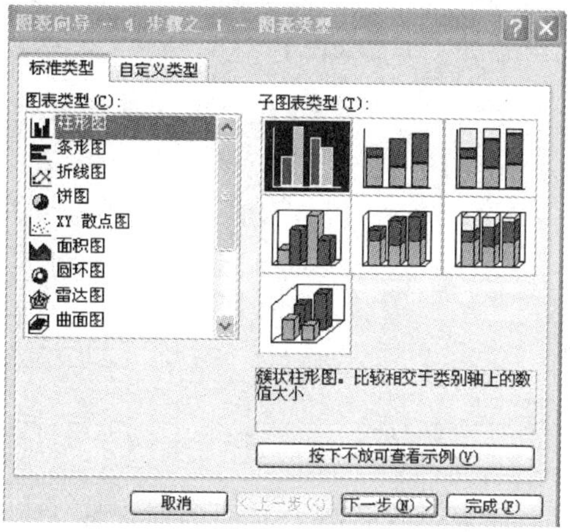

图 10-10　“4 步骤之 1”对话框

第三步，在“数据区域”选项中，可以直接用鼠标选中图 10-9 表格 B、C、D 的数据区，在“系列”中可以根据要求修改。例如：将系列一改名称为“第一产业”，以次类推；分类（X）轴标志（T）可以用鼠标选中图 10-9 表格中的年份，输出结果如图 10-11。第三步操作完成后，点击“下一步”按钮，即进入“图表向导—4 步骤之 3—图表选项”。

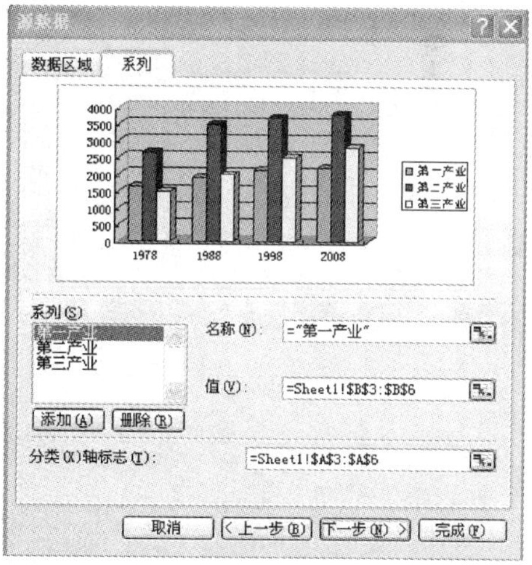

图 10-11　“4 步骤之 2”对话框

第四步，在“图表向导—4 步骤之 3—图表选项”对话框，列有标题、坐标轴、网格线、图例、数据标志、数据表六个选项。根据需要分别打开这个六个选项填写相关内容。例如，标题栏我们可以填写标题“某地区历年三产业产值情况”、X 轴为“年份”。其他选项就不一一说明了。六个选项全部操作完成后，见图 10-12，点击“下一步”按钮，进入“图表向导—4 步骤之 4—图表位置”。

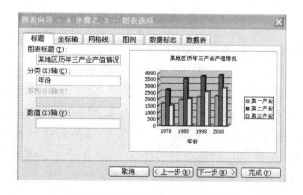

图 10-12　“4 步骤之 3”对话框

第五步，在"图表向导—4步骤之4—图表位置"对话框中，确定图表以什么方式显示。见图 10-13。

图 10-13 "4 步骤之 4"对话框

本例选择"作为其中的对象插入"。最后点击"完成"按钮，将绘成的图表嵌入工作表中，结束操作。本例绘成的图表如图 10-14 所示。

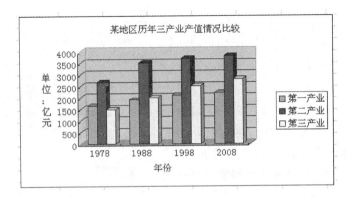

图 10-14 某地区历年三产业产值情况比较柱形图

其他统计图的制作，参考柱形图的制作方法和步骤。

10.2.3 利用 Excel 统计函数计算平均指标

平均指标的计算，主要包括算术平均数、调和平均数、几何平均数、众数和中位数等五种。

1. 算术平均数（Arithmetic Mean）

Excel 中求算术平均数是通过调用 Average 统计函数来实现的。调用 Average 函数的方式较多。

例如，假设某公司 8 名销售员的 11 月份销售额（单位：万元）分别为：11、11、14、16、11、9、18、17，如图 10-15 所示，其第一种办法是将鼠标图形✥选择在数据列末尾的第一个空单元格 A10 上，单击"常用"工具栏中的函数按钮 fx 或从"插入"菜单中选择"函数"项。在弹出的对话框"选择类别"列表中选择"统计"，在"选择函数"中选择 Average，进入"函数参数"对话框，就会自动出现下列结果，见图 10-15。显示出的 13.375 万元就是所求的算术平均值，如果"确定"后退出，它同时也会显示在原所选的 A10 单元格内。

图 10-15　求算术平均数示意图一

求算术平均数的第二种办法是：首先，仍是用鼠标图形✥选定空单元格 A10，然后从自动求和工具按钮∑▼的下拉项中选择"平均值"，这时，矩形框就会将所有的数据套住，并在选定的 A10 单元格上出现 Average 函数和计算的区域，按键盘上的回车键，就求出了平均值，即 13.375 万元。如图 10-16 所示。

求算术平均数的第三种办法，是在 Excel 工作表上单击任一空单元格并输入"＝AVERAGE（A2：A9）"，然后按回车键即可。

图 10-16　求算术平均数示意图二

2. 调和平均数（Harmonic Mean）

求调和平均数是通过调用 Harmean 统计函数来实现的。

例如，某农贸市场三种不同水果的价格分别为 1.2 元/kg、1.5 元/kg、2 元/kg，如果每种水果各买 6 元钱，计算所买水果的平均价格。

第一种办法是，将鼠标图形✥选定在数据列最后的第一个空单元格 A4 上，单击"常用"工具栏中的函数按钮 fx 或从"插入"菜单中选择"函数"项。在弹出的对话框"选择类别"列表中选择"统计"，在"选择函数"中选择 Harmean 进入"函数参数"对话框，会自动出现下列结果，如图 10-17 所示，显示的 1.5 就是所求的调和平均数。按"确定"退出，1.5 也会同时显示在所选的 A4 单元格中。

求调和平均数的另一种办法是，单击任一空单元格并输入"＝HARMEAN（A1：A3）"，然后按回车键即可。

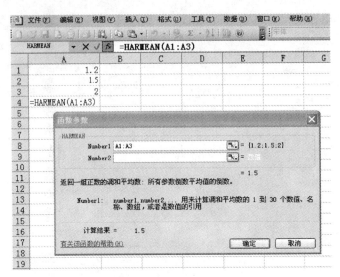

图 10-17　求调和平均数示意图

3. 几何平均数（Geometric Mean）

几何平均数是通过调用 Geomean 统计函数来实现的，其他与调和平均数的计算步骤完全一样。

例如，某机械厂有毛坯车间、粗加工车间、精加工车间、装配车间四个流水连续作业的车间，某月份第一车间制品合格率为95%，第二车间合格率为92%，第三车间合格率为90%，第四车间合格率为85%，计算四个车间平均产品合格率。如图 10-18 所示，计算结果为 90.43%。

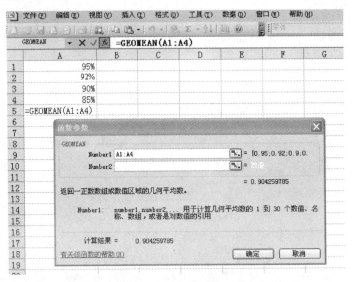

图 10-18　求几何平均数示意图

4. 众数（Mode）和中位数（Median）

位置平均数中的众数和中位数是分别通过调用 Mode 和 Median 函数来实现的，其实现方式与上述三个数值平均指标的计算步骤完全一致。

例如，某班组 11 人 1 月份生产零件个数分别为：109、111、124、122、117、108、118、116、115、113，求中位数。计算过程见图 10-19，中位数为 115.5。

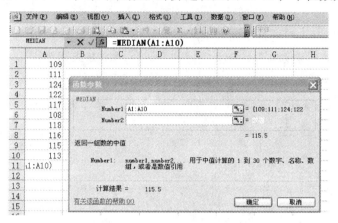

图 10-19　求中位数示意图

10.2.4　利用 Excel 测定离中趋势

测定离中趋势的指标在我国被称为变异指标，它主要包括极差、平均差、标准差、异众系数、离散系数、四分位差、百分位差以及偏度和峰度等。在 Excel 中以函数形式给出的只有平均差、标准差、偏度和峰度。此外还给出了最大值、最小值、四分位数、百分位数和离差平方和等的计算函数，它们虽不是变异指标，但与其直接相关，在这里一并做简单介绍。

1. 平均差（Average Deviation）

采用与计算集中趋势指标相同的过程，调用 Avedev 统计函数。

例如，某学习小组 6 名学生的统计学成绩分别为：80、82、89、78、88、87。计算出平均差 A.D.=4 分，如图 10-20 所示。

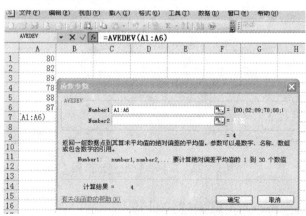

图 10-20　求平均差示意图

2. 标准差（Standard Deviation）和方差（Variance）

标准差和方差是现代统计中数据离散程度的最重要的测量指标，其具体计算要分为总体和样本两种情况。对总体而言，计算公式的分母为总体单位总量（即数据的个数）；而对样本而言，计算公式的分母为变量的自由度（即样本容量或数据的个数减去1）。

仍以上例学习小组统计学的考试成绩的标准差和方差计算为例，若将分数值作为总体数据来看，则应调用 Stdevp 统计函数，其调用方法和过程与平均差的计算相同，结果见图10-21。

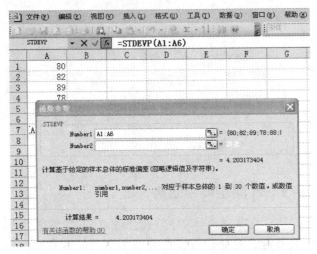

图10-21　求总体标准差示意图

该结果正是第一组考试成绩的标准差 $\sigma = 4.20$ 分。而如果将分数值视作样本，则调用的统计函数是 Stdev，得到的结果为 $S = 4.60$ 分，见图10-22。

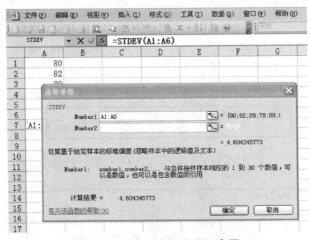

图10-22　求样本标准差示意图

10.2.5　利用 Excel 计算描述统计量

在前面项目中，我们介绍了测度数据集中趋势和离散程度的常用统计量，在本试验中，将展示如何用 Excel 来计算这些统计量。为了说明方便，假定已将50个数据输入到 Excel 工作表的 A1：A50 单元格中。下面给出用 Excel 计算这些数据描述统计量的具体步骤。

表 10-1　分析用数据列表

117	122	124	129	139	107	117	130	122	125
108	131	125	117	122	133	126	122	118	108
110	118	123	126	133	134	127	123	118	112
112	134	127	123	119	113	120	123	127	135
137	114	120	128	124	115	139	128	124	121

第一步，选择"工具"下拉菜单，选择"数据分析"选项。"数据分析"一项的安装方法如图 10-23 所示，需用 Office 安装盘。先选择"工具"菜单，选择"加载宏"功能选项，在对话框内选中"分析工具库"后，点击"确定"即可。

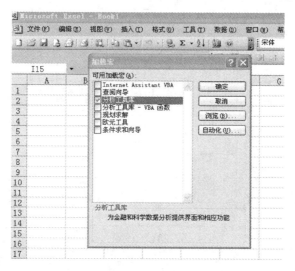

图 10-23　"数据分析"功能安装

第二步，在分析工具中选择"描述统计"。

第三步，当出现对话框时，在"输入区域"方框内键入 A1：A50；在"输出选项"中选择输出区域（在此选择"新工作表"）；然后选择"汇总统计"（该选项给出全部描述统计量）；最后选择"确定"。如图 10-24 所示。

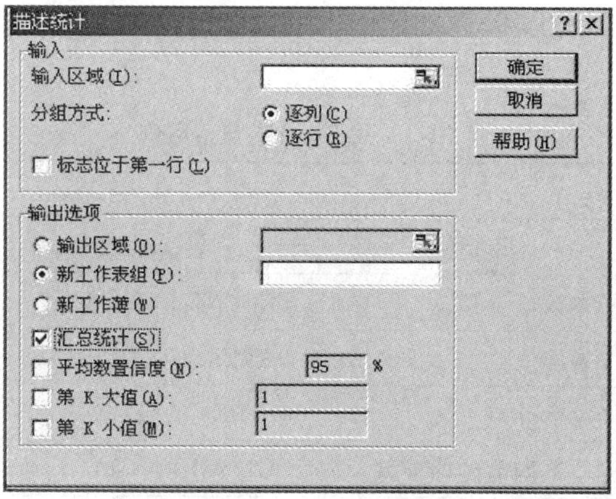

图 10-24　参数设置

表 10-2 是 Excel 输出的描述统计量计算结果。

表 10-2　结果列表及说明

Excel 2002 输出名称	Excel 2002 输出结果	说　　明
平均	122.98	
标准误差	1.135 149 006	
中值	123	中位数
模式	122	众数
标准偏差	8.026 715 596	
样本方差	64.428 163 27	
峰值	−0.408 713 596	
偏斜度	9.944 68E−05	偏移度
区域	32	极差
最小值	107	
最大值	139	
求和	6 149	
计数	50	
最大（1）	139	
最小（1）	107	
置信度（95.0%）	2.281 165 949	

10.2.6　利用 Excel 进行区间估计

用 Excel 的函数工具以及使用者自己输入公式等组合方式，可以构造出专门用于区间估计的 Excel 工作表格。下面结合一个例子说明具体的操作步骤。

例如，某零件加工企业生产一种螺丝钉，对某天加工的零件每隔一定时间抽出一个，共抽取 12 个，测得其长度（单位：mm）数据如附表中的 A2：A13。假定零件长度服从正态分布，试以 95% 的置信水平估计该企业生产的螺丝钉平均长度的置信区间。

表 10-3　用 Excel 求置信区间

	A	B	C	D
1	样本数据	计算指标	计算公式	计算结果
2	10.94	样本数据个数	=COUNT（A2：A13）	12
3	11.91	样本均值	=AVERAGE（A2：A13）	11.074167
4	10.91	样本标准差	=STDEV（A2：A13）	0.272746
5	10.94	样本平均值的标准差	=C4/SQRT（C2）	0.078735

续表

	A	B	C	D
6	11.03	置信水平	=0.95	0.95
7	10.97	自由度	=C2-1	11
8	11.09	t 值	=TINV（1-C6,C7）	2.200986
9	11.00	误差范围	=C8*C5	0.173294
10	11.16	置信下限	=C3-C9	10.900872
11	10.94	置信上限	=C3+C9	11.2474610
12	11.03			
13	10.97			

为构造区间估计的工作表，我们应在工作表中输入下列内容：A 列输入样本数据，B 列输入变量名称，C 列输入计算公式。

（1）本表 D 列为 C 列的计算结果，当输入完公式后，即显示 D 列结果。

（2）对于不同的样本数据，只要输入新的样本数据，再对 C 列公式中的样本数据区域进行修改，置信区间就会自动给出。如果需要不同的置信水平，填入相应的数值即可。

我们有 95% 把握认为该企业生产的螺丝钉的平均长度在 10.900 872～11.247 461 mm 之间。

正态总体 σ^2 已知，总体均值的区间估计。σ^2 已知时采用正态分布统计量构造置信区间，此时不用计算样本标准差，直接使用总体标准差；B8 单元格改为 Z 值；C8 单元格改为"=NORMSINV((1-C6)/2)"即可。

10.2.7 利用 Excel 进行相关分析

研究现象之间相关程度时最常用的指标为相关系数。在测定相关系数时有两种方法："相关系数"函数法和"相关系数"工具法。

例如，2007 年国内 10 个饮料生产厂家广告费用和销售量情况如下，分别采用"相关系数"函数与"相关系数"工具对两者进行相关分析。

表 10-4 广告费用与销售量表

广告费用（万元）	120	67.8	101.2	76.8	8.7	1.1	22.2	1.9	5.6	1.8
销售量（万箱）	35.9	21	16.4	13.9	7.9	7.3	5.8	4.7	4.5	4.6

1. 函数法计算相关系数

函数法求相关系数用到的函数为 Correl 函数。实现步骤如下：

第一步，单击任意一个空白单元格，本例中选定 E5；单击"插入"菜单，选择"函数"选项（如图 10-25），弹出"插入函数"对话框；在对话框的"选择类别"中选择"统计"选项，在下方的"选择函数"中选择"Correl"函数，单击"确定"，出现 Correl 对话框。如图 10-26 所示。

图 10-25　选择函数

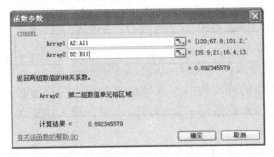

图 10-26　"函数参数"对话框

第二步,在"Correl"对话框中的"Array1"和"Array2"框中分别输入需要进行相关分析的两组数据所在的单元格区域(如图 10-26 所示)。在对话框的下方即显示出计算结果。

第三步,单击"Correl"对话框的"确定"选项,在已选定的 E5 单元格中即可显示出本例需计算的相关系数。

2. 相关系数工具计算相关系数

第一步,单击"工具"菜单,选择"数据分析"(如图 10-27 所示),在"数据分析"对话框列表中选择"相关系数",单击"确定",打开"相关系数"对话框(如图 10-28 所示)。

第二步,在"相关系数"对话框中的"输入区域"框中输入分析数据所在的单元格区域。分组方式中说明输入区域中的数据是按行还是按列排列的。若输入区域中的数据包含了列或行的名称,则选择"标志位于第一行"复选框。在"输出选项"对话框中可以指定结果的输出去向。输出去向有三种,可以在"输出区域"中指定输出单元格,也可以选择"新工作表"或"新工作簿",将分析结果输出到新工作表或新工作簿当中。

图 10-27　"数据分析"对话框

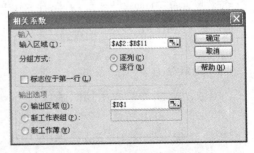

图 10-28　"相关系数"对话框

第三步，单击"确定"，输出结果即显示在输出区域当中的指定位置（如图 10-29 所示）。广告费用和销售量的相关系数通过以上两种方法的分析结果相同，都为 0.8923。

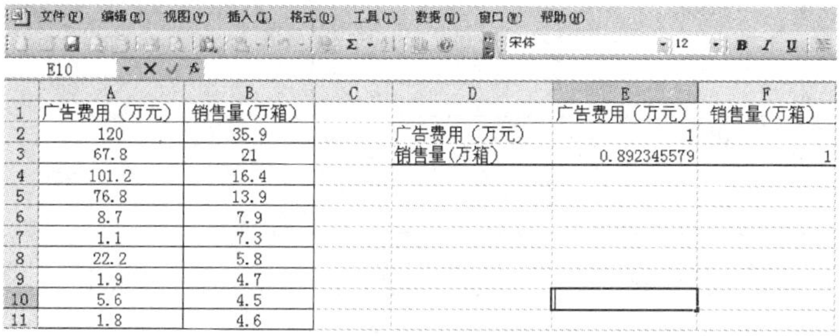

图 10-29 相关系数输出结果

10.2.8 利用 Excel 进行回归分析

通过相关分析可以研究客观现象之间的相关方向和相关密切程度，但相关分析不能说明现象之间因果的数量关系。因此，为了说明现象间的具体数量变动关系，当其间存在显著的相关关系时，可以配合一定的数学模型进行回归分析。

例如，根据上例中 2007 年国内 10 个饮料生产厂家广告费用和销售量情况的资料，对广告费用和销售量进行回归分析。

第一步，单击"工具"菜单，选择"数据分析"，在"数据分析"对话框列表中选择"回归"，单击"确定"，打开"回归"对话框（如图 10-30 所示）。

第二步，将因变量所在区域填在"回归"对话框中的 Y 值输入区域，将自变量所在区域填在 X 值输入区域中。

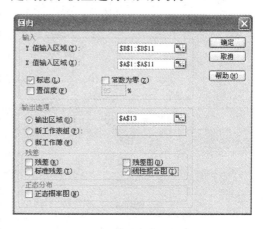

图 10-30 "回归"对话框

输入选项中其他复选框说明：若输入区域中的数据包含了列或行的名称，则选择"标志"复选框；若要求回归直线过原点，则选中"常数为零"复选框；若要求输出置信度，则选中"置信度"复选框。

输出选项中输出去向有三种，可以在"输出区域"中指定输出单元格，也可以选择"新工作表"或"新工作簿"，将分析结果输出到新工作表或新工作簿当中。

第三步，单击"确定"，输出结果即显示在输出区域当中的指定位置（如图 10-31 所示）。本例中，回归方程为 $\hat{y} = 4.26 + 0.20x$

10.2.9 利用 Excel 进行动态数列的统计分析

1. 计算时期指标动态数列的平均数

例如，表 10-5 为我国 2000—2005 年的社会固定资产投资额。

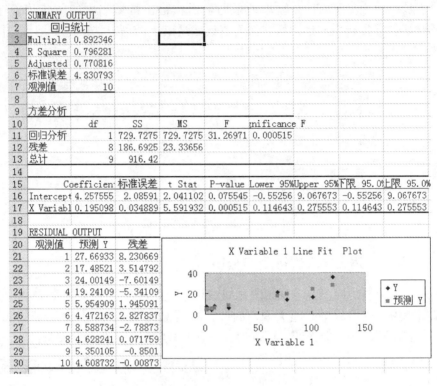

图 10-31　回归分析输出结果

表 10-5　2000—2005 年社会固定资产投资额

单位：亿元

年　份	社会固定资产投资额
2000	32 917.7
2001	37 213.5
2002	43 499.9
2003	55 566.6
2004	70 477.4
2005	88 773.6

要求：利用简单算术平均法计算各年平均全社会固定资产投资。操作步骤如下：

第一步，打开一个 Excel 空白工作表，将上表中的资料按列填制到工作表中，表的右边添加一列，用以计算年平均全社会固定资产投资。

第二步，计算年平均全社会固定资产投资。方法为：在"C7"单元格中输入公式"=AVERAGE（B2：B7）"，计算出年平均全社会固定资产投资。适当修正小数点和格式，完成全部操作。计算结果如图 10-32 所示。

2. 计算间隔相等时点指标动态数列的平均数及相对数动态数列的平均数

例如，以表 10-6 的数据为例。要求：对某生产企业第二季度技工的平均水平及技术人员占全员人数比重的平均水平进行分析。

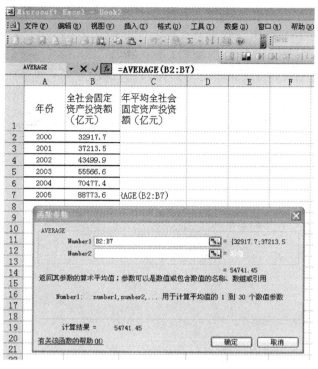

图 10-32　2000—2005 年全社会年平均固定资产投资额计算图

表 10-6　某企业 2008 年工人统计资料

单位：人

时　间	3月末	4月末	5月末	6月末
技工人数	360	410	480	560
其他人数	310	330	360	410
合　计	670	740	840	970

第一步，编制计算表。根据数据资料，在空白工作表中编制计算工作表。除资料栏外，再增加三列，一列是该企业第二季度平均技工人数，另两列是该企业第二季度平均全员人数及技工占全员人数的平均频率。

将该企业 3～6 月技工人数、全员人数及技工占全员人数频率填入表中，见图 10-33。

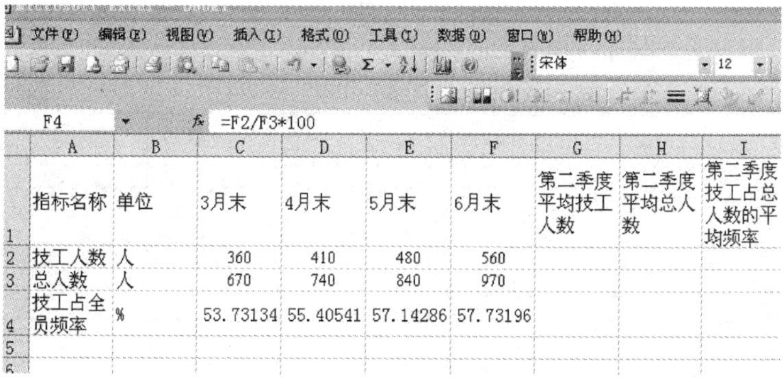

图 10-33　频率及相关数据资料图

第二步，计算第二季度平均技工人数及平均全员人数。操作方法：在 G2 单元格中输入公式"=ROUNDUP(((SUM(D2：E2)+C2/2+F2/2)/3)，0)"，确定后（点击 Enter）计算出第二季度平均技工人数；在 H3 单元格中输入公式"=ROUNDUP(((SUM(D3：E3)+C3/2+F3/2)/3)，0)"，确定后（点击 Enter）计算出第二季度平均全员人数。该公式使用了两个函数嵌套的方式，函数"ROUNDUP()"是将计算结果向上进位，第二个参数为 0，表示保留到整数。

第三步，计算第二季度技工人数占全员人数的平均比重。操作方法：在"I4"单元格中输入公式"=G2/H3"，确定后即完成该企业第二季度技工占全员人数的平均比重的计算。

具体计算过程见图 10-34。

图 10-34　各种平均水平的计算过程图

第四步，适当调整各单元格的数字和表格边框线的格式及小数点位数，并对该企业技工人数占全员人数比重增长的主要原因进行分析。

从计算结果表中的数据可看出，该企业技工人数占全员人数的比重是逐月增加的，其主要原因是在各月全员人数增加的同时，该企业有意识地在逐步调高技工占全员人数的比重，说明该企业越来越重视科学技术在生产中的重要作用。

3. 用 Excel 进行动态数列发展速度的计算分析

例如，表 10-7 资料为某地区 2003—2008 年间外商在该地区的投资情况。要求根据该表的资料计算某地区在 2003—2008 年间利用外资的如下分析指标：（1）逐期和累计增长量、全期平均增长量；（2）定基和环比发展速度、定基和环比增长速度；（3）增长 1% 绝对值；（4）年平均发展速度和平均增长速度。

表 10-7　某地区 2003—2008 年外商投资情况

单位：百万元

年　份	2003	2004	2005	2006	2007	2008
外商投资额	890	1 024	1 346	1 650	2 050	2 380
逐期增长量	—	134	322	304	400	330
累计增长量	—	134	456	760	1 160	1 490

具体操作步骤如下：

第一步，编制计算工作表。打开一张空白的 Excel 表格，将该省利用外资的数据资料填入表格。

第二步，计算逐期增长量。在 C3 单元格中输入计算公式"= C2 - B2"，确认后向右填充到 G3 单元格，计算出逐期增长量。

第三步，计算累计增长量。在 C4 单元格中输入计算公式"= B4 + C3"，确认后向右填充到 G4 单元格，计算累计增长量。

第四步，计算环比发展速度。在 C5 单元格中输入计算公式"= C2/B2"，确认后向右填充到 G5 单元格，计算出环比发展速度，并将单元格格式调整为保留两位小数的百分比形式。

第五步，计算定基发展速度。在 B6 单元格中输入计算公式"= B2/MYMBMYM2"，确认后向右填充到 G6 单元格，计算出定基发展速度，并调整为保留两位小数的百分比。

第六步，计算环比增长速度。在 C7 单元格中输入计算公式"= C5 - 100%"，确认后向右填充到 G7 单元格，计算出环比增长速度，并调整为保留两位小数的百分比。

第七步，计算定基增长速度。在 C8 单元格中输入计算公式"= C6 - 100%"，确认后向右填充到 G8 单元格，计算出定基增长速度，并调整为保留两位小数的百分比。

第八步，计算增长 1% 绝对值。在 C9 单元格中输入计算公式"= B2/100"，确认后向右填充到 G9 单元格，计算出增长 1% 绝对值。

第九步，计算年平均增长量。在 B10 单元格中输入计算公式"= G4/5"，确认后即计算出年平均增长量。

第十步，计算年平均发展速度。在 B11 单元格中输入计算公式"= POWER((G2/B2，1/5))"，计算出年平均发展速度，并调整为保留两位小数的百分比。

第十一步，计算年平均增长速度。在 B12 单元格中输入计算公式"= B11 - 100%"，计算出年平均增长速度，并调整为保留两位小数的百分比。

部分计算结果见图 10-35。

	A	B	C	D	E	F	G
1	指标	2003	2004	2005	2006	2007	2008
2	外商投资额（百万元）	890	1024	1346	1650	2050	2380
3	逐期增长量（百万元）	—	134	322	304	400	330
4	累计增长量（百万元）	—	134	456	760	1160	1490
5	环比发展速度		1.150562	1.314453	1.225854	1.242424	1.160976
6	定基发展速度	100%	1.150562	1.51236	1.853933	2.303371	2.674157
7	环比增长速度						
8	定基增长速度						
9	增长1%的绝对值（百万元）						
10	全年平均增长量（百万元）						
11	年平均发展速度	1.2174115					
12	年平均增长速度	=B11-1					
13							

图 10-35　动态数列发展速度的计算分析图

10.2.10 利用 Excel 进行统计指数分析

Excel 在统计指数分析中的应用，主要使用输入公式的方法结合填充柄功能进行操作。

1. 利用 Excel 计算总指数

例如，图中是某企业甲、乙、丙三种产品的生产情况，以基期价格 p 作为同度量因素，计算生产量指数。如图 10-36 所示。

图 10-36　用 Excel 计算总指数资料及结果

计算步骤：

第一步，计算各个 p_0q_0：在 G2 中输入"＝C2＊D2"，并用鼠标拖曳将公式复制到 G2：G4 区域。

第二步，计算各个 p_0q_1：在 H2 中输入"＝C2＊F2"，并用鼠标拖曳将公式复制到 H2：H4 区域。

第三步，计算 $\sum p_0q_0$ 和 $\sum p_0q_1$：选定 G2：G4 区域，单击工具栏上的"Σ"按钮，在 G5 出现该列的求和值。选定 H2：H4 区域，单击工具栏上的"Σ"按钮，在 H5 出现该列的求和值。

第四步，计算生产量综合指数 $Iq = \sum p_0q_1 / \sum p_0q_0$：在 C6 中输入"＝H5/G5"便可得到生产量综合指数

注意：在输入公式的时候，不要忘记等号，否则就不会出现数值。

2. 利用 Excel 计算平均指数

现以生产量平均指数为例，说明加权算术平均法的计算方法。

例如，图中的 A1：A4 区域内是某企业生产情况的统计资料，我们要以基期总成本为同度量因素，计算生产量平均指数。如图 10-37 所示。

计算步骤：

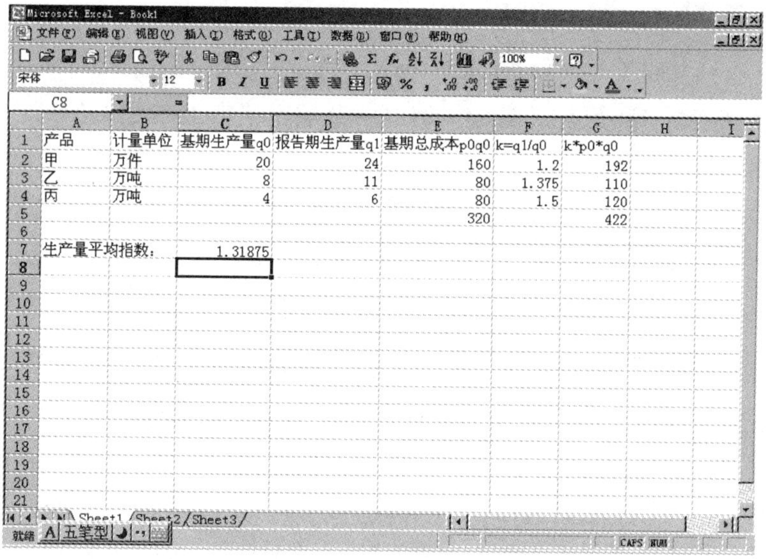

	A	B	C	D	E	F	G
1	产品	计量单位	基期生产量q0	报告期生产量q1	基期总成本p0q0	k=q1/q0	k*p0*q0
2	甲	万件	20	24	160	1.2	192
3	乙	万吨	8	11	80	1.375	110
4	丙	万吨	4	6	80	1.5	120
5					320		422
7	生产量平均指数:		1.31875				

图 10-37　用 Excel 计算平均指数资料及结果

第一步，计算个体指数 $k=q_1/q_0$：在 F2 中输入“ = D2/C2”。并用鼠标拖曳将公式复制到 F2：F4 区域。

第二步，计算 $k\times p_0q_0$ 并求和。在 G2 中输入“ = F2 * E2”并用鼠标拖曳将公式复制到 G2：G4 区域。选定 G2：G4 区域，单击工具栏上的：“ $\sum$ ”按钮，在 G5 列出现该列的求和值。

第三步，计算生产量平均指数：在 C7 中输入“ = G5/E5”即得到所求的值。

3. 利用 Excel 进行因素分析

我们还用上面的例子，有关资料如图 10-38 所示。

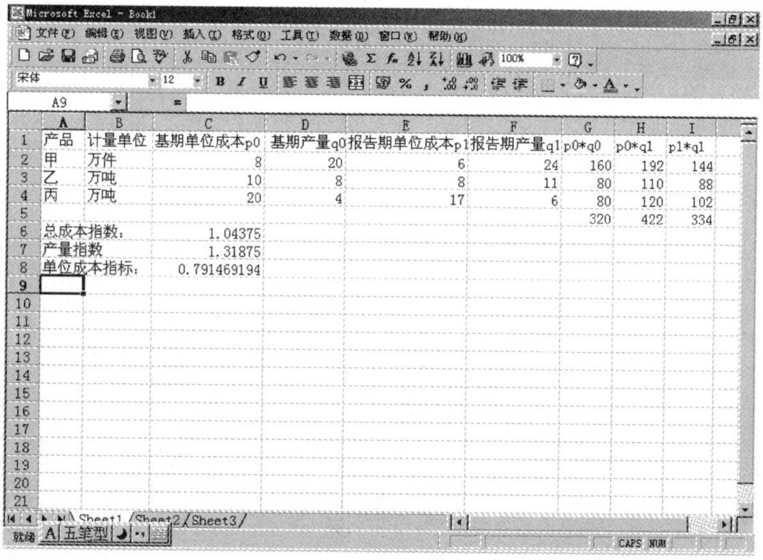

	A	B	C	D	E	F	G	H	I
1	产品	计量单位	基期单位成本p0	基期产量q0	报告期单位成本p1	报告期产量q1	p0*q0	p0*q1	p1*q1
2	甲	万件	8	20	6	24	160	192	144
3	乙	万吨	10	8	8	11	80	110	88
4	丙	万吨	20	4	17	6	80	120	102
5							320	422	334
6	总成本指数:		1.04375						
7	产量指数		1.31875						
8	单位成本指标:		0.791469194						

图 10-38　用 Excel 进行因素分析资料及结果

进行因素分析的计算步骤如下。

第一步，计算各个 $p_0 \times q_0$ 和 $\sum p_0 q_0$。在 G2 中输入"C2 * D2"，并用鼠标拖曳将公式复制到 G2：G4 区域。选定 G2：G4 区域，单击工具栏上的"$\sum$"按钮，在 G5 出现该列的求和值。

第二步，计算各个 $p_0 \times q_1$ 和 $\sum p_0 \times q_1$。在 H2 中输入"= C2 * F2"，并用鼠标拖曳将公式复制到 H2：H4 区域。选定 H2：H6 区域，单击工具栏上的"$\sum$"按钮，在 H5 出现该列的求和值。

第三步，计算各个 $p_1 \times q_1$ 和 $\sum p_1 \times q_1$。在 I2 中输入"= E2 * F2"，并用鼠标拖曳将公式复制到 I2：I4 区域。选定 I2：I4 区域，单击工具栏上的"$\sum$"按钮，在 I5 出现该列的求和值。

第四步，计算总成本指数。在 C6 中输入"= I5/G5"，即求得总成本指数。

第五步，计算产量指数。在 C7 中输入"= H5/G5"，即得产量指数。

第六步，计算单位成本指数。在 C8 中输入"= I5/H5"，即求得单位成本指数。

10.2.11　利用 Excel 进行长期趋势分析

Excel 在长期趋势分析中的应用，主要是使用 Average 函数结合使用填充柄功能计算移动平均趋势值，也可以使用"工具"栏中的"数据分析"中的"移动平均"工具。

本书就不再做详细介绍了。

附录一
常用统计术语汉英对照表
（按拼音先后顺序排序）

报告期	the period of interest
变异数	variance
变异数分析	analysis of variance
标准差	standard deviation
标准误差	standard error
标准正态分布	standard normal distribution
参数	parameter
抽样	sampling
抽样调查	sampling survey
抽样误差	sampling error
存活分析	survival analysis
单纯随机抽样	simple random sampling
点估计	point estimation
定基	fixed base
对应	correspondence
多级抽样	multistage sampling
发展水平	time-series data
发展速度	rate of expansion
非抽样误差	non-sampling error
分层抽样	stratified sampling
盒须图	box plot
回归	cox regression
回归分析	regression analysis
回归系数	coefficient of regression
机率论	probability theory
基期	base period
极差/全距	range
几何平均数	geometric mean
计划完成百分比	percentage of plan fulfillment

计数/频数	counts
价格指数	price index
肩形图	ogive
结构相对指标	proportion
茎叶图	stem-and-leaf display
决策理论	decision theory
离散分析	discrete analysis
零相关	zero correlation
母体	population
母体参数	population parameters
平均数	mean
平均增长率	average growth rate
普查	census
期望值	expectation
强度相对指标	severity rate
区间估计	interval estimation
时间数列	time-series
时间序列分析	time-series analysis
实验设计	design of experiment
数据变换	data transformation
数据处理	data handling / processing / manipulation
数据集	data set
数据库	data base
数据来源	data sources
数据缺乏	data deficiencies
数据容量	data capacity
数据输出	data-out
数据输入	data-in
数据缩减	data reduction
数据有效性	data validity
数理统计	mathematical statistics
数量指数	index number of quantity
数学模型	mathematical model
算术平均数	arithmetic mean
随机抽样	random sampling
随机过程	stochastic processes
调和平均数	harmonic mean
统计表	statistical table
统计计算	statistical computing

统计假设检定	testing statistical hypothesis
统计图	statistical chart
统计推论	statistical inference
统计学	statistics
统计指数	index number
推论统计学	Inferential statistics
系统抽样	systematic sampling
线性方程	linear equation
线性规划	linear programming
相对数	relative number
相关系数	correlation coefficient
相关性	correlation
相关指数	correlation index
效度	validity
协方差	covariance
信度	reliability
信赖区间	confidence interval
信赖系数	confidence coefficient
叙述统计学	descriptive statistics
样本	sample
样本统计量	sample statistics
移动平均	moving average
因变量	dependent variable
因素分析	factor analysis
圆饼图	pie chart
增长速度	rate of growth
长期趋势	trend
长条图	bar chart
整群抽样	cluster sampling
正确性	correctness
直方图	histogram
直线回归/线性回归	linear regression
直线相关	linear correlation
指标/指数	index
质量指数	index number of quality
置信区间	confidence interval
置信上限	confidence upper limit
置信下限	confidence lower limit
置信限	confidence limit

众数 mode
资料分析 data analysis
资料收集 data acquisition
自变量 independent variable
最小二乘法 least square method

附录二 正态分布概率表

t	F(t)	t	F(t)	t	F(t)	t	F(t)
0.00	0.0000	0.33	0.2586	0.66	0.4907	0.99	0.6778
0.01	0.0080	0.34	0.2661	0.67	0.4971	1.00	0.6827
0.02	0.0160	0.35	0.2737	0.68	0.5035	1.01	0.6875
0.03	0.0239	0.36	0.2812	0.69	0.5098	1.02	0.6923
0.04	0.0319	0.37	0.2886	0.70	0.5161	1.03	0.6970
0.05	0.0399	0.38	0.2961	0.71	0.5223	1.04	0.7017
0.06	0.0478	0.39	0.3035	0.72	0.5285	1.05	0.7063
0.07	0.0558	0.40	0.3108	0.73	0.5346	1.06	0.7109
0.08	0.0638	0.41	0.3182	0.74	0.5407	1.07	0.7154
0.09	0.0717	0.42	0.3255	0.75	0.5467	1.08	0.7199
0.10	0.0797	0.43	0.3328	0.76	0.5527	1.09	0.7243
0.11	0.0876	0.44	0.3401	0.77	0.5587	1.10	0.7287
0.12	0.0955	0.45	0.3473	0.78	0.5646	1.11	0.7330
0.13	0.1034	0.46	0.3545	0.79	0.5705	1.12	0.7373
0.14	0.1113	0.47	0.3616	0.80	0.5763	1.13	0.7415
0.15	0.1192	0.48	0.3688	0.81	0.5821	1.14	0.7457
0.16	0.1271	0.49	0.3759	0.82	0.5878	1.15	0.7499
0.17	0.1350	0.50	0.3829	0.83	0.5935	1.16	0.7540
0.18	0.1428	0.51	0.3899	0.84	0.5991	1.17	0.7580
0.19	0.1507	0.52	0.3969	0.85	0.6047	1.18	0.7620
0.20	0.1585	0.53	0.4039	0.86	0.6102	1.19	0.7660
0.21	0.1663	0.54	0.4108	0.87	0.6157	1.20	0.7699
0.22	0.1741	0.55	0.4177	0.88	0.6211	1.21	0.7737
0.23	0.1819	0.56	0.4245	0.89	0.6265	1.22	0.7775
0.24	0.1897	0.57	0.4313	0.90	0.6319	1.23	0.7813
0.25	0.1974	0.58	0.4381	0.91	0.6372	1.24	0.7850
0.26	0.2051	0.59	0.4448	0.92	0.6424	1.25	0.7887
0.27	0.2128	0.60	0.4515	0.93	0.6476	1.26	0.7923
0.28	0.2205	0.61	0.4581	0.94	0.6528	1.27	0.7959

续表

t	$F(t)$	t	$F(t)$	t	$F(t)$	t	$F(t)$
0.29	0.2282	0.62	0.4647	0.95	0.6579	1.28	0.7995
0.30	0.2358	0.63	0.4713	0.96	0.6629	1.29	0.8030
0.31	0.2434	0.64	0.4778	0.97	0.6680	1.30	0.8064
0.32	0.2510	0.65	0.4843	0.98	0.6729	1.31	0.8098
1.32	0.8132	1.65	0.9011	1.98	0.9523	2.62	0.9912
1.33	0.8165	1.66	0.9031	1.99	0.9534	2.64	0.9917
1.34	0.8198	1.67	0.9051	2.00	0.9545	2.66	0.9922
1.35	0.8230	1.68	0.9070	2.02	0.9566	2.68	0.9926
1.36	0.8262	1.69	0.9090	2.04	0.9587	2.70	0.9931
1.37	0.8293	1.70	0.9109	2.06	0.9606	2.72	0.9935
1.38	0.8324	1.71	0.9127	2.08	0.9625	2.74	0.9939
1.39	0.8355	1.72	0.9146	2.10	0.9643	2.76	0.9942
1.40	0.8385	1.73	0.9164	2.12	0.966	2.78	0.9946
1.41	0.8415	1.74	0.9181	2.14	0.9676	2.80	0.9949
1.42	0.8444	1.75	0.9199	2.16	0.9692	2.82	0.9952
1.43	0.8473	1.76	0.9216	2.18	0.9707	2.84	0.9955
1.44	0.8501	1.77	0.9233	2.20	0.9722	2.86	0.9958
1.45	0.8529	1.78	0.9249	2.22	0.9736	2.88	0.9960
1.46	0.8557	1.79	0.9265	2.24	0.9749	2.90	0.9962
1.47	0.8584	1.80	0.9281	2.26	0.9762	2.92	0.9965
1.48	0.8611	1.81	0.9297	2.28	0.9774	2.94	0.9967
1.49	0.8638	1.82	0.9312	2.30	0.9786	2.96	0.9969
1.50	0.8664	1.83	0.9328	2.32	0.9797	2.98	0.9971
1.51	0.8690	1.84	0.9342	2.34	0.9807	3.00	0.9973
1.52	0.8715	1.85	0.9357	2.36	0.9817	3.20	0.9986
1.53	0.8740	1.86	0.9371	2.38	0.9827	3.40	0.9993
1.54	0.8764	1.87	0.9385	2.40	0.9836	3.60	0.9996
1.55	0.8789	1.88	0.9399	2.42	0.9845	3.80	0.9998
1.56	0.8812	1.89	0.9412	2.44	0.9853	4.00	0.9999
1.57	0.8836	1.90	0.9426	2.46	0.9861	4.50	0.99999
1.58	0.8859	1.91	0.9439	2.48	0.9869	5.00	0.99999
1.59	0.8882	1.92	0.9451	2.50	0.9876		
1.60	0.8904	1.93	0.9464	2.52	0.9883		
1.61	0.8926	1.94	0.9476	2.54	0.9889		
1.62	0.8948	1.95	0.9488	2.56	0.9895		
1.63	0.8969	1.96	0.95	2.58	0.9901		
1.64	0.899	1.97	0.9512	2.60	0.9907		

参考文献

[1] 王瑞卿. 统计学基础 [M]. 北京：北京大学出版社，2009.

[2] 〔美〕戴维·S. 穆尔. 统计学的世界 [M]. 北京：中信出版社，2003.

[3] 樊培茗. 实用统计 [M]. 北京：机械工业出版社，2009.

[4] 〔美〕黑斯蒂. 统计学基础 [M]. 北京：电子工业出版社，2004.

[5] 姚增明. 统计学 [M]. 北京：北京理工大学出版社，2007.

[6] 张海平，孟泽云. 北京：机械工业出版社，2007.

[7] 徐国祥. 统计学 [M]. 上海：上海人民出版社，2007.

[8] 贾俊平. 统计学 [M]. 北京：中国人民大学出版社，2006.

[9] 于声涛，杜树靖. 统计学基础 [M]. 北京：对外经济贸易大学出版社，2005.

[10] 李世杰，王峰. 市场调查与预测 [M]. 武汉：武汉理工大学出版社，2006.

[11] 杜欢政，宁自军. 统计学 [M]. 北京：科学出版社，2008.

[12] 〔美〕卡塞拉，贝耶. 统计推断 [M]. 北京：机械工业出版社，2004.

[13] 汉龙. 中文版 Excel 2003 基础应用与提高 [M]. 上海：上海科普出版社，2006.

[14] 魏春. Excel 上机练习与提高 [M]. 北京：清华大学出版社，2007.

[15] 梁前德. 基础统计（第2版）[M]. 北京：高等教育出版社，2004.

[16] 周国富，杨静. 应用统计学 [M]. 天津：天津大学出版社，2008.

[17] 陈时燕. 统计学原理 [M]. 厦门：厦门大学出版社，2007.

[18] 阮红伟. 统计学基础 [M]. 北京：电子工业出版社，2008.

[19] 国家统计局网站：http://www.stats.gov.cn.